LMD COLLECTION **Parcours juridiques**

Droit commercial

8e ÉDITION

Patrice Giron

Maître de conférences (HDR) Université Paris I
(Panthéon - Sorbonne)

Directeur de collection
Jean-Claude Masclet
Professeur à l'Université Paris I (Panthéon - Sorbonne)

Sup'FOUCHER

Dans la même collection Parcours Juridiques

Droit administratif général, Robert Etien

Droit civil, Michèle Muller

Droit public général, Robert Etien

Droit social, Marianne Keller, Franck Petit

Introduction générale au droit, Franck Petit

À mon père, un ancien de la capacité de 1958,
qui a su comprendre quel formidable outil
de promotion sociale représentait ce diplôme national.

ISBN-978-2-216-13323-9 (nouvelle édition)
ISBN-978-2-216-10600-4 (première édition)

Sommaire

Avant-propos

Le droit français propose une originalité : celle de réserver au droit commercial une législation spécifique, le code de commerce traduisant ce trait de caractère. Présenter l'état de cette spécificité oblige à distinguer l'entité des commerçants de celle des sociétés, la première ayant pour elle l'importance du nombre, la seconde l'importance de la puissance financière. Pour autant, l'originalité de ce droit se résume-t-elle à l'étude des commerçants et des sociétés ? Certainement pas.

Si ces individus et groupements déterminent effectivement l'épine dorsale du droit commercial, n'oublions pas des notions périphériques, tels les droits de la concurrence et de la consommation, ainsi que l'inévitable organisation judiciaire du commerce.

On peut même affirmer que les différents législateurs qui se sont succédés depuis le XIXe siècle, ont tous voulu réguler la puissance financière contenue dans l'activité des affaires commerciales. Résultat, plus que l'étude des commerçants et des sociétés, c'est l'examen de ces thèmes que l'on a pu qualifier de « périphériques » qui doit retenir notre première attention. Ce sont eux qui plantent le décor dans lequel le commerçant et la société s'épanouissent.

Conséquence de leur importance, la Première partie de ce manuel leur consacrera le Titre I. En effet, il est toujours primordial d'aborder directement les éléments qui expliquent majoritairement les comportements des acteurs d'une science. Les éléments créateurs de ces comportements se résument à l'histoire du commerce dans le temps, à son organisation judiciaire, au rôle fondamental de la concurrence en matière de commerce, et à la protection du consommateur.

Plus classiquement, le Titre II sera réservé aux commerçants. Au travers de leur personne, nous nous pencherons sur la difficulté à définir en droit positif[1] les notions d'acte de commerce et de fonds de commerce.

Enfin, la Seconde partie de ce manuel sera attribuée aux sociétés. Elles représentent la partie essentielle du droit du commerce. Grâce à leur vitalité et leur capacité à réunir les capitaux nécessaires à l'innovation, elles ont participé activement aux mutations dont le XXe siècle a été témoin.

L'étendue du domaine du droit commercial concernée par les deux parties traitées est immense.

L'est également la somme de difficultés et interrogations à surmonter.

Destiné initialement aux étudiants de la Capacité en droit, ce manuel participera également à l'acquisition de la connaissance du droit commercial par les étudiants de Licence pour lesquels cette matière est prépondérante, puisque l'objet du manuel est de proposer une approche et une résolution pragmatique de points de droit complexes, ultérieurement approfondis à l'aide des traités consacrés au droit des affaires.

Pour les plus volontaires, les revues de jurisprudence commerciale (Dalloz - JCP...) seront indispensables.

1. Droit positif : somme des règles juridiques en vigueur à un moment donné.

Autre conseil : il n'est pas envisageable de mettre en chantier des études supérieures sans avoir à sa disposition une bonne culture générale. Pour cela, la lecture de quotidiens de qualité est recommandée ; elle vous permettra de souvent constater que le droit vit au rythme de notre société et des événements qui la façonnent quand il ne les motive pas !

Le droit commercial en général

PARTIE 1

▶ TITRE I – Définition, historique et règles fondamentales du droit du commerce

▶ TITRE II – Le commerçant et son environnement juridique

TITRE I – Définition, historique et règles fondamentales du droit du commerce

chapitre **1** Définition et historique du droit du commerce

chapitre **2** Les règles fondamentales du commerce et le respect de la morale des affaires

hapitre 1

Définition et historique du droit du commerce

Section I - Le droit commercial dans l'espace juridique

Aborder une matière aussi complexe que le droit commercial impose de correctement la positionner dans un espace juridique occupé par des disciplines tel le droit civil, le droit pénal, le droit administratif, le droit constitutionnel, pour ne citer que les plus fondamentales.

Le droit pénal réunit les règles juridiques ayant pour finalité de sanctionner les infractions. Le droit administratif organise les rapports entre l'État, ses administrations et les particuliers. Le droit constitutionnel détermine l'exercice du pouvoir dans l'État au travers de la Constitution. Enfin, le droit privé (droit civil) gère les relations entre particuliers, ainsi qu'entre l'Administration et ces mêmes particuliers quand le droit public (administratif – constitutionnel) ne s'impose pas.

À l'évidence, la science commerciale s'inscrit naturellement dans les frontières du droit privé. Qu'il s'agisse de commerçants pris individuellement, de groupements, les opérations qu'ils génèrent appartiennent aux relations entre particuliers, augmentées, marginalement, des relations entre particuliers et l'Administration. Pourtant, cette délimitation de l'espace juridique ouvre d'autres difficultés. Elle impose de vérifier la place occupée par le droit commercial dans la sphère du droit privé et profiter de cet examen pour résoudre un conflit de terminologie.

Ainsi, quelle distinction opérer entre droit commercial et droit des affaires ? Au-delà de ces termes, comment intégrer des notions voisines, tel que droit économique ou droit de l'entreprise ? Acceptons que ces dernières ne déterminent pas d'intérêts particuliers et sont sources de digressions, aujourd'hui encore, inconsistantes. Seules retiendront notre attention les premières des expressions citées. Si le droit commercial est le droit des opérations entre commerçants, alors le droit des affaires reçoit une définition plus large : il contiendrait tous les droits nécessaires à l'accomplissement des activités économiques et pas seulement commerciales.

§ 1. *Le droit commercial*

Le droit commercial traite des opérations liées au commerce. Il s'applique en principe aux actes réalisés entre commerçants ou, à l'acte d'un commerçant lorsqu'il contracte avec des tiers civils. Mais dans ces hypothèses, la qualité de commerçant n'est pas une condition nécessaire à la réalisation d'actes soumis à la *lex mercatoria*. Une personne non-commerçante peut effectuer à titre occasionnel un acte de commerce. Conséquence, le droit commercial n'est pas seulement le droit des commerçants, mais aussi le droit des opérations commerciales, quelle que soit la nature juridique de l'auteur.

Autre précision à apporter. En langage de spécialistes, il est de tradition d'opposer commerce et industrie. Ce sont les économistes qui, petit à petit, ont imposé cette distinction [1]. Les juristes ne la retiennent pas. Le droit commercial s'applique sans nuances aux activités du commerce et de l'industrie.

Malgré son importance et le caractère parfois original de ses solutions, le droit commercial n'est pas un droit autonome, pas plus qu'il n'est une subdivision du droit privé. Dans cette optique, ce dernier étant présumé composé du droit civil et du droit commercial. Non ! Le droit civil est le droit privé par excellence. L'activité du commerce en dépend totalement quand elle ne développe pas de règles particulières. En revanche, la notion de droit commercial apparaît avec la mise en œuvre de solutions adaptées à cette même activité du commerce. On peut alors tenter de résumer la problématique en affirmant que le droit civil constitue le droit commun aux actes civils et de commerce, le droit commercial

1. Commerce : activité de circulation des richesses. Industrie : activité de production des richesses.

ne se caractérisant qu'au moment où le métier du commerce a imposé l'émergence de règles spécifiques, pour des raisons d'efficacité, ou de construction d'outils juridiques inconnus du droit civil.

Prenons l'exemple suivant : l'activité commerciale se singularise par une somme d'actes juridiques, avec ce sens, qu'en droit, acte signifie accomplissement de la volonté [1]. Il n'existe pas de meilleure représentation d'acte, manifestation de la volonté, que le contrat source d'obligations. Exceptés les contrats spécifiques [2], ce sont les principes généraux du droit civil qui s'appliquent aux conventions, même conclues entre commerçants. Le particularisme commercial n'interviendra qu'à la marge de ces contrats : par exemple au moment de la mise en œuvre des moyens de preuve, moyens effectivement originaux [3] comparés à ceux du droit civil.

Cette difficulté à positionner le droit commercial face au droit civil dans la dimension du droit privé s'explique, aussi, par l'attitude du législateur qui n'a jamais voulu délimiter son domaine. Constatation surprenante à propos d'un droit volontiers qualifié d'exceptionnel, alors qu'un code entier lui est consacré.

§ 2. *Le droit des affaires*

La notion de droit des affaires n'offre pas les mêmes interrogations, au contraire, elle les dépasse. L'espace juridique couvert par ce terme embrasse un territoire qui déborde largement celui du droit privé commercial. Il regroupe en fait, comme nous l'avons déjà écrit, tous les droits utiles à l'activité économique. Par activité économique, il faut comprendre celle des commerçants, mais également celle des artisans, des agriculteurs, des professions libérales. Ces dernières activés n'appartenant pas au commerce, elles sont qualifiées de civiles. Mais, audelà du droit civil et du droit commercial, le droit des affaires s'approprie également les règles du droit public, du droit fiscal [4], du droit social… quand le besoin l'exige.

In fine, la distinction au sein du droit privé entre droit civil et droit commercial s'impose-t-elle ? En soi, la personne du commerçant ne justifie pas l'octroi de prérogatives exorbitantes. Il a souvent été affirmé que les affaires exigent souplesse, rapidité, sécurité, caractéristiques justifiant la création de règles spécifiques aux métiers du commerce, en faveur de professionnels avisés, sûrs de leurs actes. À ceci, l'on peut répondre que des pays économiquement importants ignorent la dichotomie code civil – code de commerce. Ainsi, la « *Common Law* » des pays anglophones traite à la fois des actes civils et commerciaux. Plus proche de nous, des pays de droit écrit [5], comme l'Italie [6], ont renoncé à la dualité en optant pour l'unification des droits. En vérité, il n'existe pas de solides raisons juridiques justifiant en droit français l'existence d'un droit spécifique codifié au profit du commerce. C'est peut-être l'observation de l'histoire qui apporte en partie l'explication manquante.

---

1. À opposer au fait juridique caractérisé par l'absence de volonté, ex. : accident de la circulation.
2. Exemple : le bail commercial, décret du 30 septembre 1953 aujourd'hui art. L. 145-1 et s. du code de commerce.
3. Liberté de la preuve alors qu'en droit civil le principe est l'exigence de l'écrit (1341 c. civ.).
4. Qui en réalité appartient au domaine du droit public. Observation tempérée par le fait qu'il est quasi-exclusivement destiné aux personnes de droit privé.
5. Les pays de culture latine.
6. Code de 1942.

Section II - Le droit du commerce dans le temps

L'étude de l'histoire permet d'obtenir une vision globale autorisant la compréhension du droit contemporain. En effet, elle fait appel à des disciplines aussi diverses que les sciences économiques, la politique, la sociologie et le droit [1] ! Celui-ci prend alors sa dimension la plus forte, en ce sens qu'il n'apparaît plus seulement réduit à une somme de connaissances de règles, mais inscrit dans un vaste mouvement de pensées qui lui donne toute sa force, toute sa justification. Si le droit n'était pas le résultat de l'évolution d'une société, si l'histoire de cette société ne l'habitait pas, comment expliquer alors qu'une nation, qu'un État, l'appliquent sans rejet ? Si notre droit ne reflétait pas exactement les modifications, les aspirations des citoyens, pourrions-nous accepter une règle aussi forte que celle du droit de propriété ? L'adéquation entre droit et société est à ce point impérative, que lorsqu'une règle n'est pas en phase avec les besoins des individus auxquels elle se destine, voire les heurtent, il y aura résistance à la loi injuste. Quand elle n'a plus son utilité, elle tombe en désuétude. L'état de la société au moment de la création ou de l'application de la règle fait office de juge de paix. Ce qui est vrai pour la règle l'est, *a fortiori*, pour le droit. Surtout s'agissant d'un droit qui, comme celui nous intéressant, a été qualifié d'exceptionnel ou, pour le moins, de professionnel.
Prétendre appréhender, justifier, la place du droit commercial dans notre système de valeurs juridiques impose donc l'examen historique des civilisations. Usuellement, leur étude nous entraîne dans un balayage de l'espace-temps prenant sa source dans l'Antiquité pour venir buter (provisoirement) à notre époque. Du moins pour les civilisations qui nourrissent notre culture, donc notre droit. Or, surprise, autant les peuples Égyptien, Grec et Romain réalisent un apport remarquable au développement des civilisations, autant leur apport au droit du commerce reste marginal [2]. Ceci constituant un paradoxe, puisque l'activité du commerce qu'ils pratiquaient généralement avec bonheur servit de fer de lance à leur développement. L'appréciation doit être cependant minorée par le fait que les Romains ont forgé la théorie générale des obligations, théorie si parfaite qu'elle est encore aujourd'hui utilisée en droit, notamment en droit des activités économiques. En fait, les caractéristiques essentielles du droit commercial apparaissent véritablement avec le Moyen Âge.

§ 1. *L'ancien droit*

Le commerce pour son développement a besoin de paix. Or, jusqu'à la fin du xᵉ siècle, les troubles incessants liés aux invasions interdisent toute circulation des richesses. L'époque est caractérisée par la vie en autarcie. Avec le xɪᵉ siècle, un semblant de tranquillité s'installe permettant les échanges entre villes, puis entre régions [3]. Les villes portuaires ont alors joué un rôle essentiel.

1. Réciproquement : étudier le droit implique une connaissance de son environnement économique, politique, social, et… historique !
2. Égyptiens = aucune trace tangible du droit du commerce.
Babyloniens = prêts à intérêt – notion de « commission ».
Phéniciens = certains apports au droit maritime (avarie commune).
Grecs = aucune indication tangible de règles commerciales.
Romains = mise au point de la représentation – opération de banque – théorie générale des obligations.
Y. Guyon in *Droit des Affaires*, tome 1, 12ᵉ édition, p. 12 et s.
3. Rappel : le concept de nation et d'État tel que nous le concevons maintenant est à peine embryonnaire, voire inexistant.

De par leur position géographique, elles sont naturellement ouvertes au commerce qui profitait du moyen de transport le plus paisible et aisé : la voie maritime. Ce moyen de transport nécessitait une certaine maîtrise technique de la navigation. Dans ce domaine, les grandes cités d'Italie firent des miracles. Grâce à leur savoir-faire et leur ouverture sur le bassin méditerranéen, elles devinrent rapidement riches et prospères.

Cette richesse profitant essentiellement aux commerçants, elle leur permet de devenir puissants. Avec l'autorité acquise, structurés en corporations, ils rédigent les premiers règlements commerciaux. Ils sont simultanément magistrats municipaux et juges [1]. Les règles de la cité dictent les comportements des personnes voulant exercer l'activité du commerce. Avec les échanges entre cités, se développe un droit du commerce quasi coutumier : chaque ville devant composer avec les règles des autres.

Logiquement, les richesses stockées dans les villes maritimes devaient les quitter afin d'alimenter et satisfaire les besoins des villes de l'intérieur des terres. Les échanges s'intensifièrent avec la pratique des foires. Cette internationalisation du commerce [2] amena la création du change et de la banque. Afin de lutter contre l'insécurité des routes, les commerçants créèrent des instruments de paiement efficaces telle la lettre de change.

Il est également intéressant de souligner que les pratiques commerciales supportent des influences venues d'autres pouvoirs que ceux du commerce. Pouvoirs si forts, qu'ils ont marqué notre culture et notre morale économique jusqu'à nos jours. Ainsi en est-il du droit canonique [3]. En jetant l'interdit sur le prêt à intérêt, il précipita la concentration du pouvoir bancaire et financier entre les mains des commerçants lombards et juifs. Les lombards parce qu'ils refusèrent l'interdit, les juifs parce que l'interdit ne leur était pas applicable.

Avec l'affirmation de la toute puissance des États, le *jus mercatorum* (droit du commerce) et dans une moindre mesure le *jus nundinorum* (droit des foires) perdirent de leur influence internationale. Les nations sont constituées, les souverains règnent et entendent appliquer leur ordre. C'est sous le régime de la royauté affirmée et rayonnante, puis déclinante et finissante, qu'en France, une série de textes importants fut promulguée :

– 1563 : édit de Charles IX portant sur la création des juridictions consulaires [4],
– 1673 : ordonnance de Louis XIV sur le commerce de terre [5],
– 1681 : ordonnance de Louis XIV sur la marine,
– 1776 : édit de février 1776, œuvre de Turgot, portant suppression des corporations (mais un édit d'août 1776 en créa de nouvelles).

La période de la Révolution n'apporte pas de bouleversement. Excepté l'affirmation du principe de la liberté du commerce, elle confirma les lois commerciales en vigueur sous la royauté et concéda même le maintien des juridictions

1. Le consul était magistrat municipal et juge. Leur juridiction s'appelait juridiction consulaire, appellation aujourd'hui utilisée pour désigner le tribunal de commerce.
2. On constate une similitude des pratiques commerciales, quel que soit le pays auquel appartient la ville de foire.
3. Droit canonique ou droit canon = Droit de l'Église Catholique appliqué à l'ensemble de la Chrétienté.
4. Œuvre de Michel de l'Hospital.
5. Elles sont initiées par Colbert. Leur importance est inégale. Autant l'ordonnance de 1681 sur la marine est remarquable, autant celle de 1673 sur le commerce est généralement qualifiée de médiocre. La raison en est très certainement que le droit du commerce manquait cruellement de doctrine. Elle a tout de même eu le mérite d'être la première véritable œuvre de codification du commerce en Europe.

consulaires alors, qu'au nom de l'égalité, elle supprimait les tribunaux d'exceptions. De cette période on peut retenir :

– 1791 : décret Allarde des 2-17 mars affirmant la liberté du commerce (il n'est plus nécessaire d'appartenir à une corporation),

– 1791 : décret Le Chapelier des 14 et 17 juin, qui supprime définitivement toutes les corporations.

§ 2. *L'après Révolution*

À la révolution politique du XVIIIe siècle, succède la révolution industrielle du XIXe siècle. Siècle marqué dès son origine par la création du code de commerce [1]. Depuis, trois étapes sont nettement identifiables :

Le capitalisme triomphant

Tout le XIXe siècle est marqué au sceau d'une activité économique libérale en pleine explosion. Toutes les lois importantes vont dans le sens de la permissivité. Ainsi l'important texte du 24 juillet 1867 qui restructure les sociétés en commandite par actions et supprime les autorisations nécessaires à la création des sociétés anonymes. Observons que l'interdiction des corporations et de tous groupements professionnels, œuvre de la Révolution au nom d'un principe de liberté, voire d'égalité des chances, est alors utilisée pour freiner la montée en puissance du syndicalisme !

Le retour de l'État

Les excès du libéralisme au détriment de l'individu et la montée en puissance du socialisme ont amené les pouvoirs publics à s'inquiéter du sort des faibles et de la puissance des sociétés commerciales. La fin du XIXe siècle et plus particulièrement le début du XXe, avec la première guerre mondiale, consacrent l'ère du dirigisme économique. Le pouvoir étatique intervient dans le but d'organiser l'optimisation de la production selon les besoins du pays, tout en assurant une redistribution des richesses la plus large possible. La crise économique de 1929 et la Seconde guerre mondiale contribuent au maintien de ce cap.

La fin du XXe siècle

Avec les années 1950, au dirigisme succède une planification souple dont la marque dominante est la concertation, l'incitation, plutôt que l'autoritarisme. Les alternances politiques ne sont pas sans influence, mais, globalement, le réalisme et le pragmatisme l'emportent sur une tendance tenace à l'emprise de l'État sur l'économie. Les faits marquants de cette période sont l'affirmation de la force du droit communautaire, l'influence grandissante des droits étrangers, notamment anglo-saxons via la puissance industrielle des États-Unis, enfin, et surtout, la mondialisation inéluctable de l'économie dont on ne mesure pas encore aujourd'hui toutes les conséquences.

À l'évidence, le XIXe et le XXe siècle ont donné naissance à un monde économique, politique et social profondément modifié. Cette mutation considérable s'est accompagnée de drames mais aussi d'espoirs. Le camp de la démocratie en est sorti significativement renforcé. Dans le domaine qui nous préoccupe, celui du droit commercial, il est totalement vain de prétendre dresser une liste des textes importants. Il suffira d'affirmer que ce droit a pris un essor extraordinaire, essor à la mesure des enjeux économico-politiques proposés à ce début de troisième millénaire.

---

1. Loi du 15 septembre 1807, code rendu exécutoire à compter du 1er janvier 1808. C'est la raison pour laquelle le code est dit de 1807 ou 1808.

Section III - Le droit du commerce et les sources du droit

Avec l'étude des sources du droit, le droit commercial pose de nouveau la même problématique que celle abordée à propos de son positionnement dans l'espace du droit privé. S'agissant d'un droit « autonome » nous pourrions affirmer des sources elles-mêmes « autonomes ». Or il n'en n'est rien. Nous savons que le droit commercial n'offre qu'une spécificité et non pas une indépendance de règles. Il appartient au droit privé et utilise les normes du droit civil. Dans ces conditions, il suffit d'édicter qu'en marge des sources de droit commun, de loin les plus importantes et les plus utilisées par le droit commercial, celui-ci propose, en sus, des sources spécifiques de droit, qualifiées d'originales.

§ 1. *Les sources du droit commun*

Classiquement, les sources traditionnelles du droit civil sont composées de la loi et de la jurisprudence. Au-delà, interviennent l'œuvre de la doctrine, voire le rôle du juge si l'on veut bien s'inscrire dans une certaine modernité iconoclaste.

A. La loi

Au sens strict, formel, la loi désigne tout acte émanant du Parlement, seul organe autorisé par la Constitution à légiférer. Au sens large, le terme de loi désigne indifféremment une règle de droit prise isolément, un corps de règles cohérent, voire l'ensemble des règles d'un pays, et ce, quelle qu'en soit la qualité : privée, publique ou pénale. Au sens de son origine, la loi résulte d'une œuvre interne ou externe.

L'œuvre interne puise sa source dans une hiérarchisation entre la Constitution, le Parlement, l'exécutif. Ces trois pouvoirs marquent de leur influence le droit commercial : la Constitution, en affirmant, par exemple, le principe de la liberté du commerce, le Parlement, en votant les textes dont le commerce a besoin quand il ne se satisfait pas d'une solution du droit civil, ou parce que cette solution n'existe pas et doit être créée ; l'exécutif, à travers les décrets, les arrêtés et autres réponses ministérielles (très importantes en droit fiscal).

L'œuvre externe se résume aux traités internationaux et au droit communautaire. Les traités internationaux sont ratifiés par le Parlement. Le droit communautaire est d'application directe quand le Conseil des Communautés édicte un règlement, ou transite par la législation nationale en présence d'une directive émanant de ce même Conseil des Communautés.

B. La doctrine

Elle n'est pas une source directe de droit. La doctrine résulte du travail de réflexion mené, à propos d'un point de droit remarquable, par les universitaires, les magistrats et plus généralement les juristes qualifiés. De la finesse de leurs observations, de la justesse de leurs solutions, en découlera une application par les tribunaux ou l'activation d'une loi par le législateur. En ce sens, la doctrine est une source indirecte, mais exceptionnellement riche, de droit.

C. La jurisprudence et le rôle du juge

Il ne s'agit pas de s'interroger sur les obligations, droits et devoirs du juge, mais de positionner la problématique dans un thème beaucoup plus vaste : celui de la jurisprudence. Sous cet angle, quelle est la véritable fonction du juge ?

A priori, l'action du juge se limite à trancher un litige conformément aux règles du droit positif. Ce faisant, possède-t-il un pouvoir de créer des règles ?

La réflexion à mener est déduite de la lecture de l'article 4 du code civil qui oblige le juge à trancher en lui interdisant de prétexter le « silence, l'obscurité ou l'insuffisance de la loi ». En conséquence, tout juge est tenu d'interpréter la loi. La doctrine majoritaire a analysé ce pouvoir de création selon trois axes :

– le juge précise et complète la loi,
– le juge élimine les incohérences de la loi,
– le juge adapte la loi à son environnement.

Lorsque le juge précise et complète la loi, cela signifie que dans l'hypothèse d'une rédaction hasardeuse d'un texte, il doit déterminer ce qu'il faut en comprendre. À l'identique, l'incohérence contenue dans une règle doit être éliminée. Enfin, l'adaptation d'une règle à son époque peut lui échoir en cas de défaillance ou de lenteur du législateur, en principe seul compétent à agir. Pour ce faire, le juge tranchera un litige en s'inspirant des solutions données à des conflits similaires. Cette attitude rationnelle est dictée par un souci de sécurité juridique, puisque ces conflits auront été soumis au contrôle de la juridiction suprême : la Cour de cassation.

Résultat, bien que l'article 5 du code civil prohibe les arrêts de règlement émanant du juge et que chaque décision de justice supporte le caractère relatif de la chose jugée, il ne fait aucun doute que la jurisprudence s'inscrit dans les sources de droit, du fait de son acceptation naturelle par le législateur et les parties au procès. Incorporée dans la loi, elle en acquiert la force obligatoire qui autrement lui ferait défaut. La capacité à devenir une norme générale lui est ainsi reconnue après être passée sous les fourches caudines de la Cour de cassation véritable gardienne du droit.

À ces conditions, sur le plan formel, il n'y a aucun doute : le juge est dépourvu du pouvoir de créer des règles. Sa personne s'efface au profit de l'organisation judiciaire dont il n'est que l'un des rouages. En revanche, l'œuvre des juridictions et le pouvoir reconnu à la Cour de cassation permettent à une décision de justice de passer du statut de décision particulière à celui de décision générale. Hormis cette hypothèse et en l'absence du contrôle de l'institution judiciaire, notre droit rejette toute décision arbitraire d'un seul homme. C'est la prétention à vouloir évoquer le rôle du juge avec le thème des sources du droit qui impose cette précaution élémentaire, d'autant que depuis la Révolution française, la fonction du juge est strictement cantonnée à l'application de la loi votée par le Parlement. Ce principe a traversé le temps jusqu'à nous, même enrichi du pouvoir d'interprétation.

Pourtant, régulièrement, la perception du juge, créateur de règles, revient à l'actualité. Que ce soit à propos de fait de société, telle cette jeune femme chômeuse, mère de famille, à qui le juge pénal étend audacieusement l'état de nécessité afin d'éviter une condamnation pour vol, ou en matière d'abus de bien social pour lequel un juge déclare : « on ne poursuit pas en dessous de 7600 € » [1].

1. Quelle est la source de cette norme (inconnue) de droit pénal ? Dans le cas du jugement de relaxe du tribunal de Poitiers, la jeune mère de famille chômeuse a bénéficié d'une extension surprenante, mais rapidement censurée, de la jurisprudence dite du « bon juge » de Chateau-Thierry de mars 1898. « *Attendu qu'il est regrettable que, dans une société bien organisée, un des membres de cette société, surtout une mère de famille, puisse manquer de pain autrement que par sa faute… que la faim est susceptible d'enlever à tout être humain une partie de son libre arbitre et d'amoindrir la notion de bien et de mal… qu'un acte perd beaucoup de son caractère frauduleux lorsque celui qui le commet n'agit que poussé par l'impérieux besoin de se procurer un aliment de première nécessité* » (jurisprudence dite de « l'état de nécessité »). Jurisprudence transposée dans l'article 122-7 du code pénal.

Reste à se satisfaire d'observer dans ce dernier cas que le parquet peut exiger les poursuites, le juge devant alors se soumettre. Les exemples de tentative d'émancipation des juges ne manquent donc pas. Le plus significatif d'entre eux étant la querelle ayant opposé en 1993 Monsieur Robert Badinter, président du Conseil constitutionnel, à Monsieur Édouard Balladur, Premier ministre. À un pouvoir politique qu'insupporte les interventions du Conseil Constitutionnel visant à sanctionner les lois votées, nous renvoyant en cela presque directement aux craintes des révolutionnaires de 1789 face au pouvoir des magistrats, Monsieur Badinter a répliqué que « Dans tout État démocratique, rien ne peut empêcher que le juge soit source de droit » [1].

Si l'on ne peut employer les mots de dérive et encore moins de « pouvoir des juges », il sera intéressant pour l'avenir de surveiller d'éventuelles évolutions significatives. Rappelons que le monde judiciaire n'est que doté d'une autorité, alors que le monde politique par la vertu du suffrage des électeurs est doté d'un pouvoir. La hiérarchie doit être respectée, surtout en matière de création de règle... sauf à reconsidérer la Constitution.

§ 2. *Les sources originales du droit du commerce*

Si le droit civil n'ignore pas la coutume et l'usage, l'influence de ces sources de droit reste limitée. En revanche, résultat du coporatisme, le monde des professionnels du commerce a historiquement largement développé des règles fondées sur la technique de l'usage ou de la coutume, règles encore applicables et parfois transposées dans le code de commerce. Le droit commercial intègre également en tant que normes des règles édictées par certaines administrations ou autorités administratives [2].

A. Les usages

La norme commerciale existait bien avant que l'imprimerie ne soit inventée. Ce droit qui exige rapidité et efficacité, ne pouvait se satisfaire d'une transcription manuelle dédiée aux seuls lettrés. Ainsi, au-delà de l'absence d'États unifiés dotés d'un langage juridique fédérateur, c'est en partie cette raison qui explique qu'il fut pendant très longtemps un droit exclusivement coutumier. Résultat, plus qu'en droit civil, les usages jouent un rôle important, même après la codification du droit commercial en 1807.

L'usage ne peut se caractériser que dans un lieu déterminé ou dans un milieu professionnel précisé et sous conditions de s'exprimer dans la durée [3]. Sa réalité est en principe démontrée par la production d'un document appelé « parère » disponible auprès des Chambres de commerce, des syndicats professionnels ou de certains tribunaux de commerce, mais d'autres moyens de preuve sont acceptés. Quand l'usage s'impose entre professionnels, il faut en distinguer deux catégories : l'usage conventionnel et l'usage impératif. L'usage conventionnel s'applique entre les parties au contrat quand elles n'y renoncent pas expressément par convention. Au contraire, les parties ne peuvent déroger à l'usage impératif. Exemple significatif d'usage ou de règle coutumière transposé dans notre droit positif : la solidarité se présume entre commerçants débiteurs

1. *Le Monde* du 22.11.93 – *Libération* du 23.11.93, p. 7. L'audace contenue dans cette réflexion aurait le mérite d'apporter une contribution inovante à la théorie des obligations naturelles, théorie aujourd'hui encore en partie insatisfaisante dans son explication.
2. Yves Guyon, *Droit de affaires*, 12e édition, p. 25.
3. Ceci explique que le droit civil, qui est un droit appliqué à tous les citoyens, utilise peu les usages.

d'une même obligation, alors que le principe de l'article 1202 code civil affirme que « la solidarité ne se présume point ».

B. Actes administratifs

Les actes administratifs reçus en tant que normes par le droit des affaires sont de différentes natures. Il peut s'agir des arrêtés ministériels lorsqu'ils modifient des rapports économiques existant, des réponses ministérielles interprétant un texte destiné au monde du commerce, ou des circulaires et autres instructions de l'Administration précisant une position de principe. Au mieux, la qualité de l'autorité de ces actes est imprécise [1], au pire, on en ignore la réelle nature juridique.

C. Autorités administratives

Des organismes, telle l'Autorité des marchés financiers, produisent des règles puisant leur légalité dans la loi qui leur confère un tel pouvoir. Au-delà, ces mêmes organismes émettent des recommandations et avis scrupuleusement suivis par les professionnels concernés. De cela, il en résulte un droit qui avance masqué, puisque, pratiquement hors du contrôle du parlement. Il existe là un risque majeur d'insécurité juridique, doublé d'un délitement inquiétant des sources du droit.

1. En terme de hiérarchie des normes, la force de l'arrêté ministériel est pourtant inférieure à celle de la loi ou du règlement. Pourtant il s'impose parfois à ces derniers.

hapitre 2

Les règles fondamentales du commerce et le respect de la morale des affaires

Espérer une profession commerciale exempte de conflits ou de dépassement de la règle relève de l'utopie. La vie professionnelle propose les mêmes difficultés que la vie domestique. La moralisation du commerce s'articule autour des moyens mis en place pour réguler la pratique des affaires et du respect des principes fondateurs d'un commerce moderne et actif.

Section I - Régulation de la pratique des affaires

L'activité des commerçants oblige à un encadrement plus ou moins coercitif. Les moyens développés formeraient une pyramide. À la base, les nombreuses organisations professionnelles ayant pour tâche de réunir les acteurs d'un même secteur économique afin de les informer, les défendre, les représenter et éventuellement les admonester. Au-delà, l'administration et les organisations administratives indépendantes, ces dernières recevant la mission de canaliser, au besoin par la contrainte, des segments précis des affaires telles les opérations de bourses… Enfin, au sommet, la juridiction commerciale tranche les litiges liés au monde du commerce. Si l'image d'une organisation pyramidale de la coercition a été utilisée, il s'agirait, admettons-le, d'une pyramide mal bâtie tant la synergie juridique entre les différents moyens présentés fait défaut, voire pose problème.

§ 1. *L'organisation judiciaire*

Le contentieux entre commerçants a ses spécificités. Il nécessite rapidité, simplicité, quand ce n'est pas une certaine discrétion. Si, sur les thèmes de rapidité et simplicité, la procédure commerciale tend aujourd'hui à ce rapprocher de la lourdeur de la procédure civile, l'organisation du règlement des conflits garde son originalité.

En première instance, ce sont les tribunaux de commerce, appelés également juridictions consulaires, qui reçoivent compétence pour juger. Cette compétence est marginalement dévolue à d'autres juridictions dans des circonstances à préciser. Historiquement, l'origine des tribunaux de commerce permanents est ancienne. En France, elle remonte à l'édit de novembre 1563 pris par Charles XI [1] sur la demande du chancelier Michel de l'Hospital. Étonnamment, la Révolution a maintenu cette organisation, alors qu'elle abolissait le système judiciaire en place, symbole d'un régime honni [2].

La principale originalité d'une juridiction consulaire réside dans sa composition. Cette institution est composée de juges commerçants élus et non de magistrats professionnels formés à l'École Nationale de la Magistrature. On a pu justifier la présence des juges commerçants par leur bonne connaissance des techniques et des usages de la vie des affaires. Ces arguments n'ont plus cours. D'une part, la place réservée aux usages est réduite à la portion congrue, d'autre part, la technicité du droit commercial a atteint un tel niveau, que les juges commerçants peuvent manquer de connaissance dans des situations aussi importantes que les procédures de sauvegarde, de règlement ou de liquidation judiciaire. Résultat, la tendance dans ces cas extrêmes est à un relatif transfert de compétence : les juges entérinent sans les critiquer les rapports des experts. En outre, il ne faut pas mésestimer certains comportements déviants. L'élection du juge revêt parfois une coloration politique doublée d'un intérêt de positionnement social évident. Au-delà, que peut-on retenir d'une justice qui voit ses principaux acteurs (juges – administrateurs judiciaires – experts…) évoluer dans les mêmes cercles et un commerçant potentionnellement jugé par des magistrats appartenant au même milieu professionnel ?

Dans le but de pallier ces difficultés, les autorités publiques ont étudié dès 1984 et plus récemment en juillet 2000, la possibilité d'introduire parmi les juges élus un juge professionnel. Ce système dit de « l'échevinage » est pratiqué en Alsace-Lorraine et dans les départements d'Outre-mer. Il aurait pour avantage de renforcer le potentiel technique des juridictions et d'assurer une certaine sécurité des jugements. À son passif, on peut souligner sa tendance à entraîner une prédominance de fait du magistrat professionnel. Quoiqu'il en soit, toute tenta-

1. Un édit de 1549 pris à Toulouse organisait la création de tribunaux de commerce. Mais il semble que la permanence n'y était pas prévue. Observation identique pour les villes de Lyon (1419) et Rouen (1556).

2. Cet état de fait confirmerait l'analyse que la Révolution ne fût pas d'essence prolétarienne, mais « bourgeoise ».

tive d'examen de ces projets s'est soldée par un échec face à l'hostilité affichée des juges commerçants.
Pourtant le dernier projet adopté par le Conseil des ministres du 18 juillet 2000 était porteur d'espoir. Chaque tribunal de commerce voyait la création de chambres mixtes composées de deux juges consulaires et présidées par un magistrat professionnel. En contrepartie, dans les cours d'appel, des juges consulaires siégeraient en tant qu'assesseurs.
Il reste que les décisions des tribunaux de commerce ne sont pas plus sanctionnées en appel que celles des juridictions civiles. Cela tient certainement au très grand nombre de « petites » affaires jugées correctement. L'observation permet d'affirmer l'utilité des juridictions consulaires et la capacité des juges à trancher les conflits ordinaires. Utilité d'autant plus remarquable que le bénévolat de ceux-ci permet d'alléger à proportion le budget de l'État.
Enfin, à l'instar des contentieux de droit commun, les commerçants ont la faculté d'opter pour le recours à l'arbitrage, véritable justice privée.

A. Les tribunaux de commerce

En 2008, ces tribunaux étaient au nombre de 191. Aujourd'hui, ils sont 135, augmentés des tribunaux mixtes d'Alsace-Moselle et Outre-mer. Les tribunaux sont faits ou défaits par décret du ministre de la Justice. Lorsqu'il n'en existe pas, la compétence à trancher les conflits des affaires commerciales est dévolue au tribunal de grande instance territorialement compétent. L'assise des tribunaux de commerce est affaire de circonstances économiques, ce qui expliquait une carte judiciaire parfois irrationnelle, puisqu'elle pouvait épouser des bassins d'activités devenus obsolètes. Conséquences, certaines régions étaient dotées de juridictions consulaires alors qu'elles étaient économiquement assoupies, au contraire, d'autres en étaient dépourvues malgré leur actuel dynamisme. C'est ce constat qui aurait motivé, en partie, la réforme appliquée au 1er janvier 2009 (ministère de la Justice, 18 juin 2008). Dans un souci d'améliorer l'efficacité de la justice, la loi Macron de 2015 propose de confier à des juridictions commerciales spécialisées (TCS) le sort des grandes entreprises [1] en difficulté économique [2].

1. Organisation

Ce sont les articles L. 721-1 et suivants du livre septième « des juridictions commerciales et de l'organisation du commerce » intégré au code de commerce qui gèrent la matière.

a. Élection

L'élection des juges s'effectue à deux degrés. Le corps électoral constitué des commerçants et assimilés est convoqué afin de désigner les délégués consulaires répartis en activités commerciales, industrielles et de services. Ces délégués, augmentés des membres anciens et en exercice des tribunaux de commerce, forment le collège électoral chargé d'élire les juges. Pour être juge, il faut être électeur, âgé d'au moins trente ans et justifier d'au minimum cinq ans d'activité (l'inscription au registre du commerce et des sociétés faisant foi).
Les juges sont élus pour deux ans lors de leur première élection. À l'issue de ce premier mandat, ils peuvent être réélus par période de quatre ans (L. 722-6), renouvelable quatre fois (L. 723-7).

---

1. Seuils en cours de validation au 12/05/2015 (150 ou 250 salariés ? – 20 millions d'euros de CA).
2. La loi de juillet 2005, traitant des difficultés économiques de l'entreprise, confie déjà à des juridictions spécialisées (co. ou civ.) la conduite de toute procédure collective.

Au terme de quatre mandats successifs, le juge qui souhaite se représenter devra laisser s'écouler un délai d'un an. Le juge-président est élu pour quatre ans par ses pairs sous la condition d'avoir exercé la fonction de juge durant au moins six ans, sauf à vérifier l'exception de l'article L. 722-13. Disposant de pouvoirs propres, chaque année le président peut, entre autres, après avis de l'assemblée générale, dresser par ordonnance la liste des juges pouvant exercer les fonctions de juge-commissaire en matière de difficulté des entreprises.
Tout manquement au statut de juge est de la compétence de la commission nationale de discipline. Cette commission sanctionne en infligeant soit un blâme, soit la déchéance.

b. Avocat

La représentation des parties par un avocat n'est pas une obligation devant le tribunal de commerce. Les parties peuvent préférer agir seules ou de se faire représenter par une personne de leur choix. Cette faculté autorise un allégement des coûts de procédure et une simplification pour le justiciable. Cependant, on ne saurait que trop conseiller la prudence. En considération des conséquences parfois redoutables des règles du droit commercial, la présence d'un professionnel de ce droit qu'est l'avocat paraît indispensable.

c. Le parquet

Depuis la loi du 10 juillet 1970, la règle est à l'intervention du ministère public dans les juridictions consulaires. Cette intervention se manifeste par la communication des procédures en matière de difficulté de l'entreprise et plus généralement par une prise d'information concernant les affaires qui l'intéressent. Le respect de l'ordre public sort renforcé de ces attributions, même si un manque de moyens en restreint la portée.

d. Auxiliaires de justice

Intervenants indépendants, ils participent à l'administration de la justice commerciale. Il s'agit principalement des administrateurs et mandataires judiciaires, ainsi que des mandataires-liquidateurs.
C'est la loi du 25 janvier 1985 qui a créé ces fonctions au lieu et place des si décriés syndics. La loi de juillet 2005 « difficultés économiques de l'entreprise » a maintenu ces statuts.

2. Compétence

Le tribunal de commerce fait partie des juridictions qualifiées d'exception. D'exception parce qu'un texte doit lui attribuer compétence expresse. Hors cette compétence organisée par la loi, les tribunaux de droit commun ont naturellement, seuls, le pouvoir de trancher les conflits du commerce. Atténuons cette dernière remarque en observant que le caractère exceptionnel de la compétence des juridictions consulaires est devenue de fait générale, résultat de la rédaction de l'ancien article L. 411-4 du code de l'organisation judiciaire, aujourd'hui article L. 721-3 du code de commerce (ordonnance n° 2006-673 du 8 juin 2006 portant refonte du code de l'organisation judiciaire).

a. Compétence d'attribution

La loi organise une double compétence, puisque le tribunal de commerce est la juridiction des commerçants et des actes de commerce. L'article L.721-3 reprend globalement les dispositions de l'ancien article 631 du code de commerce et affirme que les tribunaux de commerce connaissent :
– Des contestations relatives aux engagements entre commerçants, entre établissements de crédit ou entre eux. Par commerçants, il faut comprendre indistinctement commerçants déclarés au registre du commerce et commerçants de fait.

– Des contestations relatives aux sociétés commerciales.

– Des contestations relatives aux actes de commerce entre toutes personnes. Faut-il comprendre que le tribunal de commerce a seul compétence pour trancher le contentieux relatif à l'acte de commerce effectué par une partie alors que l'autre réalise un acte civil, ce que traduirait la problématique des actes qualifiées de mixtes [1] ? Ou, autre interprétation, du contentieux d'actes qualifiés de commerce pour toutes les personnes intervenantes [2] ? Dans le premier cas la compétence serait large, dans le second, elle se limiterait principalement aux actes de commerce par la forme [3]. Archétype de l'acte de commerce par la forme, la lettre de change serait l'un des rares exemples d'acte intrinsèquement commercial par le seul fait de sa création, indépendamment de la qualité des personnes qui y participent. S'agissant de déterminer la compétence de la juridiction commerciale en matière d'actes de commerce entre toutes les personnes, la seconde interprétation l'emporte.

Aux règles de compétence tirées de l'article L. 721-3, s'ajoute la compétence attribuée au tribunal de commerce en matière de difficulté de l'entreprise quand le débiteur est commerçant ou inscrit au registre des métiers (L. 621-2).

Ces règles de compétence d'attribution sont d'ordre public. Entre un commerçant et un non-commerçant, la clause du contrat attribuant compétence exclusive au tribunal de commerce est frappée de nullité. En revanche, le non-commerçant a la possibilité d'assigner le commerçant devant le tribunal de commerce (la personne civile assigne le commerçant devant le tribunal civil ou le tribunal de commerce. Le commerçant ne peut assigner le particulier que devant la juridiction civile).

b. Compétence territoriale

Elle ne déroge pas aux règles de droit commun. Le tribunal compétent est celui du domicile du défendeur. Ce principe supporte cependant des exceptions, notamment s'agissant du droit des contrats, puisqu'en cette matière la partie demanderesse a la faculté d'opter pour le tribunal du lieu de la livraison s'agissant d'une chose, ou du lieu d'exécution de la convention s'agissant d'une prestation de service.

Les clauses dérogatoires en matière de compétence territoriale supportent des solutions identiques à celles des clauses de compétence d'attribution. Elles seront licites ou non, selon qu'il s'agit de commerçants entre eux, ou de rapports entre commerçants et non-commerçants.

3. Procédure

La procédure suivie devant les tribunaux de commerce reprend les principes en vigueur devant les juridictions de droit commun. L'application de ces principes conditionne la bonne administration de la justice. En présence de principes non déterminants, les commerçants ont obtenu une simplification procédurale.

a. Les principes

Une procédure publique

Les audiences du tribunal sont ouvertes à tous, excepté quand les débats se déroulent en chambre du conseil sur demande des parties. Mais dans cette version de la procédure, le jugement reste public.

---

1. Exemple : le client civil du commerçant ne pourrait contester l'acte passé avec ce dernier que devant le tribunal de commerce.
2. Toutes les parties à l'acte ont réalisé un acte de commerce.
3. Les actes de commerce par l'objet ou la cause ne semblent pas devoir entrer dans le champ d'application de l'article visé (vente d'un immeuble avec le fonds de commerce qu'il contient : l'objet du contrat ne se divise pas, la vente de l'immeuble n'est pas commerciale).

Une procédure orale

Les parties exposent oralement leur arguments, bien que les conclusions (écrites) déposées devant le juge atténuent très sensiblement la portée du principe.

Une procédure contradictoire

Ne sont retenus pour la décision que les arguments exposés et discutés entre les parties.

b. Dérogations aux principes

Elles sont justifiées par des motifs de rapidité et de simplicité des affaires commerciales. Ces motifs se révèlent maintenant totalement obsolètes mais alimentent toujours des exceptions qui perdurent.

Simplification de la procédure

L'article 854 du nouveau code de procédure civile autorise les parties à se présenter volontairement devant le tribunal afin qu'il tranche leur conflit. Le même code, dans ses articles 862 et 869, permet au tribunal de désigner l'un de ses juges aux fins d'examiner une affaire en tant que juge rapporteur. Ce juge unique a le pouvoir de tenir audience, mais le délibéré et la décision sont l'œuvre du tribunal.

Rapidité de la procédure

Les affaires portées devant le tribunal de commerce échappent à la mise en état (l'instruction). Mais la rapidité dépend finalement étroitement de l'encombrement ou non du tribunal.

Information – Réflexion - Questions

Information

– En matière commerciale, l'incompétence des juridictions civiles n'est pas absolue et n'a pas a être prononcée d'office, excepté en ce qui concerne le tribunal d'instance.

– En présence d'un litige complexe mêlant des griefs distincts de nature juridique différente, mais étroitement liés, la compétence des juridictions de droit commun l'emporte sur la juridiction d'exception.

– Les litiges concernant les sociétés commerciales par la forme sont de la compétence des tribunaux de commerce même lorsque leur objet social est civil.

– Une caution non commerçante ayant un intérêt patrimonial à la dette supportée par le commerçant et garantie par elle, tombe sous la compétence du tribunal de commerce.

– Le paiement des loyers placés hors du décret du 30 septembre 1953 et la location d'immeubles (en principe de nature civile) entrent dans la compétence de la juridiction consulaire quand sont concernés deux ou plusieurs commerçants à propos de leurs activités commerciales.

– Les litiges entre associés à propos de la société commerciale sont de la compétence des tribunaux de commerce, même si l'objet social est civil et à condition que le conflit concerne le pacte social. Solution identique à propos d'un litige entre un associé et la société même si l'acte en cause est civil : il suffit que la société concernée soit commerciale.

– Le tribunal de commerce est compétent pour tous les actes du dirigeant (non-commerçant) lorsqu'ils sont effectués à l'occasion de la gestion de la société.

– Entre commerçants, les clauses attributives de compétence territoriale doivent être précises et explicites. Si l'acceptation tacite de ces clauses par une partie est valable, par exemple en cas d'absence de protestation avant l'assignation, en revanche, le simple silence n'emporte pas acceptation (recevoir des documents où figure la clause et ne rien dire).

Réflexion

– Les conflits relatifs au droit des affaires relèvent-ils toujours des juridictions consulaires ou civiles ?

– Quel serait l'intérêt de l'échevinage ? Pour quelles raisons n'est-il pas pratiqué ?

– Le fait que le code de commerce reconnaisse compétence aux juridictions consulaires pour toutes contestations relatives aux actes de commerce entre toutes personnes entraîne-t-il de graves difficultés de compétences ?
– Intérêt du rôle des juridictions commerciales.

Questions

– Quelles justifications légales donneriez-vous pour affirmer la compétence du tribunal de commerce en matière commerciale ?
– Pour quelle raison le tribunal de commerce est-il qualifié de juridiction d'exception ?
– Mode de nomination des juges consulaires.

B. L' arbitrage

L'intérêt pour les commerçants de bénéficier d'une procédure judiciaire adaptée à leurs besoins et d'être jugés par leurs pairs, parfois ne suffit pas. Ils peuvent préférer recourir à l'arbitrage (L. 721-3 dernier al.). L'existence de cette institution en principe ouverte à tout justiciable est véritablement exceptionnelle, puisqu'il s'agit d'une justice privée : les parties confient à un ou plusieurs tiers qu'elles désignent librement, le soin de trancher leur litige.
Avant le décret du 13 janvier 2011 applicable au 1er mai 2011, la loi du 15 mai 2001 et le décret du 12 mai 1981 avaient déjà dépoussiéré la matière. Mais il était nécessaire de réactualiser ces textes. Ainsi, la notice fournie par le décret de 2011 précise qu'il « modernise le droit français de l'arbitrage, tant interne qu'international [1]. Il assouplit les règles relatives au compromis d'arbitrage, à l'exequatur et à la notification des sentences arbitrales. Il affirme l'autorité de la juridiction arbitrale, en lui permettant notamment de prononcer à l'égard des parties à l'arbitrage des mesures provisoires ou conservatoires, à l'exception des saisies conservatoires et sûretés judiciaires. En cela, le décret consacre la place du juge d'État en tant que "juge d'appui" ».
De nombreux arguments ont été produits en faveur de l'arbitrage (rapidité – compétence – coût contenu), en réalité, seuls l'anonymat du conflit et la certitude pour les parties que leurs arguments seront parfaitement étudiés méritent d'être retenus. On ajoutera que les commerçants, personne physique et morale, craignent les effets négatifs et dévastateurs d'un mauvais procès public.
La clause organisant le recours au tribunal arbitral est contractuelle et écrite (un écrit quelconque suffit), le non-respect de ce dernier point étant sanctionné par la nullité [2]. Traditionnellement, on distingue la clause compromissoire du compromis d'arbitrage.

La clause compromissoire

Antérieurement à la réécriture (imparfaite) de l'article 2061 du code civil par la loi de mai 2001, le législateur restreignait l'utilisation de la clause compromissoire aux seuls commerçants. En effet, au regard des effets de cette clause qui permet de recourir à l'arbitre dès la signature d'un contrat et avant la naissance du conflit, sans en connaître ni l'étendue ni la difficulté, il avait été décidé de fermer aux personnes civiles son utilisation, compte tenu des dangers qu'elle pouvait contenir pour ces non-professionnels des affaires commerciales. Désormais, le nouvel article 2061 du code civil ouvre la clause compromissoire, non seulement aux commerçants et aux parties non commerçantes ayant réalisé ensemble un acte de commerce isolé, mais également aux professionnels de nature civile. Ainsi,

1. Quand une opération économique affecte plusieurs états.
2. Pourtant le décret valide la clause d'arbitrage par référence (art. 1443 c. pr. civ.). Nota : frappée de nullité, la clause est réputée non écrite.

les agriculteurs, les artisans et les professions libérales peuvent opter pour l'arbitrage avant la naissance d'un contentieux. Solution heureuse si l'on veut considérer que toutes les professions, qu'elles soient civiles ou commerciales, expriment les mêmes besoins et attentes en matière de gestion des conflits. Il reste que la notion de « professionnels » nécessiterait plus de précision, d'autant que la clause compromissoire exige pour sa validité que le contrat soit professionnel pour les parties [1], la validité ne se restreignant pas à la qualité des parties.

Le compromis d'arbitrage

Lorsque les parties décident de recourir à l'arbitrage après la naissance du conflit, elles signent un compromis d'arbitrage. Les éléments du conflit étant connus, l'article 2060 du code civil autorise alors les simples particuliers à utiliser cette voie de résolution des contentieux.

1. Procédure

La règle de la liberté domine tant pour le choix de la composition du tribunal arbitral que pour l'organisation de sa fonction (arbitrage institutionnel qui suivra les règles de l'arbitrage, ou arbitrage « ad-hoc » dans lequel les parties fixent les règles d'arbitrage).

Le ou les juges sont indifféremment en nombre pair ou impair. Les parties les désignent en considération de leurs compétences et de leurs qualités. Ils interviennent dans le respect des règles de la procédure de droit commun. Lorsqu'ils sont dispensés de cette dernière obligation et que les parties les autorisent à rendre leur décision non en droit mais en équité, ils prennent la qualité d'arbitres amiables compositeurs. Dans cette hypothèse, les arbitres peuvent infléchir la portée des stipulations du contrat si l'équité l'exige. Pourtant, quel que soit leur statut, ils ne peuvent déroger à certains principes retenus par les articles 4 à 11 et 14 du code de procédure civile :

- l'objet,
- les faits,
- les preuves que chaque partie doit apporter,
- débats contradictoires,
- principe de bonne foi.

La décision de l'arbitre, appelée sentence arbitrale, doit être rendue dans le délai fixé par la convention d'arbitrage, ou, à défaut, dans un délai ne dépassant pas six mois à compter de la saisine du tribunal [2]. Les juges la motivent en droit, ou en équité au titre de l'amiable composition [3].

Leur décision est dite parfaite quand elle revêt la forme des jugements (prononcée – motivée – datée – signée). Si elle tranche un litige et applique le droit, son auteur n'est pas un juge d'État. Conséquence, au regard de l'organisation judiciaire, seule l'autorité de la chose jugée lui est conférée : elle n'est pas dotée de la force exécutoire qui permet d'obliger la partie perdante à exécuter le jugement. Cette qualité ne lui sera accordée qu'après le contrôle du juge de l'exécution du tribunal de grande instance accordant l'exequatur. La sentence munie de l'ordonnance d'exequatur est soumise à l'enregistrement avant d'être déposée au greffe du tribunal.

En réalité, semble-t-il dans la majorité des cas, les parties se satisfont principalement du sens de la sentence : elles l'exécutent sans contester par souci de

---

1. La clause compromissoire d'un contrat mixte (prof. non prof.) est nulle.
2. CPC art. 1463.
3. CPC art. 1482.

discrétion. Dans ces circonstances, l'exequatur n'est pratiquement jamais demandée, pas plus que le dépôt au greffe n'est effectué.

La sentence est susceptible de recours, bien que le décret de 2011 en ait modifié le régime. Désormais, l'article 1489 CPC pose le principe de la fermeture de l'appel contre la sentence arbitrale, excepté si les parties expriment la volonté de l'organiser. Quand il est autorisé, l'appel s'effectue dans un délai d'un mois devant la cour d'appel du lieu de la sentence.

À défaut d'appel, le recours en annulation (art. 1491 CPC) contre la sentence arbitrale est toujours ouvert sous réserve de vérifier les conditions (strictes) de l'article 1492 du code de procédure civile [1]. Aucune clause contraire ne peut y déroger. Au-delà, les articles 1501 et 1502 du code de procédure civil prévoient respectivement la tierce opposition et le recours en révision.

En raison du développement de l'arbitrage international, parallèlement au décret de 2011 qui ne s'applique qu'en droit interne, existent de nombreuses conventions visant à rendre efficace l'exécution des sentences étrangères sur le territoire d'un signataire. Ainsi en est-il des conventions de New York du 10 juin 1958, de Genève du 21 avril 1961 et de Bruxelles du 27 septembre 1968. Le droit français avait matérialisé l'arbitrage et le fait international avec le décret du 12 mai 1981 [2].

2. Pouvoirs

Corollaire de la convention d'arbitrage, les juridictions civiles et commerciales sont déclarées incompétentes. L'arbitre détient les pouvoirs d'instruction et de jugement des magistrats professionnels. Le décret de mai 1980 avait clarifié une ancienne hésitation jurisprudentielle et doctrinale : au terme de l'article 1465 du code de procédure civile, l'arbitre a qualité pour examiner la validité et les limites de son investiture.

Cependant l'une des parties peut agir en nullité de la convention d'arbitrage devant une juridiction étatique, à la double condition d'une absence de saisine du tribunal arbitral et d'une nullité manifeste [3].

Autre atteinte aux pouvoirs de ce tribunal arbitral, tant qu'il n'est pas saisi, la Cour de cassation par un arrêt du 20 mars 1989 [4] admet le juge des référés compétent pour attribuer une provision à un créancier dont le droit n'est pas sérieusement contesté. Dans la même veine [5], la Cour reconnaît à ce juge la faculté d'ordonner toutes mesures ne portant pas préjudice au principal (instructions – dommages et intérêts à titre de provisions). Enfin, la jurisprudence précise que « si l'une des parties du conflit saisie le juge d'État, l'incompétence de ce dernier doit être soulevée *in limine litis*, avant toute défense au fond. » [6]

Information – Réflexion – Questions

Information

a. Arbitrage interne

– La clause compromissoire valable entre commerçants étend ses effets aux litiges connexes civils.

– L'acceptation tacite non équivoque et en toute connaissance de cause d'un cocontractant de recourir à l'arbitrage du fait du contrat, doublée d'un défaut de protestation de

1. Irrégularité contraire à l'ordre public – composition irrégulière du tribunal arbitral.
2. CPC art. 1504 et s.
3. CPC art. 1448.
4. Gaz. Pal. 1190 somm. ann. 1 obs. Guinchard et Moussa.
5. Bull. civ. I, n° 64, p. 47.
6. Civ. 2e-nov 2001-D 2002-IR42.

sa part, peut entraîner la validité de l'intervention de l'arbitre sous condition que la clause d'arbitrage qui lui est opposée soit dépourvue d'ambiguïté (cette jurisprudence, antérieure à 1981, sera-t-elle maintenue avec l'obligation faite que la clause compromissoire soit, à peine de nullité, écrite et incorporée dans la convention principale ou un document stipulé par celle-ci ou un document référence ?)
– Le principe d'autonomie de la clause compromissoire ne résiste pas à la nullité du contrat pour vice du consentement.
– Les parties ayant convenu de recourir à un arbitre peuvent choisir d'y renoncer (expressément ou implicitement).
– La clause compromissoire ne paralyse pas le juge des référés qui, en cas d'urgence, pourra, par exemple, ordonner une expulsion sur le fondement d'une clause résolutoire.
– Le compromis d'arbitrage doit impérativement, à peine de nullité, préciser l'objet du litige (celui-ci étant né). Cependant cette exigence n'est pas d'ordre public. Ainsi, l'absence de contestation à propos de la détermination du litige par une ou plusieurs parties, au moment où le tribunal arbitral instruit, implique que la forme exigée est présumée respectée.
– Le délai légal de six mois durant lequel le tribunal arbitral accomplit sa mission ne peut être prorogé que sur décision des parties ou par voie de justice et jamais sur initiative des arbitres. En cas de prorogation non précisée dans le temps, le nouveau délai sera de six mois. Dans l'hypothèse d'un recours en annulation, la mission des arbitres n'est pas suspendue. Seule le serait l'exécution de la sentence arbitrale.

b. Arbitrage international

– En présence d'un contrat non entré en vigueur, le principe d'autonomie de la clause compromissoire permet sa mise en œuvre quand le litige opposant les parties prend sa source dans les conditions de conclusion du contrat (et non pas les conditions de son exécution – CQFD).
– L'arbitre amiable compositeur a le pouvoir d'écarter certains droits nés de la convention au profit d'une solution juste et équitable.

Réflexions

– Le développement de l'arbitrage, surtout international, ne rappelle-t-il pas l'importance prise par la coutume commerciale dans l'ancien droit ?
– L'indépendance des arbitres est-elle vraiment assurée ?
– L'exercice des voies de recours contre la sentence permet-il d'assurer le critère de rapidité à la procédure arbitrale ?

Questions

– L'arbitre est-il juge de sa propre compétence ?
– Différence entre clause compromissoire et compromis d'arbitrage.
– Différence entre sentence arbitrale et exequatur.
– Qui choisit les arbitres ?
– Quel est le tribunal compétent et le régime de la preuve en matière d'acte de commerce et d'acte mixte ?

§ 2. *L'organisation administrative*

Avec l'étude de l'organisation administrative du commerce, force est de constater l'emprise tentaculaire qu'exercent les organes d'État et régionaux sur cette activité. Qu'il s'agisse, non limitativement, du rôle des ministères (finances [1],

---

1. Le ministère des Finances regroupe :
– la direction du Trésor,
– la direction générale des impôts,
– la direction générale de la concurrence et de la consommation.

commerce), du Centre d'analyse stratégique [1], et, avec la loi sur la décentralisation, des sociétés de développement régional, la vie des affaires supporte une administration omniprésente.

Dans le cadre de la régulation du commerce et de l'organisation administrative, nous réserverons notre intérêt aux autorités administratives indépendantes. Seules ces dernières sont dotées d'un pouvoir d'organisation et de sanction capable de soumettre les activités commerciales.

A. L' autorité des marchés financiers

Créée par une ordonnance du 28 septembre 1967, la commission des opérations de bourse (COB) avait une mission similaire à celle de la « Sécurities and Exchange Commission » des États-Unis. Le monde des affaires, notamment Anglo-Saxon, nous reprochant depuis trop longtemps une opacité de la pratique financière des sociétés cotées, son but était d'assainir le marché boursier, condition sine qua non pour qu'une place comme Paris prétende jouer un rôle international.

Instauré en juillet 1996, le conseil des marchés financiers (CMF) avait, quant à lui, pour fonction la police des valeurs mobilières cotées, le contrôle des OPA et plus généralement veillait à la bonne discipline des activités financières.

Désormais, depuis la loi du 1er août 2003, l'Autorité des marchés financiers a remplacé ces deux autorités administratives indépendantes (COB et CMF), avec pour mission de contribuer au bon fonctionnement des marchés financiers. Pour ce faire, le législateur l'a doté de trois pouvoirs :

Pouvoir réglementaire

L'AMF peut édicter des règles visant à la transparence des marchés financiers. Ces règles sont complétées par des instructions et circulaires.

Pouvoir de sanction

Lorsque le dysfonctionnement est patent, la société fautive peut subir des sanctions monétaires. Conformément à l'article L. 621-15 du code monétaire et financier, la sanction sera prononcée après une procédure contradictoire garante des droits de la défense. Ce même code ouvre une voie de recours devant le juge judiciaire mais sans effet suspensif (L. 621-30).

Pouvoir de coercition judiciaire

Auxiliaire de justice, l'AMF est consultée dans les procédures financières la concernant. Elle est dotée de la capacité d'agir en justice et peut intervenir afin de mettre fin aux fonctions d'un commissaire aux comptes [2]. Enfin, elle peut s'intéresser au sort des associés minoritaires en incitant, entre autre, la nomination d'un expert de gestion.

B. L'Autorité de la concurrence

Avec la Commission technique des ententes, puis la Commission de la concurrence, puis le Conseil de la concurrence, et enfin, depuis le 13 janvier 2009, l'Autorité de la concurrence (loi 4 août 2008 de modernisation de l'économie), l'État dès le lendemain de la seconde guerre mondiale avait compris l'immense intérêt à surveiller et protéger la réalité de la concurrence. Ainsi au terme de la loi, l'actuelle Autorité de la concurrence se voit conférer trois pouvoirs.

1. Décret n° 2006 du 6 mars 2006, remplace le commissariat du plan d'équipement et de la productivité.
2. Révocation et récusation du commissaire aux comptes : SA-§ 3-C- fin des fonctions.

Pouvoir facultatif de consultation

– Article L. 462-1 al. 2 code de commerce : « *L'Autorité de la concurrence donne son avis sur toutes les questions de concurrence à la demande du gouvernement... des collectivités territoriales, des organisations professionnelles et syndicales...* ».

– Article L. 462-4 code de commerce : « *L'Autorité de la concurrence peut être consulté par le ministre chargé de l'économie sur tout projet de concentration ou toute concentration de nature à porter atteinte à la concurrence* ».

Pouvoir obligatoire de consultation

– Article L. 462-2 code de commerce : « *L'Autorité de la concurrence est obligatoirement consulté par le gouvernement sur tout projet de texte réglementaire instituant pour effet... de soumettre une profession ou une activité à des restrictions quantitatives... d'établir des droits exclusifs... d'imposer des pratiques uniformes de prix ou de ventes* ».

Pouvoir de contentieux

– Article L. 462-6 al. 2 code de commerce : avertir le parquet aux fins de poursuites pénales contre les dirigeants (fraude).

– Article L. 464-1 code de commerce : « *L'Autorité de la concurrence peut, [...] après avoir entendu les parties en cause, prendre des mesures conservatoires... si la pratique dénoncée porte une atteinte grave à l'économie, à celle du secteur intéressé, à celle des consommateurs...* » (ententes et abus de position dominante).

– Article L. 464-2 code de commerce : « *L'Autorité de la concurrence peut ordonner aux intéressés de mettre fin aux pratiques anticoncurrentielles... il peut infliger une sanction pécuniaire* ».

Les décisions de l'Autorité sont susceptibles de recours en annulation ou réformation devant la cour d'appel de Paris (chambre spéciale), éventuellement d'un pourvoi en cassation. L'article L. 462-7 du code de commerce prévoit la prescription des poursuites de pratiques anticoncurrentielles par cinq ans (al. 1) et 10 ans (al. 3).

★

★ ★

Que penser du rôle de l'AMF et de l'Autorité de la concurrence ? À l'évidence il est positif. Tout juste peut-on relever que ces autorités administratives indépendantes disposent de pouvoirs extrêmement variés (règlement – avis – contraintes – sanctions) empiétant sur les prérogatives de l'organisation judiciaire traditionnelle. Leur place et leur collaboration avec les autres juridictions sont peut-être mal définies, malgré les récentes tentatives de pallier ce constat.

§ 3. *Les organisations professionnelles*

Ce sont les organisations les plus nombreuses, mais leur fonction ne dépasse pas les limites de la représentation et de la défense des intérêts d'une profession. Parfois, elles assurent un rôle de police, plus rarement celui de censeur.

Les chambres de commerce et d'industrie ainsi que les chambres des métiers n'ont pas de pouvoir de contrainte. Elles se satisfont de leur vocation de formation, d'aide en création d'entreprise, d'information et d'association à la politique d'aménagement du territoire.

Plus intéressantes sont les activités chapeautés par un organe professionnel qui non seulement représente et défend, mais assure également une fonction disciplinaire, quand ce n'est pas le contrôle d'accès à la profession.

Les pouvoirs de ces organes font irrésistiblement penser à un ersatz de corporatisme. La constatation s'accommode mal au principe de la liberté du commerce issu de la Révolution. C'est peut-être le prix à payer afin d'assurer la moralisation de certaines activités sensibles [1].

Section II - Respect des principes fondateurs du commerce

Exceptées, peut-être, les situations de monopole voulues par l'État pour le bien de tous, un commerce moderne et dynamique s'appuie sur deux piliers :
– une concurrence non pervertie (droit de la concurrence),
– un consommateur averti (droit de la consommation).
Le législateur, guidé par la jurisprudence et la doctrine, a traduit en loi ces exigences. Elles déterminent des valeurs reconnues par tous.

§ 1. *Le droit de la concurrence*

Il est nécessaire de caractériser juridiquement la concurrence afin d'en assurer sa pérennité. Légitimement, tous les professionnels souhaitent un marché ouvert où les règles du jeu sont respectées. Mais leur tendance quasi naturelle est de maximiser la logique économique impliquant qu'un commerçant occupe la plus grande part de marché possible. Dans certaines circonstances, la perversion guette. À trop vouloir régner sans partage, le commerçant détient une position dominante et impose ses conditions. Un résultat identique est obtenu par la conclusion d'ententes entre les intervenants d'une même activité. Ces comportements peuvent être de bonne foi, dénués d'intentions négatives. Mais par goût de la compétition économique, voire d'amélioration constante des produits pour le bien de tous, le commerçant entraînera la disparition de la concurrence à son corps défendant. Ajoutons que dans certains cas, heureusement peu fréquents, il exercera son métier à l'aide de moyens déloyaux.
Ces observations, qui ne sont réservées qu'à une part marginale de la vie des affaires, obligent à définir et protéger les qualités de la concurrence. Elle doit être : loyale, libre et effective.
Comme souvent en droit, prétendre définir les contours d'un principe se révèle impossible. Il suffit alors de cerner les hypothèses où le principe est détruit, pour affirmer, qu'*a contrario*, on en connaît les limites [2].

A. Concurrence loyale

En application du raisonnement précédemment mis en valeur, tenter de cerner ce qu'est une concurrence loyale oblige à se concentrer sur le domaine de la concurrence déloyale. Partant de la nécessaire exigence d'une concurrence honnête et libre, sera déloyale toute action portant atteinte à ces qualités. Fondamentalement, le but du commerçant est de capter une clientèle la plus large possible. But également poursuivi par le commerçant concurrent. La concurrence jouant sur la clientèle, le meilleurs l'emportera. La concurrence est toujours présumée loyale, excepté lorsque des manœuvres irrégulières ont été utilisées. Il y a alors concurrence déloyale. En matière de concurrence déloyale,

1. Exemple : comité des établissements de crédit...
2. Exemple : imaginons qu'un texte de loi exige une concurrence saine, mais ne définit pas ce qu'est être sain. La jurisprudence fera son œuvre et définira le terme. Supposons qu'elle détermine qu'une concurrence saine est une concurrence vierge de monopoles. Solution : la concurrence n'est pas saine quand il y a monopole, au contraire (quand il n'y a pas monopole) elle est saine (même si les commerçants se copient – se volent les brevets... etc.).

l'acte de déloyauté vise la clientèle d'un autre commerçant, qu'elle soit détournée et récupérée ou non [1].

La jurisprudence a élaborée la théorie de la concurrence déloyale à l'aide des principes généraux de la responsabilité civile. Conséquence de la rédaction des articles 1382 et suivants du code civil, trois conditions doivent être réunies pour sa mise en œuvre : une faute – un dommage – un lien de causalité. S'agissant du commerce, elles sont appréciées dans un sens large.

– *La faute* : l'intention n'est pas une condition, la faute peut être non intentionnelle. La jurisprudence ajoute qu'elle correspond à la transgression d'une norme communément admise par le commerce, que cette norme soit légale ou non. En quelque sorte, le commerçant doit se comporter vis-à-vis de son concurrent en « bon père de famille commerçant ». Employer des moyens que la morale commerciale réprouverait serait constitutif de faute [2]. Dans ces circonstances, il peut s'agir d'un acte de discrédit (dénigrer le produit concurrent), de l'emprunt d'un nom patronymique déjà utilisé par un autre commerçant (tentative de confusion), ou d'une tentative de désorganisation (débauche de salariés – espionnage industriel).

– *Le dommage* : il correspond essentiellement à la perte de la clientèle. La victime des manœuvres doit apporter la preuve d'une simultanéité entre l'acte déloyal et la diminution du chiffre d'affaires [3]. Le tribunal apprécie tout en vérifiant si la baisse, ou une partie de celle-ci, ne pourrait être attribuée au commerçant plaignant ou aux conditions du marché. Parfois, les juges se contentent d'un préjudice vraisemblable, tant sa matérialisation est délicate.

– *Le lien de causalité* : comment lier la faute au dommage subi ? La démonstration appartient au domaine du subjectif, à de très rares circonstances contraires près. Pour cette raison, les juridictions se contentent d'un lien vraisemblable, ou, plus radicalement, présument l'existence du lien de causalité.

Lorsqu'elle est démontrée, l'action en concurrence déloyale permet à la victime de faire cesser le trouble et d'obtenir des dommages et intérêts. D'autres sanctions peuvent être utilisées, telle la publication du jugement dans la presse aux frais du commerçant coupable.

Enfin, conséquence de la compétition commerciale, une récente extension de la notion de concurrence déloyale a été rendue nécessaire face aux « trouvailles » de certains professionnels. Ainsi le parasitisme (donner à un produit de consommation courante le nom d'un produit de luxe) et la désorganisation du marché (prix d'appel illégaux – para-commercialité exagérée de certaines activités telle celle des chambres d'hôtes) sont entrés au Panthéon de la concurrence déloyale, même si l'on peut parfois douter du bien fondé de l'octroi de cette action concernant ces comportements.

B. Concurrence libre et effective

L'examen de ces caractéristiques propose un raisonnement similaire à celui suivi avec l'étude de la concurrence déloyale. Définissons les situations pour lesquelles la notion de concurrence libre et effective est anéantie pour,

1. Un commerçant peut nuire à un autre commerçant à travers sa clientèle sans pour autant la récupérer.
2. Dénigrement – utilisation du même nom – publicité comparative – captation du savoir faire de l'autre ou sa divulgation – débaucher irrégulièrement le personnel du concurrent…
3. Bien que parfois la diminution du chiffre d'affaires est constatée ultérieurement. À l'examen de l'évolution du chiffre d'affaires, la jurisprudence peut substituer d'autres critères.

a contrario, affirmer que ce qui ne détruit pas la concurrence procède d'une concurrence généralement positive. La loi et la jurisprudence appréhendent quatre thèmes ayant pour conséquence un amoindrissement, voire une quasi disparition, de la concurrence :

– les clauses de non-concurrence,
– le refus de vente (ou d'achat),
– les ententes,
– l'abus de position dominante.

1. Les clauses de non-concurrence

La mise en œuvre d'une clause de non concurrence peut-être initiée par une entente ou un abus de position dominante. Dans ces hypothèses, l'éventuelle sanction proviendra de l'application du droit spécifique aux ententes et abus de positions dominantes. En dehors de ce contexte, de nombreuses clauses de non-concurrence sont signées entre les individus. Ainsi dans les rapports employeur-salarié, commerçant cédant-commerçant cessionnaire du fonds de commerce, entre membres d'une profession libérale lorsqu'ils se remplacent...

De telles clauses constituent une entrave à la concurrence. Pourtant, elles ne sont pas toutes dénuées de légitimité. Par exemple, un commerçant ayant formé son employé pourrait craindre que celui-ci le quitte pour s'installer à proximité et exercer le même métier. Sa clientèle serait durement touchée par cet état de fait.

L'utilité reconnue des clauses de non-concurrence et leur aspect indéniablement anti-concurrentiel, a conduit le législateur à ne pas les déclarer illicites et la jurisprudence à les contrôler sévèrement. Les tribunaux exigent la double réalisation d'une condition positive et d'une condition négative pour les accepter.

La condition positive implique un intérêt légitime du créancier de l'obligation (le bénéficiaire) dans l'atteinte faite à la concurrence par la stipulation. Il doit justifier la rédaction de la clause de non-concurrence par la nécessité de protéger sa clientèle qui, sans cette clause, serait en péril. Ainsi, quel bénéfice tirerait une grande surface à rendre débiteur d'une clause de non-concurrence un chef de rayon, clause tendant à l'empêcher d'être recruté au même poste par un concurrent ? Y aurait-il danger de détournement de clientèle ? Dans cet exemple, on peut douter de la réalité de l'intérêt légitime du bénéficiaire.

La réalisation de la condition négative (ne pas faire ou s'abstenir de concurrencer le bénéficiaire de la convention) conduit à simultanément limiter la clause dans son objet et dans le temps ou l'espace. L'objectif de la clause ne peut avoir pour conséquence d'empêcher le débiteur de travailler. Il peut seulement tendre à lui interdire la même profession que celle du bénéficiaire. La limitation temps-espace (concurrence interdite pendant un temps déterminé et/ou sur un territoire délimité), classiquement alternative, semble aujourd'hui se renforcer pour devenir cumulative. La jurisprudence de la Cour de cassation n'ayant pas véritablement tranché [1], la solution est affaire de fait. Les contraintes induites par les clauses de non-concurrence doivent être acceptables.

À ces condditions positives et négatives, il convient d'ajouter la nécessaire contrepartie financière au bénéfice du débiteur de la clause de non-concurrence [2]

Résumé :

Intérêt = éviter une déperdition anormale de la clientèle.

---

1. Y. Guyon, *Droit des affaires*, 12e édition, p. 922, n° 859, Ripert et Roblot. *Traité de droit commercial*, t. 1, 16e édition, p. 333, n° 474.
2. Revue des Sociétés, nov. 2011, p. 620.

Objet = interdiction limitée à l'exercice de l'activité qui entraînerait la déperdition de clientèle.
Temps = le nombre d'année (limitation = en fonction des circonstances).
Espace = le lieu géographique (délimitation = en fonction des circonstances).
Philosophie de la clause de non-concurrence = protéger la clientèle du bénéficiaire tout en ne privant pas de travail le débiteur
Sanctions = cessation du trouble (arrêt de l'activité interdite par contrat quelle que soit la forme utilisée : entreprise individuelle – société) augmentée, éventuellement, de dommages et intérêts. Parfois des pénalités contractuelles sont insérées dans le contrat. Le juge les contrôle.

2. Refus de vente

À l'instar des clauses de non-concurrence, le refus de vente peut être la conséquence d'une entente ou d'une position dominante. La sanction utilisera les règles adaptées à ces faits.
En dehors de ces situations économiques spécifiques, généralement les commerçants offrent de vendre sans réticence leurs produits à un public le plus large possible. Dans ces circonstances les règles civilistes s'appliquent : une offre ferme oblige celui qui la formule. La responsabilité civile du commerçant [1] serait engagée s'il refusait de contracter avec la personne qui accepte les termes de sa proposition. Mais ceci constitue un principe… pas toujours vérifié, surtout entre commerçants depuis qu'une loi du 1er juillet 1996 (article L. 442-6 code de commerce) a abrogé la prohibition du refus de vente, refus de vente aujourd'hui géré par le droit commun de la responsabilité.
Traduction de cette solution, le droit positif accepte qu'un commerçant peut choisir de vendre ses marchandises par l'intermédiaire d'un réseau exclusif de distribution ; quand un client présente une solvabilité aléatoire ou exige des conditionnements irréalistes, le commerçant peut refuser de vendre. Bien que validés, ces exemples peuvent aussi être synonymes de conditions de vente discriminatoires : le commerçant ne refuse pas de vendre, mais en posant des conditions draconiennes, il obtient un résultat équivalent. Dans ce dernier cas, lorsqu'elles ne sont pas justifiées, ces pratiques sont constitutives de fautes qui obligent à réparation. Objectivement, dans un monde en compétition dans lequel le but du commerçant est de vendre, le refus de vente constitue une véritable extravagance marginale. En libéralisant la réglementation, le législateur l'a compris. L'appréciation aurait été différente dans une économie de rareté.

3. Refus d'achat

Il est souvent le fait des centrales d'achat. Elles menacent d'éliminer un fournisseur de leur référencement dans le but de lui faire accepter leurs conditions de prix. De telles pratiques sont inacceptables. Elles sont réprimées par le droit des ententes ou des abus de position dominante, puisqu'elles sont presque toujours le résultat de ces situations

4. Les ententes

En soi, l'entente, qui est une action concertée de plusieurs commerçants, n'est pas obligatoirement négative. Elle peut même se révéler positive quand elle apporte un progrès pour le bien de tous. L'interdit de l'article 7 de l'ordonnance du 1er décembre 1986 (actuel art. L. 420-1) ne frappe que « *les actions*

1. Et éventuellement pénale en cas de motivations racistes avérées.

concertées, conventions, ententes expresses ou tacites ou coalitions... lorsqu'elles ont pour objet ou peuvent avoir pour effet d'empêcher, de restreindre ou de fausser le jeu de concurrence sur un marché ». Deux observations : la définition de l'entente est très large [1] – le marché concerné doit être défini (marché de référence et marché pertinent).

Plus délicate est l'appréciation du caractère négatif de l'entente. Qu'est-ce qu'une mauvaise entente ? La rédaction de l'article 7 précise des situations comme l'accès au marché limité ou non libre, les prix fixés artificiellement (en général à la hausse), la production – les débouchés – les investissements – le progrès technique restreints, et les marchés ou les sources d'approvisionnement répartis. Globalement, il s'agit d'atteintes sous toutes formes à la liberté des prix, d'accès au marché et de contracter.

Lorsqu'une plainte est déposée contre une entente auprès de l'Autorité de la concurrence, celui-ci a pour rôle de mener des investigations économiques afin de déterminer quelles sont les conséquences de l'entente. La difficulté essentielle réside dans le fait que contrairement à une concentration qui modifie les structures de l'entreprise, l'entente n'a pas de visibilité. Lorsqu'elle se veut occulte, elle ne sera détectée qu'avec la constatation sur le marché de marqueurs économiques surprenants ou insolites.

Au contraire, l'entente débouchant sur une amélioration du progrès technique, de la qualité des produits, sur une baisse des prix de production, voire de consommation, doit être autorisée. C'est ce que prévoit l'article 10 de l'ordonnance (actuel art. L. 420-4 code de commerce). Une remarque : ces dernières ententes sont presque toujours officielles.

5. Abus de position dominante

La notion de position dominante abusive est décrite à l'article 8 de l'ordonnance de 1986 (actuel art. L. 420-2 code de commerce) et s'applique indistinctement à une entreprise ou à un groupe d'entreprises. À la différence des ententes, la position dominante a une structure juridique visible. Elle peut être le fait d'une société, d'une société mère et ses filiales, ou de sociétés se « mariant » par voie de fusion-concentration. La lisibilité des structures en cause permet une action *a priori* et *a posteriori*. *A priori*, en contrôlant l'acquisition d'une position dominante sur un marché quand elle résulte d'une opération de concentration. *A posteriori*, en sanctionnant les abus qui pourraient découler d'un état de position dominante. L'archétype de cette situation étant le monopole (mais ce n'est pas le seul cas de figure).

– Le contrôle[1] a *priori* ne peut s'appliquer à une société qui croît par ses seuls moyens internes. Il ne concerne que les actions de concentration et à condition qu'elles atteignent les seuils fixés par l'article L. 430-2 du code de commerce, soit : 150 millions d'euros pour le chiffre d'affaires total mondial de l'ensemble des entités concernées, que le chiffre d'affaires français dépasse les 50 millions d'euros pour au moins deux d'entre elles, et que l'opération n'entre pas dans le champ d'application du règlement CEE relatif au contrôle des opérations de concentration entre entreprises. Lorsque les entreprises intéressées réalisent ensemble plus de 2,5 milliards d'euros de chiffre d'affaires ou que deux d'entre elles génèrent dans la seule Communauté un chiffre d'affaires supérieur à 100 millions d'euros, alors la notification du projet de concentration n'est plus

1. Quels que soient les personnes (physiques – morales – de droit privé ou public) et les moyens utilisés.

de la compétence du ministre de l'Économie [1], mais passe sous contrôle communautaire effectué par la Commission des opérations de concentration [2].

Dans l'hypothèse où la concentration envisagée entre dans le schéma décrit par l'article L. 430-2, dans les cinq semaines suivant la notification le ministère de l'Économie doit (L. 430-5) :

– rendre une décision de rejet du projet,

– rendre une décision d'autorisation,

– ou saisir l'Autorité de la concurrence pour avis.

Les entreprises insatisfaites de la décision ministérielle pourront agir en recours devant le Conseil d'État.

Pour le cas où aucune notification n'aurait été formulée, l'Autorité ou le ministre peut agir d'office pendant un délai de trente jours après l'acte de concentration.

L'autorité ministérielle peut également infliger des amendes pour les cas où les entreprises refuseraient de se plier à ses décisions. Toutefois, celles-ci peuvent exercer un recours devant les juridictions administratives.

– La répression *a posteriori* de l'abus de position dominante est activée par l'Autorité de la concurrence lorsque la situation de domination [3] débouche sur un fonctionnement anormal du marché. Cette situation est notamment constatée quand la position dominante permet d'influencer gravement le comportement des autres entreprises d'un même secteur d'activité. L'abus se manifeste par des formes multiples qui rendent malaisée sa définition. On peut tenter de le décrire comme l'utilisation de moyens juridiques et économiques destinés à une autre finalité que l'exercice orthodoxe du commerce, ou, en paraphrasant une formule célèbre, par : la liberté du commerçant et de ses moyens s'arrête là où commence celle des autres commerçants. L'abus serait caractérisé dès l'affaiblissement de la liberté « des autres commerçants » d'exercer normalement une activité économique. Dans ces circonstances, l'Autorité peut agir par injonction afin de faire cesser le trouble et même infliger des amendes aux entreprises coupables.

⋆

⋆ ⋆

Au-delà du droit interne, les ententes et les abus de position dominante sont également réprimés par le droit *supranational*. Ainsi, dès son origine, le droit européen, avec les anciens articles 81 et 82 du Traité instituant la communauté économique européenne, s'intéressait aux positions dominantes et autres atteintes à la concurrence :

Article 81 : « *Sont incompatibles avec le marché commun et interdits, tous accords entre entreprises, toutes décisions d'associations d'entreprises et toutes pratiques concertées, qui sont susceptibles d'affecter le commerce entre États membres et qui ont pour objet ou pour effet d'empêcher, de restreindre ou de fausser le jeu de la concurrence…* ».

1. La loi de modernisation de l'économie a créé l'Autorité de la concurrence qui dispose, entre autre, des pouvoirs anciennement dévolus au ministre de l'Économie.
2. Voir le règlement 4064/89 du 21.12.1989 modifié en juin 1997 et mars 1998.
3. Peu importe la structure en cause. Il peut s'agir d'une société qui a atteint la taille critique en s'affranchissant des techniques de fusion-acquisition, d'une société ou d'un groupe ayant fait l'objet d'une autorisation de concentration. Il suffit de constater une situation de monopole ou un résultat similaire vis-à-vis d'une ou plusieurs entreprises et un abus de cette position.

Article 82 : « *Est incompatible avec le marché commun et interdit, dans la mesure où le commerce entre États membres est susceptible d'en être affecté, le fait pour une ou plusieurs entreprises d'exploiter de façon abusive une position dominante...* ».
Le droit communautaire s'applique à l'intérieur du marché commun lorsque le commerce entre États membres est affecté. En dehors de ces situations, le droit interne est la norme, étant entendu que dans ce domaine aucune règle nationale ne peut contrevenir à une règle européenne. Cette hiérarchisation des normes entre droit interne et droit communautaire trouve son application dans le jeu de l'article L. 430-2 code de commerce et le règlement européen 4064/89 de 1989.

Information – Réflexion – Questions

Information

– La réglementation des prix (remise en cause du principe de libre fixation des prix par le jeu de la libre concurrence) concernant les autoroutes fixée par le décret du 30 décembre 1988 est licite car ce secteur d'activité constate une concurrence par les prix quasi inexistante.

– La préconisation du prix d'un produit par un syndicat professionnel (boulangers – plombiers – coiffeurs...) constitue une pratique prohibée : elle force, de fait, à faire pratiquer par les professionnels un même prix (solution identique pour l'établissement d'un barème).

– Est illicite la clause de non-concurrence disproportionnée en comparaison de l'objet du contrat, quand bien même elle serait limitée dans le temps et l'espace.

– Le jeu de la concurrence peut être perverti par l'action de certaines fédérations de sport quand elles prétendent interdire la retransmission télévisée de manifestations sportives (Fédération Française de Football).

– Une société organisatrice de salons ne peut obliger les exposants à recourir exclusivement à des prestataires de services qu'elle aurait sélectionnés (empêche la concurrence d'autres entreprises sur ce marché).

– Est prohibé le fait pour un syndicat professionnel de donner des consignes de boycott à l'encontre des produits d'un fabricant.

– Tout groupement ayant pour finalité de limiter la concurrence entre ses membres ou de les protéger de la concurrence des tiers tombe sous le régime du droit des ententes (société coopérative – syndicat...).

– N'est pas prohibée la remise accordée par un fabricant ou un fournisseur aux commerçants regroupés sous une seule enseigne. La pratique d'un même prix de vente par ces commerçants n'est pas sanctionnée à condition qu'ils exercent leur activité sur des zones différentes puisque sur chacune d'elles ils ne faussent pas la concurrence.

– Ne constitue pas une entente anticoncurrentielle le comportement d'entreprises vendant un produit standard qui pour faire face à l'arrivée d'un nouveau concurrent s'alignent sur ses prix (à condition de ne pas vendre à perte).

– Est légalement rompu un contrat de distribution sélective de produits de luxe stipulant que le distributeur s'interdit de vendre lesdits produits avec des produits de qualité moindre lorsque la clause spécifique n'est plus respectée par ledit distributeur.

– Á défaut de démontrer l'existence de critère objectifs de sélection des distributeurs, quels que soient le lieu et la structure de la population, est illicite le refus de vente opposé par un fabricant de parfum à un revendeur qu'il ne veut pas agréer sous prétexte du trop grand nombre de revendeurs déjà présents.

– C'est le fabricant qui doit démontrer la licité du réseau de distribution sélective ou du refus de vente.

– En matière de liberté du commerce, l'absence d'alternative de l'un des agents économiques (dépendance économique = abus de position dominante) s'apprécie :

– pour un distributeur par rapport à son fournisseur par la part de celui-ci dans son chiffre d'affaires, l'importance de la part de marché détenue par ce fournisseur et la notoriété du produit qu'il vend.

– pour un fournisseur par rapport à son distributeur par l'importance de celui-ci dans son chiffre d'affaires et dans la commercialisation de ses produits.

– Le franchisé n'est pas obligatoirement en état de dépendance économique.

– La préconisation par un groupement de certains produits ou fournisseurs à ses membres ne restreint pas ou ne fausse pas le jeu de la concurrence.

– Le déférencement d'un fournisseur par un distributeur (centrale d'achat) fait partie de l'ordre naturel du commerce, excepté s'il est le fait d'un distributeur en état de position dominante voulant fausser le jeu de la concurrence.

– Définition d'un marché pertinent : marché identifiable – distinct – voire autonome, comparé à un marché plus général (ex. : le marché de la vente du livre par club comparé au marché général de la vente de livres). Un particularisme géographique augmenté d'autres spécificités (transport délicat – faible valeur du produit) peut déterminer un marché pertinent (ex. : tuiles non substituables à d'autres). Solution identique à propos du marché de l'équipement du footballeur.

– Un marché pertinent doit permettre de constater l'exercice de la libre concurrence.

– Le successeur d'un fonds de commerce est tenu des sanctions de comportement anticoncurrentiel prononcées à l'encontre de son vendeur dès lors qu'il a assuré la continuité de l'exploitation.

– Le recours formé à l'encontre d'une sanction du Conseil de la concurrence n'est pas suspensif… excepté conséquences excessives.

– Pour justifier la vente à perte, un commerçant doit prouver qu'il s'est aligné sur les prix de la concurrence pendant la période litigieuse. En revanche, le caractère illicite du prix d'alignement doit être démontré par la partie plaignante.

– Un revendeur peut obtenir de son fournisseur les conditions générales de vente pratiquées, mais également les conditions occasionnelles ou habituelles de ristournes et rabais.

Réflexion

– Que savez-vous des monopoles d'État concernant certains services (électricité, etc.) et le droit européen en matière de concurrence ?

– Que savez-vous de l'industrie des produits de luxe et la distribution sélective ?

– Dans quelle(s) circonstance(s) la notion de refus de vente est-elle de la compétence du Conseil de la concurrence ?

Questions

– Conditions positives et négatives quant à la légalité des clauses de non-concurrence.

– Légalité du refus de vente (conditions).

– Qu'est-ce que la distribution sélective ?

– Est-elle légale ?

– Définition de la concentration.

– Toutes les concentrations sont-elles négatives ?

– Qu'est-ce qu'une position dominante ?

– Qu'est-ce qu'un abus de position dominante ?

– Définition de l'action en concurrence déloyale.

– Définition du préjudice en matière de concurrence déloyale.

– À propos de la question ci-dessus, l'intention est-elle nécessaire ?

– Le droit positif accepte-t-il la publicité comparative ?

– La vente à perte est-elle légale ?

§ 2. *Le droit de la consommation*

La réponse des hommes aux excès du capitalisme triomphant du XIXe siècle étaient le socialisme et la doctrine marxiste. La réponse aux excès potentiels des économies de ce début de siècle est l'affirmation de l'écologie économique et politique et du droit de la consommation. Si la comparaison semble hardie, elle est intéressante en ce sens que l'on constate l'émergence de contre-pouvoirs chaque fois que l'économie manifeste la prétention d'empiéter sur le bien-être des hommes. La politique et le droit sont des armes efficaces à opposer à la puissance économique des commerçants… quand cette dernière n'a plus de fonction sociétale.

S'agissant du seul droit de la consommation, non seulement celui-ci est un moyen de rappeler la coloration indubitablement sociale de l'économie, mais il participe également à la moralisation du commerce. Un consommateur averti est un consommateur exigeant, obligeant le commerçant à l'exercice de la loyauté commerciale.

L'essentiel de la législation et de la jurisprudence de ce droit s'intéresse à la protection du consommateur. Le principal vecteur de cette protection est l'information (ou le contrôle de l'information donnée). L'acte de consommation se traduit par un achat. L'environnement de l'achat est constitué de la publicité qui informe ou qui déclenche le besoin et par la formation du contrat qui l'accompagne. Résultat, l'action de protection s'est concentrée sur les qualités du duo information-publicité et les conditions de réalisation de la convention d'achat.

A. La publicité

Antérieurement au code de la consommation, la loi du 27 décembre 1973 apportait deux progrès : d'une part, elle ne retenait plus la mauvaise fois en tant que condition de la constitution du délit de publicité mensongère ou abusive puisque des renseignements inexacts suffisaient [1], d'autre part, elle aggravait les sanctions encourues.

Aujourd'hui, la loi avec les articles L. 121-1 et suivants du code de la consommation « *interdit toute publicité comportant, sous quelque forme que ce soit, des allégations, indications ou présentations fausses de nature à induire en erreur* » [2], les infractions à l'article L. 121-1 étant punies des peines prévues à l'article L. 213-1 du même code.

Avec l'article 1er de l'ordonnance du 23 août 2001 codifiée sous l'article L. 121-8 du code de la consommation, est confirmée, sous conditions, la publicité comparative dont la jurisprudence antérieure avait abondamment nourrie la matière.

B. La formation du contrat de consommation

Tous les professionnels sont tenus à une information complète à propos des produits qu'ils vendent. À la théorie des vices de consentement s'ajoute l'obligation pré-contractuelle de renseignement dégagée par la jurisprudence à partir de l'article L. 113-3 du code de la consommation. Pour certains contrats jugés importants (emprunts bancaires – démarchage à domicile…), non seulement

1. Un professionnel pouvait être condamné sur le fondement de renseignements erronés communiqués par son client et qu'il n'aurait pas vérifiés.
2. Caractérise le délit de publicité trompeuse le fait, pour un particulier qui vend son appartement, de porter une surface erronée dans une publicité (Paris-3 juillet 2001).

une information extrêmement détaillée est demandée, mais le législateur a octroyé, en sus, des délais de réflexion ou de rétractation en faveur du client non professionnel.

*

* *

Au-delà de la publicité et de la formation du contrat, le législateur a reconnu certains droits aux groupements de consommateurs. Lorsqu'une association de consommateurs est agréée [1], elle dispose de la capacité d'agir en justice, d'être représentée dans certaines commissions (autorisation d'ouverture des « grandes surfaces ») et de saisir dans les cas prévus l'Autorité de la concurrence (Conseil de la concurrence). Contrepartie de ces droits, leur responsabilité est engagée quand elles ont causé un dommage à une entreprise au travers d'une action inconsidérée.

Traduction de ces nouveaux pouvoirs consuméristes, un code de la consommation réunit l'ensemble des textes relatifs aux rapports consommateurs-professionnels (promulgué par une loi du 26 juillet 1993).

1. Par arrêté ministériel ou préfectoral (conditions : association déclarée depuis un an au moins – défendre les intérêts des consommateurs – ne pas être lié à une organisation professionnelle – représentative).

TITRE II – Le commerçant et son environnement juridique

L'étude de l'activité du commerce nous fait entrer de plein pied dans la complexité du droit commercial. La difficulté à assimiler les connaissances est suffisamment grande, sans qu'elle ne soit alourdie par des problèmes de définitions usuelles. Certaines expressions se doivent d'être précisées, sous peine d'approximation.
Ainsi, le langage juridique accorde au mot « entreprise » un sens que ne revêt pas toujours celui du langage courant. Ce mot n'est pas synonyme d'une certaine surface financière, encore moins de la qualité juridique de société. Dans une définition rigoureuse, l'entreprise désigne l'homme et les moyens qu'il met à sa disposition dans le but de réaliser une activité économique à destination des tiers, ce, sans lien de subordination. Le maçon et les outils qu'il emploie (pelle – pioche – brouette) constituent une entreprise que l'on qualifiera d'individuelle, voire d'artisanale si la commercialité ne l'emporte pas. À l'autre extrémité de l'échelle des valeurs, une société anonyme internationale, dotée d'un capital conséquent et employant des milliers de personnes, est aussi une entreprise. Seuls les qualificatifs changent.
L'activité des affaires est aussi pratiquée sans distinction par des personnes physiques agissant seules, ou par des groupes de personnes (physiques ou morales) réunissant leurs compétences (au sein d'une société par exemple) en vue de la réalisation d'un objectif déterminé. Selon que l'on examine le commerçant personne physique ou le commerce exercé par une société personne morale, l'exigence et la contrainte de la loi sont singulièrement différentes. Pourtant l'un et l'autre de ces agents économiques sont tributaires des normes basiques du droit commercial : l'acte de commerce – la qualité de commerçant – le fonds de commerce et sa cession, location… Ce sont ces normes qui dans l'immédiat nous intéresseront.
Mais les étudier suppose leur classement, qui, lui-même, impose un avertissement. Si, logiquement est commerçant celui qui réalise dans le cadre de son activité des actes de commerce, il ne faut surtout pas en déduire que

réaliser un acte de commerce donne systématiquement à son auteur la qualité de commerçant, cette solution impliquant que les règles du droit commercial ne concerneraient jamais les personnes civiles.

Non ! Une personne de droit privé non-commerçante (civile) peut effectuer un acte de commerce isolé et tomber ponctuellement sous l'empire des règles du droit commercial. Particulièrement, le contentieux serait de la compétence de la juridiction consulaire. Il ne faut donc pas confondre être commerçant (c'est une profession), réaliser un acte de commerce isolé et applicabilité du droit commercial. Ce droit n'est ni exclusivement le droit des commerçants (individus ou société), ni exclusivement le droit de l'acte de commerce. Ce particularisme incombe à notre droit positif qui n'a pas su choisir entre une conception subjective ou objective du droit commercial.

Conception subjective

Le droit commercial serait le droit des commerçants (il suffirait de définir qui est commerçant). Mais on observe qu'une personne physique ou morale non commerçante est soumise à ce droit quand elle accomplit un acte de commerce isolé.

Conception objective

Le droit commercial serait le droit des actes qualifiés de commerciaux sans tenir compte de la qualité des personnes qui les réalisent. Mais certains actes sont civils ou commerciaux en fonction de la qualité des personnes présentes à l'acte (la vente, acte civil par nature, devient commerciale quand un commerçant l'effectue).

Conséquence de cet absolu manque de précision, la qualité civile ou commerciale de la personne ne permet pas d'en déduire la nature civile ou commerciale de l'acte passé et la nature de l'acte ne définit pas toujours la qualité de la personne. Il n'existe ainsi aucune logique directrice commandant l'ordonnancement de l'étude des commerçants et actes de commerce.

Tout juste peut-on relever que la loi impose une présomption de commercialité à toute personne inscrite au registre du commerce. La jurisprudence ajoutant que l'ensemble de leurs actes est présumé fait pour le commerce. Avec ces solutions du droit positif, nul besoin impératif de définir l'acte de commerce... Sa description ne présenterait d'intérêt que dans les situations ou un individu non inscrit au registre du commerce pratique-

rait en réalité le métier de commerçant ou en présence d'une personne civile qui réaliserait un acte de commerce isolé.

Dans ces circonstances, la définition de l'acte de commerce n'offrirait qu'un intérêt résiduel, intérêt pratiquement limité aux deux derniers cas cités. Au principal, elle n'aurait pas son utilité en présence d'un commerçant déclaré.

À la lumière de ces observations, il semble évident de s'intéresser en premier chef au commerçant, avant de s'inquiéter des actes de commerce. L'affirmation n'est pourtant pas absolue. D'une part, si à l'évidence le commerçant accomplit des actes de commerce, même présumé cet acte doit être intrinsèquement décrit. Comment pourrait-on accepter la terminologie sans en connaître le contenu ? D'autre part, l'article L. 121-1 du code de commerce affirme que sont commerçants ceux qui réalisent habituellement des actes de commerce. Quel que soit l'état de la jurisprudence de la Cour de cassation appliquant une présomption de commercialité aux actes du commerçant, ce qui semblerait obliger à définir en premier lieu l'état de commerçant avant de s'intéresser à la nature de ses actes, nous nous satisferons du poids de l'affirmation de la loi pour aborder classiquement, dans l'ordre, l'étude des actes de commerce, puis les conditions d'obtention de la qualité de commerçant : c'est cet ordre qu'a adopté le code de commerce dans sa dernière refonte.

Enfin, nous terminerons l'étude du commerçant avec l'examen de l'outil de travail privilégié de ce professionnel : le fonds de commerce.

hapitre 1

Les actes de commerce

À suivre l'esprit de l'article L. 121-1 du code de commerce, le commerçant est celui qui effectue des actes de commerce. Dans un État de droit écrit, la définition de l'acte de commerce résulte de la loi, accompagnée de l'œuvre jurisprudentielle et doctrinale. Il en ressort trois catégories d'actes : les actes de commerce par nature – par la forme – par accessoire.

Section I - L'organisation des actes de commerce

§ 1. *Les actes de commerce par nature*

Sans tenir compte des actes de commerce de l'article L. 110-2 dédié aux activités maritimes, les actes de commerce par nature sont ceux de l'article L. 110-1 du code de commerce. Mais la lecture de l'article déçoit, puisqu'il s'agit d'une liste présentant une série d'activités sans cohérence de présentation [1].

1. Confusion entre activité et acte.

S'y côtoient pêle-mêle, l'achat pour vendre, les entreprises de manufacture et le courtage. L'autre inconvénient d'une telle présentation réside dans son irrésistible vieillissement. Établie au moment de la rédaction du code, la liste de l'article L. 110-1 du code de commerce ne pouvait prendre en considération l'arrivée de nouvelles technologies rendant largement incomplète son énumération [1].

Il reste de l'article L. 110-1 du code de commerce l'affirmation suivante : l'achat pour revendre, les activités industrielles et les prestations de services sont, par nature, actes de commerce.

De la frustration engendrée par l'architecture de l'article L. 110-1 du code de commerce, résulte l'œuvre de la doctrine. Face à l'obligation d'élargir le domaine des actes de commerce, celle-ci a tenté l'exégèse du texte. Résultat d'une lente gestation, elle a déduit de la liste dressée par le législateur de 1807 que « l'acte de commerce est l'acte qui réalise une entremise dans la circulation des richesses, effectuée avec l'intention de réaliser un profit pécuniaire » [2]. Le concept d'acte lié [3] apparaissait déjà avec la notion d'achat pour revendre. La doctrine l'a amplifié économiquement (la circulation) et complété du bénéfice (le profit pécuniaire) [4]. Désormais, l'acte de commerce par nature est délimité par la liste de l'article L. 110-1 du code de commerce augmentée de la définition doctrinale.

§ 2. *Les actes de commerce résultat de leur forme*

Indépendemment de la qualité juridique attribuée aux actes effectués par les sociétés commerciales par la forme (art. L. 210-1 al. 2 du code de commerce), la lettre de change est intrinsèquement le seul et parfait représentant de cette catégorie. Historiquement, elle est l'instrument de paiement privilégié des commerçants (sécurité des transactions). Transcrite au dernier alinéa de l'article L. 110-1 du code de commerce, la lettre de change est un acte de commerce en raison de sa seule forme, indépendamment de la qualité de l'auteur. Une personne civile qui signerait une lettre de change réaliserait un acte de commerce par ce seul fait, quelle que soit la cause de l'acte. L'absence de prise en compte de la nature juridique de l'émetteur ou de l'objet de la créance ne correspond pourtant pas à la solution retenue pour une forme voisine : le chèque est civil ou commercial en fonction de la qualité du signataire. Il existe là une incohérence regrettable entre ces deux instruments de paiements.

§ 3. *Les actes de commerce par accessoire*

Une constatation s'impose. Ni la définition des actes de commerce par nature, ni, *a fortiori*, celle des actes de commerce par la forme, ne permettent d'appréhender l'intégralité des opérations supposées faites par le commerçant dans le

1. Exemple : Transport aérien puis spatial (envoi et exploitation de satellites).
2. Y. Guyon, *Droit des Affaires*, 12e édition, n° 58, p. 52.
3. En soi, l'achat est un acte civil par nature (ainsi que la vente). Le particulier pour satisfaire ses besoins réalise quotidiennement des acquisitions, voire des ventes, ceci générant une somme d'actes civils. L'acte de commerce n'apparaît qu'avec l'achat dans l'intention de vendre avec profit, la vente étant réalisée à titre principal (si elle est accessoire, l'opération est civile ; ex. : le père de famille qui vend d'occasion le véhicule familial, place de l'argent en achetant un immeuble) et doit porter sur la chose achetée. L'intention de vendre avec profit doit exister au moment de l'achat.
4. C'est la possibilité juridique de réaliser un bénéfice qui est prise en compte. Si le commerçant fait de mauvaises affaires : tant pis !

cadre de son activité. Quelle qualification donner à l'acquisition du matériel de transport, l'achat du matériel informatique, l'achat du mobilier de bureau [1]... tous acquis sans volonté de vente et encore moins de réaliser un profit ?
Aucun de ces actes n'entre dans l'espace de la commercialité par l'effet des règles précédemment mises en relief (acte de commerce par nature ou par la forme). Incontestablement, il manque une explication complémentaire. Elle sera le fait de la jurisprudence des tribunaux qui ont établi une présomption visant à réputer actes de commerce, tous les actes accomplis par un commerçant.
Compte tenu de l'étroitesse du domaine des actes de commerce par nature et plus encore de celui des actes de commerce par la forme, la catégorie des actes de commerce par accessoire validée par cette jurisprudence est naturellement la plus importante. Elle s'appuie sur l'adage « accessorium siquitur principale » [2], adage largement utilisé en droit civil et commercial. L'extrême généralité de la théorie de l'accessoire exige d'en préciser les contours.

A. Conditions

Pour qu'un acte civil par nature devienne acte de commerce par accessoire deux conditions cumulatives doivent être vérifiées.

La destination de l'acte

L'acte civil par nature doit être réalisé pour les besoins ou à l'occasion du commerce. Pour les sociétés, il n'existe que très peu de difficultés à vérifier la finalité de l'acte qualifié de civil. Il suffit d'observer leur forme ou leur objet social qui figure dans les statuts [3]. En revanche, plus délicate est l'application de cette condition à l'encontre du commerçant personne physique. En effet, celui-ci évolue dans deux espaces. Un espace commercial quand il exerce sa profession. Un espace civil en dehors de celle-ci. Ainsi, quand il acquiert un véhicule, est-ce pour les besoins du commerce ou pour les besoins de sa famille ?
En pratique, l'analyse de la destination de l'acte risque d'être délicate. Mais face à l'incertitude, la présomption jurisprudentielle précédemment vérifiée porte en elle la preuve de la destination de l'acte : quelle que soit leur nature, tous les actes du commerçant sont présumés actes de commerce et être faits pour les besoins de son commerce.
S'agissant d'une présomption simple, c'est au commerçant d'apporter la preuve contraire [4]. Il doit éventuellement démontrer l'usage exclusivement personnel (donc civil) de l'acte considéré.

Un commerçant auteur de l'acte

Seconde condition de la théorie de l'accessoire, l'auteur de l'acte doit être nécessairement un commerçant. La jurisprudence, appuyée en cela par la doctrine, n'exige pas un acte conclu entre deux commerçants, seule la qualité de l'auteur est déterminante.
La commercialité de la personne physique sera prouvée par l'immatriculation au registre de commerce. S'agissant d'un commerçant de fait, donc non immatriculé, la preuve sera rapportée par la démonstration de la réalisation répétée d'actes de commerce par nature. Dans ce dernier cas, on peut affirmer que la théorie de l'accessoire n'a que très peu d'intérêt pratique, d'autant qu'une

1. À cette lisre informelle de contrats, il convient d'ajouter : les quasi-contrats, délits et quasi-délits.
2. L'accessoire suit le principal.
3. Qui plus est, elles ne peuvent agir que dans le cadre de leur objet.
4. Par tous moyens.

personne ne peut opposer sa commercialité à un tiers qu'à l'unique condition d'être immatriculée (art. L. 123-8).
La commercialité de la personne morale (société) résulte de sa forme ou de son objet. La commercialité par la forme est décrite à l'article L. 210-1 alinéa deux du code de commerce. La commercialité par l'objet se déduit de l'activité exercée [1].

B. Exceptions

Exception importante à la théorie de l'accessoire, indépendamment des circonstances, les actes de constitution et de transmission des droits réels immobiliers restent civils. Ainsi, la vente d'un immeuble entre commerçants est civile. Quand un commerçant achète les murs de son activité, il ne réalise pas d'acte de commerce.
Solutions identiques quand il les vendra. En revanche, une personne dont la profession consiste à acheter des immeubles pour les revendre en l'état, réalise des actes de commerce et devient commerçant (marchand de biens). Reste civile la même activité quand elle s'accompagne d'une rénovation importante de l'immeuble avant sa revente (régime des promoteurs).

C. Critique

La doctrine s'est interrogée quant à l'opportunité d'appliquer la théorie de l'accessoire à une société commerciale par la forme, mais dont l'objet serait civil [2]. Elle fait observer que l'extension jurisprudentielle de la commercialité à des actes civils ne joue qu'à la condition de répondre aux besoins du commerce. Or, dans le cas particulier, il n'y aurait pas d'activité commerciale [3]. La question reste aujourd'hui discutée et le débat largement ouvert, la jurisprudence appliquant majoritairement la commercialité par la forme prévue par la loi et la théorie de l'accessoire qui en découle ; sauf cas d'espèce [4].
Autre difficulté, la cession du fonds de commerce ne figure pas dans la liste des actes de commerce par nature de l'article L. 110-1 du code de commerce. La jurisprudence la qualifie d'acte de commerce par accessoire. Le recours à la théorie de l'accessoire est acceptable à condition de l'appliquer à l'acte du commerçant vendeur. En revanche, son utilisation pose problème dans deux circonstances :
– La personne qui achète le fonds n'est pas toujours commerçante, mais parfois veut le devenir. L'acquisition du fonds de commerce concrétise alors la manifestation de sa volonté actuelle et sa situation professionnelle future. Cet acte est-il réalisé véritablement pour les besoins présents du commerce de l'acheteur ? La théorie de l'anticipation apporte une heureuse solution à l'interrogation.
– Une personne hérite d'un fonds et souhaite le vendre. Elle est non-commerçant et n'a jamais exercé l'activité du commerce. Peut-on raisonnablement soutenir la théorie de l'accessoire dans cette hypothèse ? Que penser de la solution jurisprudentielle en présence d'un héritier mineur ?
Décidément, l'usage de la théorie de l'acte de commerce par accessoire oblige parfois à des contorsions.
On ajoutera que la controverse se nourrit de l'imparfaite définition de l'acte de commerce en droit interne, conséquence d'une stratification de norme [5]. La

1. Exemple : le GIE.
2. Activité orthicole par exemple.
3. L'objet étant civil.
4. CA Versailles 28-10-2004 – JCPE 2004. 1846.
5. Acte de commerce par : nature – forme – accessoire.

théorie de l'acte de commerce par accessoire étant supposée remédier aux limites de l'acte de commerce par nature, on observe parfois que le remède se révèle dans certains cas particuliers insuffisant, voire incohérent. Il reste que la théorie de l'accessoire possède l'immense mérite d'homogénéiser la nature et le régime des actes réalisés par un commerçant dans le cadre de son activité, de même que marginalement elle permet à la jurisprudence de décider qu'un acte réalisé par un non commerçant, lorsqu'il est l'accessoire d'un acte de commerce par nature, devient acte de commerce.

D. Remarque

La théorie de l'acte de commerce par accessoire a son pendant. Miroir de l'acte civil par nature devenu commercial, un acte de commerce par nature est qualifié d'acte civil par accessoire quand il est exercé par une personne civile pour les besoins de sa profession civile. Le chirurgien dentiste qui achète des prothèses et les vend à ses patients réalise un acte de commerce par nature. Mais effectué à l'occasion et pour le besoin de son activité principale civile, l'acte de commerce par nature prend une coloration civile.

Section II - Le régime juridique des actes de commerce

À la lecture du code de commerce, il semble que le régime juridique des actes de commerce ait opté pour une conception objective. Qu'il s'agisse de règle de compétence ou de preuve, la qualité de la personne, auteur de l'acte, s'efface au profit de la nature de l'acte. C'est la commercialité de l'acte qui entraîne l'application des règles du droit commercial. Au-delà des règles objectivistes, le subjectivisme réapparaît avec les actes mixtes.

§ 1. *Compétence*

Les règles de compétence ont été examinées au moment de l'étude du tribunal de commerce. On rappellera que la compétence exclusive de la juridiction consulaire concerne les contestations relatives aux engagements et transactions des commerçants (L. 721-3-1° code de commerce) ainsi que celles relatives aux actes de commerce, à condition que l'acte de commerce considéré recoive cette qualification pour toutes les personnes au conflit (L. 721-3-3° code de commerce). [1] Conséquence, son domaine d'attribution appréhende tous les actes de commerce, qu'ils soient actes de commerce par nature, par la forme, par accessoire.

§ 2. *Preuve*

Autre originalité du régime juridique de l'acte de commerce, le principe civiliste de la preuve pré-constituée n'est pas la règle. Si l'article 1341 du code civil organise la preuve par écrit pour tout acte dont l'objet a une valeur excédant 1 500 euros, en revanche, l'article L. 110-3 du code du commerce se satisfait de la preuve par tous moyens pour les actes professionnels du commerçant.

1. En cas d'acte mixte, le demandeur civil peut opter pour le tribunal de commerce. Il ne s'agit pas dans ces circonstances d'une compétence exclusive du tribunal de commerce (voir : acte mixte).

Le système probatoire du droit commercial constituant une dérogation à l'exigence de l'écrit, la jurisprudence applique l'article L. 110-3 du code de commerce strictement dans les rapports entre ou contre commerçants, à propos d'un acte de commerce fait dans l'intérêt de leur commerce. Jamais un commerçant ne pourra s'en prévaloir à l'encontre d'un non-commerçant.
Conséquences directes de la règle commerciale, la preuve testimoniale contre et outre les mentions écrites d'un contrat est admise, la formalité du double n'est pas nécessaire et dans les conventions de cautionnement, la mention écrite de la main du débiteur indiquant la somme en toutes lettres n'a pas son utilité [1].
Conséquences indirectes de la rédaction de l'article L. 110-3 du code de commerce, les règles de l'article 1328 du code civil concernant la notion de date certaine sont sans effet sur les actes de commerce : l'acte passé par un commerçant a nécessairement la qualité attachée à la notion civiliste de date certaine sauf preuve contraire apportée par tous moyens. Exception à la règle de la liberté de la preuve, il existe des mécanismes du commerce qui pour des raisons de sécurité ne peuvent s'affranchir d'un formalisme codifié. Ainsi, une forme écrite stricte est exigée pour certains actes tel celui de la lettre de change.

§ 3. *Rôle du silence*

À la règle déjà très souple de la preuve par tous moyens, la jurisprudence ajoute le rôle du silence. Si le droit civil n'a jamais traduit le diction populaire « qui ne dit mot consent », en droit commercial le silence peut obliger.
Il suffit de démontrer la réalité d'une livraison commerciale accompagnée d'une facturation, pour déduire du silence de l'autre commerçant son acceptation. Tout commerçant honnête et diligent contesterait immédiatement la livraison d'un produit qu'il n'aurait pas commandé. *A priori*, la solution jurisprudentielle n'exige pas de circonstances particulières. On aurait pu imaginer que le rôle du silence s'impose dans un contexte d'habitude entre commerçants. Une entreprise commande chaque mois à son fournisseur un produit identique en prix et quantité. Le client n'ayant pas passé commande, mécaniquement le fournisseur livre. En l'absence de contestation du client, le silence vaudrait acceptation. Il semble que cette circonstance d'habitude entre professionnels ne soit pas exigée.

§ 4. *Capacité*

Excepté le majeur protégé ou incapable, tout majeur possède la capacité commerciale. Reste donc à vérifier la capacité du mineur a réaliser des actes de commerce isolés ou non. En principe, par souci de protection, le mineur ne peut réaliser, même occasionnellement, des actes de commerce. Aucun moyen de parvenir à un résultat équivalent n'est toléré [2] : son représentant ne peut intervenir à ses lieux et place. Pourtant, deux solutions tirées du droit amendent ce principe.
D'une part, l'acte de commerce isolé effectué par un mineur n'est pas frappé d'une nullité de plein droit [3]. S'agissant de protection, l'action en nullité est réservée à son représentant légal, ou au mineur devenu majeur. Il faudrait déduire de ce régime que dans l'hypothèse ou l'acte considéré ne lui est pas

---

1. Qu'il s'agisse de cautionnement ou tout autre engagement d'une seule partie à verser à une autre… (de l'argent ou une chose fongible telle que le blé, l'huile, le pétrole…).
2. Le mineur supporte une incapacité de jouissance (interdiction de faire) et non pas d'exercice (posséder mais ne pas utiliser, exemple : être propriétaire d'un immeuble et ne pas pouvoir s'engager librement dans un contrat de location afin de profiter de revenus fonciers).
3. C'est une nullité relative.

défavorable, il ne s'en plaindrait pas. À côté de l'interdit de droit, existerait une zone de tolérance de fait. La solution présentée résulte des règles gouvernant l'action en nullité relative [1]. Faut-il l'accepter ?
D'autre part, depuis la loi du 15 juin 2010, le mineur émancipé jouissant d'une capacité complète, il peut être autorisé par le juge des tutelles ou le président du tribunal de grande instance à être commerçant ; donc à réaliser des actes de commerce.

§ 5. *Prescription*

Les commerçants ont besoin de rapidité et de sécurité. La sécurité des affaires exige que les contestations à propos des obligations commerciales ne puissent être soulevées trop longtemps après leur réalisation. On peut estimer que le temps qui passe finit pas légitimer de fait une convention *a priori* contestable, puisque les parties ne s'en sont pas plaintes. La prescription extinctive de 30 ans du droit civil ayant été modifiée par une loi de 2008 pour être réduite à 5 ans, l'originalité de l'article L. 110-4 du code de commerce se satisfaisant de 5 ans a de fait disparue.
La prescription extinctive de cinq ans s'applique désormais aux rapports entre commerçants et non-commerçants, entre personne civile et entre personne commerçante. La loi commerciale peut cependant proposer des cas de prescription plus courts.

§ 6. *La solidarité*

Au terme de l'article 1202 du code civil, « *la solidarité ne se présume point* ». Lorsqu'un créancier exerce un recours contre les codébiteurs d'une même obligation, il doit agir contre chacun d'eux et accepter les éventuelles insolvabilités. L'exécution de l'acte de commerce isolé ne pouvait se satisfaire d'une telle règle. La jurisprudence a utilisé la règle coutumière du commerce qui voyait dans l'engagement unitaire de plusieurs commerçants, la concrétisation d'un intérêt commun. Solidaires dans l'action, ils devaient nécessairement également l'être au moment de la mise en œuvre de leurs obligations.
La règle coutumière joue pour les actes des professionnels. Fallait-il appliquer une solution identique à l'acte de commerce isolé accompli par les non-commerçants ? La jurisprudence a répondu par l'affirmative. La présomption de solidarité s'applique aux actes de commerce réalisés par les non-commerçants comme aux commerçants. S'agissant d'une présomption simple, les parties peuvent démontrer qu'en considération des faits la présomption ne s'applique pas. Elles peuvent également choisir d'introduire une stipulation au contrat qui l'écarte expressément.

§ 7. *L'acte mixte*

La notion d'acte mixte ne détermine certainement pas une nouvelle catégorie d'actes. Elle résulte d'une pure situation de fait. L'acte qualifié de mixte est un contrat passé entre un commerçant et un non-commerçant dont la nature n'est ni exclusivement civile, ni exclusivement commerciale [2].

1. La personne protégée a le choix de faire ou de ne pas faire.
2. Attention ! Tout contrat/acte entre un commerçant et un non-commerçant n'est pas systématiquement mixte. Ex : une personne civile vend son habitation à un commerçant désirant la transformer en local commercial : l'acte de vente/achat est civil. En d'autres circonstances, l'acte est exclusivement commercial (lettre de change impliquant une personne civile et une personne commerçante.)

Doit-on alors affirmer que l'acte mixte est un acte de commerce pour le commerçant et un acte civil pour le non-commerçant ? Si oui, peut-on accepter qu'un même acte soit simultanément commercial et civil ? Ou doit-on affirmer que l'acte considéré implique une obligation commerciale pour le commerçant et une obligation civile pour le non-commerçant ?

La sémantique importe peu. La nature exacte de l'acte mixte restera ignorée au profit d'un pragmatisme efficace. Au commerçant sont appliquées les règles du droit commercial, à l'autre partie les règles du droit civil.

Cette distributivité a déjà été vérifiée avec le passage consacré à la compétence du tribunal de commerce [1]. Au regard de la preuve, la qualité du tribunal saisi n'en influence pas le régime. On résumera en affirmant qu'il ne faut pas confondre mode de compétence et mode de preuve :

Mode de compétence

Le commerçant ne peut assigner le non-commerçant que devant le tribunal civil. En revanche, ce dernier a le choix d'assigner le commerçant devant le tribunal civil ou devant le tribunal de commerce. L'option pour son tribunal naturel civil doit être conseillée. L'affaire sera jugée par des juges professionnels et la prétendue rapidité-simplicité de la procédure devant la juridiction consulaire est une vieille idée à abandonner. S'agissant du délai de prescription, s'applique le délai de 5 ans (L. 110-4), délai commun à l'extinction des actions civiles et commerciales [2].

Mode de preuve

Quelle que soit la juridiction choisie, la preuve est libre contre le commerçant et réglementée contre le non-commerçant (l'écrit).

L'utilisation des règles commerciales pour le professionnel et civiles pour l'autre partie s'avère irréaliste en présence d'une clause compromissoire [3]. Conséquence, celle-ci ne sera jamais valable en cas d'acte mixte : l'interdit de la règle civile s'impose ici à la permissivité de la règle commerciale, excepté lorsque la personne civile est un professionnel (art. 2061 nouveau du code civil).

Enfin, la réalisation de plus en plus fréquente et importante d'actes mixtes a engendré un droit spécifique : le droit de la consommation.

Information – réflexion – Questions

Information

– Le pharmacien réalise des actes de commerce, il est commerçant et son fonds de pharmacie est un véritable fonds de commerce.

– L'enseignement privé et l'activité d'auto-école sont civils.

– L'exploitation minière est un acte de commerce.

– Est un acte de commerce la cession massive de droit sociaux conférant le contrôle de la société (en principe la cession de droits sociaux est civile).

– Réalise un acte de commerce le notaire qui ayant reçu des fonds de ses clients auxquels il verse un intérêt, prête à d'autres ces même fonds avec intérêts (acte isolé). Solution identique à propos d'un acte d'huissier intermédiaire rémunéré d'une vente immobilière (cette dernière étant civile).

– Même faites sans profit par une caisse de crédit mutuel, les opérations de change, courtage… sont des actes de commerce.

---

1. Voir : première partie, chap. 2, § 1-A.
2. Excepté les actions portant sur les droits réels et la propriété qui sont soumises à d'autres délais de prescription.
3. Voir : l'arbitrage, première partie, chap. 2, § 1-B.

– L'ouverture d'une ligne de crédit est un acte de commerce pour celui qui l'accorde et un acte civil pour le non-commerçant bénéficiaire.
– Les centres de chèques postaux accomplissant des opérations bancaires ne réalisent pas d'acte de commerce car ils agissent dans l'intérêt général.
– La location d'un immeuble est civile alors que la location de meubles est toujours commerciale.
– La gérance d'immeuble appartenant à autrui est caractéristique de la profession d'agents d'affaires. Ces professionnels font des actes de commerce (à l'identique pour le généalogiste et les professionnels du recouvrement de créances).
– Font des actes de commerce : les agences de voyage – les agents immobiliers – les agences de promotion immobilière – les surveillants de travaux pour le compte de tiers.
– L'organisation de spectacles payants est un acte de commerce, que le spectacle soit culturel, sportif, forain, touristique, musical, etc. (à l'identique pour la salle de cinéma). En revanche, réalise un acte civil le syndicat d'initiative organisant un spectacle occasionnel dans un but de publicité et sans volonté de profit.
– Le bail conclu par une société anonyme (commerciale par la forme) pour loger un dirigeant est un acte de commerce.
– L'achat d'un bateau de plaisance dans le but de loisir par un commerçant est un acte civil.
– Tous les contrats faits par un commerçant pour son commerce sont commerciaux (contrats d'assurance – contrats de travail – emprunts...).
– La location ou la vente du fonds de commerce reçu par succession par un non-commerçant est un acte civil (la théorie de l'accessoire ne pouvant jouer).
– La promesse d'achat d'un fonds de commerce est un acte de commerce.
– Quand elle est en relation avec son activité, la faute du commerçant est commerciale (concurrence déloyale).
*– **Réflexion***
– La société commerciale par la forme qui effectue des actes à titre gratuit en dehors de son objet social (cadeaux par exemple), réalise-t-elle des actes de commerce à cette occasion ?
– En quoi la théorie des actes mixtes met-elle en évidence l'imprécision de notre droit commercial ?
– Quel intérêt à distinguer les actes de commerce des actes civils ?

Questions

– Définissez :
• l'acte de commerce par nature,
• l'acte de commerce par accessoire,
• l'acte mixte,
• l'acte civil par accessoire,
• l'acte de commerce par la forme.

– Une personne civile peut-elle réaliser un acte de commerce isolé ?
– Ce dernier sera-t-il : par nature, par accessoire ?
– Raison(s) des actes de commerce par nature et par accessoire ?
– Le mineur peut-il réaliser des actes de commerce ?
– Pour le mineur, quelle différence faites-vous entre capacité de jouissance et d'exercice ?

chapitre **2**

La qualité de commerçant

Usuellement, être commerçant s'applique aux personnes physiques. Cependant, les personnes physiques ne sont pas les seules à exercer une activité commerciale. Les sociétés occupent solidement le créneau. Leur commercialité se définit-elle selon les mêmes modes ? Évidemment non. Nous devons donc vérifier les circonstances conduisant à l'acquisition de la commercialité, selon qu'il s'agit d'une personne physique, ou d'une personne morale.

Section I - Les commerçants personnes physiques

§ 1. *Être commerçant*

Comment acquérir la qualité de commerçant et la prouver ? La Révolution de 1789 avait posé des principes de liberté. Deux cents ans plus tard, ils sont toujours respectés. Le législateur n'a pas prévu d'attestation d'exercice de la profession de commerçant.

Principalement, il faut se satisfaire de la rédaction de l'article L. 121-1 du code de commerce. Est commerçant celui qui réalise des actes de commerce dans le cadre de sa profession. On ne peut imaginer une définition plus minimaliste. Acquérir la qualité de commerçant se résume à la réalisation d'actes de commerce par nature dans le cadre d'une profession. Problème, la loi ne se prononce pas quant à la signification de ce dernier terme. La notion de profession s'analyse *in concreto*. Outre l'élément intentionnel, elle correspond certainement à l'activité habituelle, principale, celle qui offre la ressource la plus importante au travers d'une répétition d'actes similaires (de commerce). Toutes ces caractéristiques s'utilisent alternativement, successivement, en fonction des faits examinés, avec pour critère de convergence, l'indépendance. On peut hésiter s'agissant de préciser ce qu'est une profession, on n'hésitera pas s'agissant d'affirmer qu'une personne ne sera commerçante qu'à l'unique condition d'être autonome : être commerçant ne supporte pas la subordination.

Subsidiairement et salutairement, à l'interrogation presque purement intellectuelle [1] de la caractérisation du commerçant par l'article L. 121-1 du code du commerce, le législateur apporte une réponse pragmatique. Avec l'article L. 123-7 [2], toute personne immatriculée au registre du commerce est présumée avoir la qualité de commerçant. Au terme de l'article L. 123-3 l'inscription n'est pas laissée à l'appréciation du commerçant. Elle est obligatoire pour quiconque prétend exercer le commerce, sauf dérogation prévue par l'article 8, Loi de modernisation de l'économie (4 août 2008). Résultat, cette règle de probation de la qualité de commerçant est la plus usuelle. Elle restreint l'utilisation de l'article L. 121-1 du code de commerce à la situation des commerçants non immatriculés, à savoir les commerçants de fait et ceux dispensés d'immatriculation.

La présomption de commercialité déduite de l'immatriculation est une présomption simple. Toute personne ayant un intérêt peut apporter la preuve contraire, y compris, exceptionnellement, le commerçant inscrit en démontrant qu'il n'a jamais eu d'activité commerciale (soit que son activité était civile, soit qu'il n'a jamais réalisé d'actes de commerce). Cette configuration est la seule lui permettant d'apporter la preuve contraire. En effet, l'article L. 123-7 confisque au commerçant en activité le droit de combattre la présomption, l'action étant réservée aux tiers et administrations. Mais la jurisprudence est allée au-delà. D'une présomption simple, elle en a fait une présomption quasi-absolue dans une circonstance : l'article L. 123-8 al. 2 prive le commerçant ayant cessé son activité et omis de se radier du registre de commerce, d'opposer cet état pour se soustraire aux actions en responsabilité dont il est l'objet du fait de son successeur. La jurisprudence semble affirmer que cette hypothèse ne tolère pas la preuve contraire [3], quand bien même le demandeur est un tiers créancier du commerçant non radié ou de son acquéreur. Cette solution, critiquable, a le mérite de renforcer considérablement l'intérêt juridique des effets de l'immatriculation au registre du commerce.

En sus du jeu de la présomption de commercialité tirée de l'immatriculation, la vérification des conditions de l'article L. 121-1 du code de commerce autorisant la qualité de commerçant est également abandonnée dans un autre cas, celui des associés d'une société en nom collectif : l'associé personne physique, est commerçant du seul fait de la loi (art. L. 221-1 code de commerce).

1. Excepté le cas des commerçants de fait.
2. Qui abroge et remplace le décret du 23 mars 1967.
3. Cass. com. 9.2.1971, D. S 1972, 600 note Jauffret.

Manifestement, à la création d'un statut du commerçant, le législateur a préféré consacrer la liberté d'exercice des activités commerciales à l'unique condition d'être majeur. Corrollaire de cette liberté, l'autorité législative a jugé souhaitable d'établir quelques règles phare. Ces règles sont dictées par un souci de protection, de moralisation, ou d'équité. Elles affectent certaines catégories de personnes.

§ 2. *Responsabilité patrimoniale et EIRL*

Dépourvue de la personnalité morale, l'entreprise individuelle commerciale implique que le commerçant personne physique qui la dirige supporte une responsabilité sur l'ensemble de son patrimoine. Que la nature des biens qui le compose soit commerciale ou/et civile. Ainsi, un bien de nature civile peut être saisi pour paiement d'une dette commerciale, un bien de nature commerciale peut être saisi pour paiement d'une dette civile. Pire, en cas de déconfiture de l'activité commerciale, l'ensemble du patrimoine du commerçant est susceptible de disparaître.

Face à cette lourde responsabilité patrimoniale pesant sur le commerçant, des solutions ont déjà été tentées, en particulier avec l'importation dans le droit français de la société ou entreprise unipersonnelle de nos voisins germaniques. Solutions, il faut bien l'admettre, inefficaces en terme de protection patrimoniale. Aujourd'hui, le législateur propose, sur option et en sus de la technique de l'insaisissabilité, un nouvel outil dérogatoire tendant à une protection patrimoniale améliorée : l'entrepreneur individuel à responsabilité limitée (EIRL).

Ce statut met en œuvre une vraie révolution juridique, puisque pour la première fois dans notre droit la technique de l'affectation patrimoniale est légitimée par la loi. Technique en totale contradiction avec le dogme de l'unicité du patrimoine jusque-là pratiqué [1]. Fondé sur l'affectation patrimoniale, le régime de l'EIRL se caractérise par :

– l'affection à l'activité professionnelle d'un patrimoine [2] séparé du patrimoine personnel de l'entrepreneur individuel (commerçants ou autres), sans création d'une personne morale. L'affection se formalise par une déclaration respectant les mentions obligatoires de l'article L. 526-8 du code de commerce. Cette déclaration est déposée auprès d'un registre public (greffe-registre EIRL...)

– un entrepreneur ne peut constituer qu'un seul patrimoine affecté par enregistrement d'une déclaration au greffe du tribunal de commerce ou à un registre de publicité légale auquel l'entrepreneur est soumis. Un état descriptif des biens y sera joint ;

– en cas de fraude ou de non respect des règles d'affectation du patrimoine, l'entrepreneur est responsable sur la totalité de son patrimoine ;

– seuls les créanciers dont la créance est née après la déclaration d'affectation seraient concernées par celle-ci, les autres ayant une action sur la totalité du patrimoine ;

– le régime fiscal de l'EIRL épouse celui de l'EURL (IR ou option à l'IS) ;

– tenue d'une comptabilité simplifiée pour l'entrepreneur relevant de la microentreprise ;

– publicité faite envers les tiers par application de la terminologie « EIRL » sur les correspondances d'affaires.

Véritable nouveauté juridique, ce statut de l'entrepreneur individuel est trop récent pour que l'on en mesure tous les effets. En particulier, la technique retenue de l'affectation patrimoniale restera-t-elle cantonnée à ce statut ? Ou s'agit-il des prémices d'une révision historique du régime du patrimoine tel qu'on le connait, avec, à terme, une remise en cause implicite de l'intérêt de la société particulièrement quand elle est

1. Revue des sociétés – septembre 2010 – p. 351 – Bernard Saintourens.
2. En deçà de 30 000 € par bien, le commissaire aux apports n'est pas obligatoire.

unipersonnelle [1] ? Au-delà, quelle sera l'appréciation de la jurisprudence quand à la réalité de la séparation patrimoniale ? Il y a fort à parier que face à des difficultés économiques présentes ou à venir, l'EIRL ne soit tenté par des manœuvres qualifiées de fraudes ou de non respect des règles d'affectation, ce qui ouvrirait au juge la faculté d'anéantir l'affectation patrimoniale rendant ainsi responsable la totalité du patrimoine. Dans ces circonstances, tout dépend, en définitif, d'une approche large ou stricte de ce qu'est la fraude ou le non respect des règles d'affectation. En ce sens, il faut saluer le contenu conceptuel et sémantique de l'ordonnance du 9 décembre 2010 qui adapte le régime des procédures collectives à l'EIRL, particulièrement avec l'article L. 610-5 du code de commerce [2]. Mais le frein potentiel à l'efficacité de l'affectation patrimoniale, en terme de protection, reste la naturelle créativité des créanciers à imaginer des outils de consolidation de leur créance.

§ 3. *Les mineurs*

Les conséquences des activités du commerce peuvent être redoutables en terme de responsabilité patrimoniale. Par principe, il fallait donc protéger les mineurs d'un manque naturel de discernement. Ainsi, les articles L. 121-2 du code de commerce et 413-8 du code civil leur interdisent d'être commerçant. L'interdit les empêche notamment d'être associés d'une société en nom collectif. Tout agissement pris en contradiction de ces articles entraîne la nullité de l'acte. S'agissant de protéger le seul mineur, la nullité est alors relative et prescrite dans un délai de 5 ans après la majorité (même délai de prescription que la nullité absolue).

Pourtant, en complément du régime de l'émancipation, avec la loi du 15 juin 2010 applicable en janvier 2011, le mineur de 16 ans peut, sous condition, créer et gérer une EIRL, une société unipersonnelle [3]…

§ 4. *Les interdictions*

Les interdictions d'exercice de l'activité commerciale prévues aux articles L. 128-1 à L. 128-6 du code de commerce ont été réformées par la loi LME dite « modernisation de l'économie » du 4 août 2008.

Désormais, un délit assorti d'une peine d'emprisonnement peut permettre à la juridiction de substituer à l'emprisonnement une interdiction de maximum cinq ans d'exercer directement ou indirectement une profession commerciale ou de diriger une entreprise ou société commerciale (c. pénal art. 131-6-15e).

Le même interdit peut être prononcé à titre complémentaire en fonction de certaines catégories d'infractions soit temporairement pour maximum dix ans ou définitivement (c. pénal art. 131-27§2).

Depuis la loi du 25 janvier 1985, les personnes frappées de faillite personnelle sont également interdites de commerce (art. L. 653-2 code de commerce) pour une durée qui ne peut être supérieure à quinze ans (L. 653-11).

§ 5. *Les incompatibilités*

L'exercice du commerce est incompatible avec certains statuts. Ne peuvent jamais être commerçants : les fonctionnaires [4] – les officiers ministériels – les membres des

---

1. La qualité de personne morale et d'un patrimoine propre attribués à la seule société immatriculée maintient toutefois intacte l'intérêt des sociétés, excepté dans certaines circonstances, dont celle de l'EURL (choisir l'EURL ou l'EIRL ?).
2. La sanction de banqueroute ne semble pas applicable au statut EIRL.
3. Le mineur émancipé peut devenir commerçant sur autorisation (juge des tutelles – président TGI) ; et le mineur non émancipé créer son entreprise. Sous réserve pour ce dernier que son patrimoine ne soit pas exposé aux poursuites des tiers, ou alors partiellement (EIRL).
4. Loi du 2-2-2007 : les fonctionnaires et agents non titulaires peuvent être autorisés à exercer à titre accessoire une activité lucrative…

professions libérales réglementées (avocats – médecins – architectes…). Les raisons de ces interdits sont variables. Généralement leur but consiste à garantir la crédibilité et le respect des pratiques de ces professionnels. Rien ne permet d'affirmer que le temps les maintiendra ou les fera disparaître. Cela dépendra de l'état de la société. Est-elle prête à accepter un avocat-commerçant ou un médecin-commerçant ? Double activité qu'un pays comme l'Islande semble tolérer.
Le non-respect des incompatibilités implique des sanctions, mais les actes de commerce demeurent valables et leur auteur est qualifié de commerçant de fait.

§ 6. *Les commerçants étrangers*

Hormis les sociétés étrangères qui jouissent d'une totale capacité à exercer leur activité sur notre sol ; depuis la loi du 24 juillet 2006 et le décret du 26 juillet 2007 relatifs à l'immigration et à l'intégration, de nouvelles dispositions règlent le droit des étrangers (personnes physiques) souhaitant exercer sur le territoire français une profession commerciale, industrielle, ou artisanale. Deux cas sont à distinguer [1].

Le commerçant étranger réside sur le territoire

Il s'agit de la situation des personnes étrangères possédant une carte de séjour temporaire et qui désirent exercer une activité industrielle, commerciale ou artisanale en France.

• **Personne concernées** : les personnes physiques en nom propre, les personnes physiques ayant le pouvoir d'engager une personne morale de droit étranger, associés tenus indéfiniment ou indéfiniment et solidairement des dettes sociales, associés ou tiers ayant le pouvoir d'engager une personne morale...

• **Exceptions** : les ressortissants de l'Union européenne, de la confédération Suisse, de la Norvège, du Liechtensein et de l'Islande ne sont juridiquement pas considérés commerçants étrangers [2].

• **Condition d'obtention** : la carte de séjour temporaire comporte la mention de l'activité et sera délivrée par la préfecture sous réserve de justifier la viabilité économique du projet. Sur ce dernier point, une distinction est faite selon que l'activité existe déjà ou doit être créée. Dans tous les cas de figure, le commerçant étranger devra respecter les obligations de la loi concernant l'activité à exercer, le préfet vérifie la compatibilité de l'activité au regard des normes de sécurité, de salubrité et d'ordre public.

Le commerçant étranger ne réside pas sur le territoire

En application de l'article L. 122.1 du code de commerce, l'étranger doit faire une déclaration préalable auprès du préfet après avoir obtenu une carte de séjour temporaire auprès des autorités diplomatiques françaises du pays de résidence.

• **Personnes concernées** : les mêmes que celles qui résident sur le territoire.

• **Exceptions** : à l'identique des exceptions légales appliquées au commerçant étranger résidant sur le territoire.

• **Procédure** : le décret précise que la déclaration préalable se fait par lettre recommandée comportant l'état civil du déclarant, la copie du casier judiciaire, éventuellement la copie des statuts de la société.

Les formalités légales inhérentes à l'activité à exercer devront être respectées.

§ 7. *Le statut du conjoint du commerçant*

Si chacun des époux a la liberté d'exercer un commerce distinct de celui de l'autre et d'obtenir la qualité de commerçant, que faut-il déduire de l'exercice en commun d'un commerce par les conjoints ?

---

1. Hors cas des professions réglementées : débit de tabac, presse, boissons, pharmacie, casino…
2. Vérifier également les spécificités de certains traités entre États.

Dans une situation de travail en commun, l'état de conjoint permet d'envisager l'application de deux textes.

L'article L. 121-3 code du commerce

« *Le conjoint du commerçant n'est réputé lui-même commerçant que s'il exerce une activité commerciale séparée de celle de son mari* ». *A contrario*, le conjoint qui « *tout en participant à l'exploitation, ne fait pas de manière indépendante des actes de commerce à titre de profession habituelle* » n'est pas commerçant. Sauf à un tiers de démontrer que le conjoint participe à la gestion et qu'il y aurait une société créée de fait entre époux [1].

L'article L. 121-3 n'a point d'effet lorsque les conjoints sont co-exploitants du fonds. Chacun est commerçant et copropriétaire de l'entreprise commerciale. Tous deux sont normalement immatriculés au registre du commerce sans mention de leur situation matrimoniale, exceptés la date et le lieu du mariage.

La loi du 2 août 2005

Avec la loi du 2 août 2005 codifiée sous les articles L. 121-4 et suivants du code de commerce, le législateur a actualisé le sort social de la personne qui participe à l'entreprise de son conjoint en l'obligeant à choisir l'un des trois statuts introduits par la loi du 10 juillet 1982. Antérieurement à ces deux lois, elle supportait le risque d'être laissée dans une zone de non droit qui pouvait se révéler pénible dans les situations de divorce, retraite, ou de décès du conjoint. Aujourd'hui, le conjoint du chef d'entreprise artisanale, commerciale ou libérale qui y exerce de manière régulière un activité professionnelle doit opter pour l'un des statuts suivants :

• Conjoint collaborateur

Tout en n'endossant pas la qualité de commerçant, le conjoint collaborateur est mentionné au registre du commerce (art. L. 121-6) avec pour effet d'être réputé avoir reçu du chef d'entreprise le mandat d'accomplir des actes d'administration. Bien qu'il ne perçoive pas de rémunération, il peut bénéficier d'un régime volontaire vieillesse et pendant la maternité, les femmes collaboratrices reçoivent une allocation forfaitaire de maternité. Enfin, toutes les cotisations « Sécurité sociale » sont déductibles du bénéfice imposable (art. 154 CGI).

En ce qui concerne les sociétés, le statut de conjoint collaborateur n'y est autorisé que restrictivement (L. 121-4-II).

• Conjoint salarié

Après l'acceptation par la doctrine et la jurisprudence du contrat de travail entre époux, l'introduction du statut de conjoint salarié par la loi de juillet 1982 ne posa aucune difficulté. Il suffit de vérifier les conditions de l'article L. 784-1 du code du travail : « *les dispositions du code du travail sont applicables au conjoint du chef d'entreprise… dès lors… qu'il participe effectivement… à titre professionnel et habituel et qu'il perçoit une rémunération horaire minimale égale au salaire minimum de croissance* ». La jurisprudence de la Cour de cassation ajoute que « *l'existence d'un lien de subordination n'est pas une condition pour l'application du statut du conjoint salarié de l'époux commerçant* ».

• Conjoint associé

La loi du 4 janvier 1978 puis celle du 23 décembre 1985 ont définitivement consacré la permission donnée à deux époux d'être associés d'une société. Ce, quelle que soit la forme de la société et la présence ou non d'autres associés. Solution confirmée par la rédaction de l'article 1832-1 al. 1 du code civil.

1. Voir dernière partie, Titre II, Chapitre I, Section 2.

Section II - Les commerçants personne morale

Démontrer la commercialité de certains groupements semble plus aisée, surtout quand ils optent pour une forme juridique visée par la loi. Elle résulte alors d'un texte ou de la nature de leur objet.

§ 1. *La commercialité des sociétés*

Les sociétés décrites à l'alinéa deux de l'article L. 210-1 du code de commerce sont réputées commerciales en raison de leur forme indépendamment de leur objet. Il s'agit des sociétés en nom collectif – des sociétés en commandite simple – des sociétés à responsabilité limitée – des sociétés par actions. Elles ont toutes la qualité de commerçant personne morale. La nature des actes qu'elles réalisent est sans incidence sur leur commercialité, l'acte (même civil par nature) prenant systématiquement une coloration commerciale, sauf exception jurisprudentielle [1].

§ 2. *Le groupement d'intérêt économique*

L'ordonnance du 23 septembre 1967 (art. L. 251-1 et suivants code de commerce) crée le GIE. Ce groupement doté de la personne morale (art. L. 251-4) a pour objectif de réunir des personnes physiques ou morales afin de développer leurs activités. Ses membres revêtent indifféremment une nature civile ou commerciale. N'étant pas commercial par la forme, le GIE le sera éventuellement en fonction de son objet.

L'objet est déterminé par le but poursuivi par le groupement. Un GIE destiné à développer l'activité de ses membres par la réalisation habituelle d'actes de commerce par nature sera commercial. En l'absence d'actes de commerce, il sera civil.

Attention. L'éventuelle qualité commerciale des membres et l'obligation pour le groupement d'être immatriculé au registre du commerce et des sociétés ne permettent pas d'en déduire sa commercialité. Seule l'étude de son objet la révélera.

Section III - Les professionnels des affaires non-commerçants

Certaines professions du monde des affaires ne sont pas classées dans la catégorie commerciale, alors que leurs actes du quotidien sembleraient correspondre à la définition de l'acte de commerce. Constatation identique à propos de professionnels effectuant des actes de commerce qui ne leur confèrent pourtant pas la qualité de commerçant. La frontière entre commercialité ou non commercialité résulte dans ces circonstances du particularisme des faits.

§ 1. *Opérations civiles par nature*

L'espace des affaires n'est pas uniquement peuplé de commerçants. D'autres professions l'occupent activement en étant dotées d'une nature civile.

A. L' artisan

L'ère du machinisme industriel devait les broyer. Il n'en a rien été. Le rêve du plein emploi passé, force est de constater qu'avec une part significative de la population active au chômage, le monde des petits métiers revêt une importance particulière.

En fait, c'est avec l'accroissement de l'importance dans l'économie des commerçants et industriels, que les artisans ont dégagé leur spécificité : ils se sont définis par opposition à ceux-ci. La taille de leur entreprise reste modeste, ils participent

1. CA Versailles 28-10-2004 : JCP E 2004. 1846. Une société commerciale par la forme dotée d'un objet non commercial peut ne pas être considérée commerciale.

directement, manuellement, à la réalisation du produit fini, ils n'effectuent pas d'actes de commerce, ne spéculent pas sur les matières premières.

Les artisans représentent aujourd'hui une force de presque 900 000 entreprises employant environ 2 300 000 personnes, soit 10 % de la population active. Leur chiffre d'affaires global est de l'ordre de 7 milliards d'euros participant à hauteur de 10 % au produit national brut. À un moment, où motiver les demandeurs d'emplois passe aussi par la proposition de création d'entreprises, l'artisanat offre une structure souple permettant d'initier facilement une activité potentiellement génératrice d'emplois.

Malheureusement, la définition et le statut de la profession souffrent d'un manque de précision. La difficulté naît de l'extrême ressemblance économique entre artisans et commerçants. La règle juridique a voulu absolument distinguer des professions qui souvent fusionnent. À la difficulté de définir le domaine de l'artisan, se greffe alors la résolution des situations complexes. Quand ces deux professions sont exercées simultanément, le sont-elles à titre principal et sans connexité ? Ont-elles un lien de nécessité ou de complémentarité ? Comment alors déterminer l'activité principale ?

Longtemps, le droit positif de la matière s'appuyait sur les textes de 1996 et 1998 : la loi du 5 juillet 1996 réglementait l'entreprise artisanale ; le décret du 2 avril 1998 s'intéressait au statut de l'artisan. Récemment, la loi Pinel promulguée le 18 juin 2014 a durci les conditions d'attribution de la qualité d'artisan.

Le statut

La définition de l'artisan hérite de règles légales dites « administratives », de la loi Pinel, et d'apports jurisprudentiels.

Le décret du 10 juin 1983 modifié par celui du 23 août 1994, puis l'apport de la loi du 5 juillet 1996 donnent à l'artisan une définition administrative tenant en trois points :

– Le premier ne permet malheureusement en rien de distinguer artisans-commerçants. En affirmant que les activités de production, transformation, réparation ou prestation de services définissent le secteur des métiers, le législateur, sans en prendre conscience, évoque aussi des actes de commerce par nature de l'article L. 110-1. La confusion est à son comble ! ces activités pouvant, à l'identique, être commerciales.

– Le second affirme la nécessaire petite dimension de l'entreprise artisanale. Au principal, le critère retenu est de maximum 10 salariés. Ce seuil ne tient pas compte de la présence éventuelle de membres de la famille, d'apprentis et d'employés handicapés. On observera que beaucoup d'entreprises commerciales, par définition libres de prospérer à leur gré, n'atteignent pas ce nombre d'employés. Ce critère n'est donc pas déterminant pour la recherche de l'utile distinction commerçant-artisan.

– Le troisième exige une qualification professionnelle [1]. Sur ce seul point, la loi de 1996 apporte une précision novatrice et restrictive à la liberté d'exercer une activité artisanale. En sus, s'agissant des métiers pouvant porter atteinte à la santé ou à la sécurité des tiers [2], une qualification professionnelle au travers d'une formation contrôlée est rendue obligatoire. L'inobservation de cette exigence entraîne des sanctions pénales.

---

1. Instauration d'un contrôle *a priori* : le décret du 11 mars 2010 oblige toute personne physique ou morale dans sa demande d'immatriculation de mentionner ses qualifications. La même règle s'applique aux auto-entrepreneurs.
2. Garagiste, maçon, esthéticienne, boulanger, boucher, charcutier…

Mais, antérieurement à la loi de 1996, la conjonction des critères administratifs aboutissant à un espace artisanal bien trop vaste au regard des objectifs assignés, la jurisprudence était intervenue dans un souci correctif : celui de définir strictement l'artisan comparé au commerçant. Pour atteindre cet état, les juridictions avaient dépassé la définition administrative de la loi, pour se concentrer sur l'observation des moyens utilisés et des buts poursuivis :

– Le critère légal administratif d'une entreprise de dimension réduite est confirmé, sans toutefois préciser des seuils. L'approche y est plus pragmatique, à chaque cas sa réponse. L'essentiel étant de ne pas relever une dilution trop grande du travail de l'entrepreneur dans le résultat final.

– Le travail en série est exclu. Ceci prohibe la mécanisation à outrance et privilégie une production personnalisée, à la carte.

– L'artisan réalise un apport manuel et intellectuel sur la matière produite ou le service rendu [1].

– Interdiction de spéculer sur la circulation des richesses. Mais l'artisan peut réaliser des actes de commerce par nature, à condition qu'ils soient liés à son activité principale artisanale et marginaux comparés au chiffre d'affaires global.

Si la mise en œuvre de ces caractéristiques jurisprudentielles conduit à une définition effectivement plus restrictive du statut de l'artisan que celui proposé par les textes de 1983 et 1996, c'est aussi en considération de l'importance de l'article L. 121-1 du code de commerce. Celui-ci définit une commercialité hégémonique, tous les professionnels s'y rapportant devant entrer dans son domaine d'application. Conséquence, l'exception artisanale doit rester marginale et surtout pas galvaudée. Afin de lutter contre les dérives constatées de la part de certains entrepreneurs-artisans, la loi Pinel de juin 2014 a complété la législation et réserve la qualité d'artisan aux personnes physiques ou morales immatriculées au Répertoire des métiers justifiant d'un diplôme, d'un titre, ou d'une expérience dans le métier exercé. L'entreprise ne doit pas employer plus de dix salariés (mais le franchissement de ce seuil est toléré sous certaines conditions) et exerce une activité indépendante de production, transformation, réparation ou de prestation de services [2] (liste établie par décret). Les professionnels ayant bénéficier du statut d'artisan sous les anciens critères ont deux ans pour régulariser.

En répondant aux conditions du droit positif, l'artisan jouit d'un statut différent de celui du commerçant. Il exerce une activité civile, la juridiction commerciale n'est pas compétente, le régime des moyens de preuve ne retient pas le principe de la liberté affirmé à l'article L. 110-3 du code de commerce ; enfin, la présomption de solidarité ne joue pas en cas d'engagement pluriel. Sous peine de sanctions pénales, seule l'immatriculation au répertoire des métiers permet de bénéficier du titre d'artisan [3]. Celui de maître-artisan étant réservé aux professions dotées d'un savoir-faire reconnu.

Les situations complexes

Les professions d'artisan et de commerçant sont extrêmement voisines. La tentation est grande pour l'artisan d'ajouter à son activité première une activité dont les actes tombent sous l'empire de l'article L. 110-1 du code de commerce, voire, plus encore, permettent l'application de l'article L. 121-1 de ce même code. La résolution juridique de la situation proposée n'offre pas de difficulté lorsque les deux activités ne sont pas liées et sont réalisées à titre principal. L'indépendance profession-

1. Artisan potier, artisan coiffeur…
2. Même critique que pour la loi de 1996 : ce sont des actes de commerce par nature !
3. Obligation également imposée à l'artisan auto-entrepreneur.

nelle de fait oblige à une double inscription au répertoire des métiers et au registre du commerce. Plus circonstanciée sera la réponse apportée à la situation de l'artisan réalisant habituellement des actes de commerce, actes en principe accessoires ou complémentaires à la fonction d'artisan. La règle applicable sera « *accessorium sequitur principale* ». En pratique, l'incertitude vient de la détermination de l'activité dominante. Il peut se produire que l'accessoire devienne le principal. L'acte de commerce ne doit représenter qu'une faible part du chiffre d'affaires, au-delà, la probabilité d'une nouvelle qualification surgit. La profession de coiffeur ajoutant la vente de produits de soin et de parures pour cheveux résume parfaitement la complexité du sujet. D'artisan-coiffeur, son statut deviendra artisan-commerçant dans l'hypothèse ou la vente des produits de soin et de parures pour cheveux prend une proportion trop forte dans son chiffre d'affaires : ces dernières ventes ne doivent être qu'accessoires. Solution identique quant à la qualification du statut, lorsque, quel que soit le volume des ventes, l'activité dite secondaire n'a aucun lien avec l'activité d'artisan.

Règles du commerce appliquées à l'artisanat

Depuis la rédaction de l'article 5 de la loi du 5 janvier 1957 (art. L. 145-1), les artisans bénéficient du statut des baux commerciaux [1]. Mais leur « commercialité » ne s'arrête pas là, puisque la loi du 26 juillet 2005, confirmant en cela la loi de 1985, leur applique le droit des difficultés économiques de l'entreprise visé par le code de commerce : la prévention des difficultés (L. 611-2), la sauvegarde (L. 620-2), le redressement judiciaire (L. 631-2), la liquidation judiciaire (L. 640-2). Ce faisant, elle les rend par ce biais tributaires des tribunaux de commerce (L. 621-2) excepté s'agissant des artisans de fait (non immatriculés), puisque, étonnement, le nouvel article R. 211-4-8e donne dans ce cas compétence au TGI. Enfin, la recherche de crédits bancaires est facilitée par la possibilité d'offrir au prêteur la garantie constituée par le nantissement du fonds d'artisan, fonds consacré par la loi du 5 juillet 1996 dans son article 22.

Loin d'être un statut en voie de désertification, le secteur de l'artisanat démontre une vitalité dopée par l'obligation qu'ont certains de générer leur propre emploi, et bénéficie, peut-être, d'une redécouverte de valeurs plus simples, plus humaines, faites de qualités et de relations personnalisées.

B. L' agriculteur

Par essence, l'agriculteur ne réalise pas d'acte de commerce par nature. Il n'achète pas pour revendre. Il cultive ou fait naître sur son sol et vend. La notion de circulation n'existe pas. Pourtant, face au développement quasi-industriel du monde agricole, avec la mécanisation des moyens de travail notamment, le doute quant à la nature civile de leur activité pouvait être permis [2].

Mais les agriculteurs sont farouchement attachés à leurs valeurs hors du temps, immuables. Ces solides et sérieux professionnels ont exceptionnellement obtenu du législateur un élargissement du domaine civil de leur activité [3]. L'analyse traditionnelle retenant essentiellement la référence au sol, la loi du 30 décembre 1988 l'a totalement abandonnée. Désormais sont réputées avoir un caractère civil « *la maîtrise et l'exploitation d'un cycle biologique de caractère végétal ou animal et constituant une ou plusieurs étapes nécessaires au déroulement de ce cycle* ». Le même texte y ajoute les activités agricoles de prolongement.

---

1. Voir : première partie, Chapitre 3, paragraphe 1, B.
2. Par exemple, que penser lorsque les bêtes sont achetées jeunes, élevées sur le sol, pour ensuite être vendues ?
3. Élargissement exceptionnel du droit civil si l'on considère que le droit des activités économiques est aujourd'hui phagocyté par les normes commerciales.

Les activités traditionnelles

La loi de 1988 a considérablement simplifié la problématique. Le caractère civil de l'activité agricole en sort renforcé et affirmé. Seul reste à déterminer ce qu'est un cycle biologique. Faut-il considérer la durée ? Les techniques employées ? Accepter ou rejeter certaines productions par comparaison entre l'état du produit en début et fin de cycle, sans prise en compte du temps écoulé et des moyens utilisés ? Unique certitude, ne sera certainement pas retenu comme agriculteur le professionnel qui achète des bêtes et les nourrit en attente de revente.

Les activités de prolongement

Sont également agricoles, « *les activités exercées par un exploitant agricole qui sont dans le prolongement de l'acte de production ou qui ont pour support l'exploitation* ». Les activités de prolongement concernent deux types de secteurs : le secteur transformation et le secteur « tourisme vert ».

• Transformation

De tous temps les agriculteurs ont transformé leur production. Les viticulteurs font leur vin et le conditionnent, les arboriculteurs emballent leurs fruits... Les produits finis sont vendus et pour certains d'entre eux procurent de confortables revenus [1] ou, du moins, le revenu qui fait vivre l'exploitant. Ces activités restent typiquement agricoles

• Tourisme

Dans les années 70, les responsables gouvernementaux s'étaient émus du déferlement des touristes l'été sur les plages. Ce phénomène de véritable transhumance avait fini par populariser les termes de « juilletiste » et « aoûtien ». La situation ne pouvait durer, d'autant que certaines villes ordinairement tranquilles, se trouvaient, l'été venu, au bord de l'asphyxie. D'où l'idée de provoquer un redéploiement des touristes à l'intérieur des terres. Ce redéploiement s'est accompagné de différentes mesures visant à inciter les acteurs du tourisme rural, dont les agriculteurs, à dynamiser et vanter leurs atouts. Personne n'imaginait l'ampleur du succès de l'entreprise. Quelques décennies plus tard, sous l'effet de la génération « soixante huitarde » et la confirmation d'une tendance vers l'écologie, l'été, les campagnes connaissent un engouement confirmé.

Problème. Ce qui au début n'était qu'une activité complémentaire [2], est parfois devenu au fil du temps une véritable ressource indispensable. Ces activités nées du tourisme devait-elles subir la loi commerciale ? Être soumises à TVA ? Les intervenants devaient-ils s'inscrire au registre du commerce ? Les agriculteurs qui reçoivent quelques campeurs, font déguster à la ferme leurs produits, voire organisent des spectacles folkloriques, étaient-ils devenus commerçants au titre de ces activités ?

La rigueur juridique conduirait à répondre positivement. Mais il faut parfois savoir oublier le cartésianisme au profit d'une approche humaine et sociale des problèmes. L'État ne pouvait décemment pas utiliser le monde rural pour résoudre un épineux problème de vacances d'été, pour ensuite appliquer toute la logique du droit à des populations par définition allergique à la commercialité. L'esprit de la loi de 1988 est là. En affirmant le caractère fondamentalement civil des activités de prolongement réalisées sur l'exploitation, le législa-

1. L'affirmation, vraie pour certains viticulteurs, reste marginale pour l'immense majorité des agriculteurs.

2. Entre autre : renforcer le pouvoir d'achat des agriculteurs et éviter des contestations parfois débordantes.

teur résout la situation juridique des agriculteurs accueillant des touristes sur leur terre, même de manière habituelle.
Pour autant, même en considérant toute la difficulté de la situation, le texte de 1988 reste inachevé. Quelle solution adopter lorsqu'en raison de ses activités de transformation, l'agriculteur achète des produits à l'extérieur pour augmenter sa production, ou rentabiliser ses installations ? Que penser de l'agriculteur qui finirait par oublier son métier originel au profit des activités para-touristiques beaucoup plus rentables ? Il semble impératif de maintenir les activités de prolongement dans une certaine proportionnalité comparées à l'activité de base.
Au-delà de ces remarques, l'entreprise agricole à besoin de s'affirmer. Elle n'est pas perçue à l'identique des autres entreprises. Elle reste marquée au sceau du passé, alors que le monde des jeunes agriculteurs est en pleine mutation technologique. Elle devrait, à l'instar de ses homologues commerciaux ou industriels, pouvoir attirer les capitaux. Un créateur d'entreprise devrait pouvoir, au moment de finaliser ses choix, penser à l'agriculture. Or, il n'en est rien. La loi de décembre 1988 en renforçant le domaine civil de l'agriculture est allée à contre-courant de l'histoire. Tôt ou tard, les agriculteurs, tout en maintenant leurs traditions, exigeront une mutation profonde qui les fera entrer de plein pied dans la modernité juridique [1]. Surtout que la même loi de 1988 assujettit les agriculteurs à la procédure des difficultés de l'entreprise, aujourd'hui loi du 26 juillet 2005 : procédure de sauvegarde (L. 620-2), redressement judiciaire (L. 631-2), liquidation judiciaire (L. 640-2) ; sans toutefois les placer sous la compétence du tribunal de commerce (L. 621-2).

C. Les professions libérales

Ces professions vendent un savoir faire, de la « matière grise ». Il n'y a pas d'achat pour revendre. Tous les actes de ces professionnels, qu'il s'agisse d'un avocat, architecte, médecin, ingénieur conseil…, sont civils par nature.
Pourtant, leurs activités croisent régulièrement la sphère des actes de commerce. Lorsque l'ingénieur-conseil vend son savoir accompagné de la facturation d'un matériel qu'il achète pour vendre au client, que faut-il en conclure quant à l'exacte nature de ces actes ?
Les sociétés d'exercice libéral de la loi du 31 décembre 1990 revêtent une forme commerciale, indépendamment de leur objet et de la qualité de leurs membres [2]. Elles préfigurent très certainement la future perception juridique des professions libérales pour lesquelles la commercialité sera extrêmement présente. D'autant que la loi du 23 juin 1999, dans son article 31, autorise le recours à l'EURL au bénéfice des membres des professions libérales, sans que ces derniers ne deviennent commerçants, et que la procédure de sauvegarde de la loi du 26 juillet 2005 leur est applicable (L. 620-2) ainsi que le redressement judiciaire (L. 631-2) et la liquidation judiciaire (L. 640-2). Pour ces dernières situations, seul le TGI est compétent (L. 621-2).
Enfin, ajoutons que le législateur, après avoir accordé aux professions libérales l'utilisation de toute la palette des formes de sociétés commerciales, leur ouvre désormais l'accès à la société par actions simplifiée avec la loi du 15 mai 2001. La loi du 28 mars 2011 autorisant même des sociétés de participations financières à exercer un contrôle sur les sociétés d'exercice libéral. Toutefois le contrôle reste financier, puisque dépourvu de droit de vote.

1. Le statut d'EIRL est applicable à l'agriculteur.
2. Objet forcément civil : pratique de l'activité libérale. Qualité des membres : majoritairement des membres de professions libérales.

§ 2. *Opérations commerciales et non-commercialité des professionnels*

Les commerçants ont besoin de s'entourer de personnes pour les aider dans l'exploitation de leur entreprise. Ces personnes interviennent sous différents statuts : employés – dirigeants – représentants de commerce – agents commerciaux. Tous effectuent dans le cadre de leurs activités, des actes de commerce. Ils n'endossent pas pour autant la qualité de commerçant.

A. Les employés

Ils effectuent quotidiennement des actes de commerce pour le compte de leur employeur. Ces actes étant réalisés en état de subordination (le contrat de travail), l'absence d'indépendance les soustrait du statut de commerçant. Si le commettant [1] est commerçant, le préposé [2] jamais.

B. Les dirigeants

En vertu de nos règles de droit positif, les dirigeants sociaux ne peuvent être titulaires d'un contrat de travail, sauf exceptions visées par la loi. Qu'ils soient administrateurs, président du conseil d'administration, membres du conseil de surveillance, ou gérants majoritaires de SARL, le droit doute de la réalité de l'état de subordination. Cette solution puise peut-être sa justification dans une époque où la détention du capital conférait automatiquement la direction des entreprises conduites sous la forme de société. Ce n'est plus vrai aujourd'hui. Hormis la société « familiale », les managers sont généralement choisis pour leur compétences techniques et de gestion, hors du cercle des détenteurs majoritaires des droits sociaux ; ce constat permettant d'entrevoir la notion de subordination, ou, pour le moins, de « soumission ».

Cette réalité en matière de gouvernance des sociétés a influencé des organes, tels le directoire ou le directeur général, organes pour lesquels les dirigeants peuvent être titulaires d'un contrat de travail sous réserve de vérifier certaines conditions. Pourtant, que les dirigeants de société aient droit ou non au contrat de travail, tous réalisent couramment des actes de commerce sans endosser la qualité de commerçants (SNC exceptée). Ce n'est donc pas l'état de subordination qui implique leur non commercialité.

L'explication de leur non-commercialité provient alors de la notion de mandat. Les dirigeants interviennent au nom de la société qu'ils dirigent en raison d'un contrat de mandat imparfait [3]. Les actes sont alors effectués, non pour leur propre compte, mais pour celui de la société mandante qu'ils représentent dans les rapports avec les tiers, en vertu des dispositions légales du droit des sociétés commerciales.

C. Les représentants de commerce

Les commerçants ont pris l'habitude d'utiliser des voyageurs de commerce, représentants, ou placiers, dans le but de développer leurs affaires. Les VRP prospectent, développent une clientèle, prennent des commandes qu'ils leur transmettent. Ces professions sont caractérisées par une très grande liberté, une certaine indépendance, comparées à la position de salarié. Faut-il alors les considérer liées par un contrat de travail, du fait des directives impératives de l'employeur, ou

1. Employeur.
2. Employé.
3. Le dirigeant agit en vertu de la détention d'un mandat social. Au sens du code civil, ce mandat ne peut être qu'imparfait puisqu'il ne respecte pas les exigences des art. 1984 et s. code civil. Ainsi, le dirigeant agit librement dans les limites de l'intérêt social, le mandat social ne précisant pas, sauf marginalement, les actes que peut conclure ou pas le dirigeant.

les assimiler à des indépendants agissant au nom d'un contrat de mandat, du fait de leur liberté ?

La profession se répartit entre le représentant agissant pour une seule entreprise et celui opérant pour le compte de plusieurs. Leur statut juridique est fixé par les lois de juillet 1937, mars 1957, mai et décembre 1973. La structure du tissu économique ayant considérablement évoluée depuis soixante ans, le VRP est un personnage en voie de disparition dans notre paysage économique. Les entreprises recourant de plus en plus systématiquement à des salariés formés à la représentation et à la spécificité de leurs produits.

L'acquisition du statut de VRP est liée à la réalisation de conditions de fond et de forme.

Conditions de fond

– Le contrat précise la nature des ventes ou prestations de services à réaliser, le secteur géographique, la qualité de la clientèle [1], la rémunération et les commissions.

– Le VRP doit intervenir pour le compte de l'employeur en prenant et transmettant des ordres de commandes, reprise de produits...

– Il exerce sa profession de façon exclusive et constante, sous réserve de l'assouplissement accordé par la loi du 9 mai 1973.

– Enfin, il ne doit jamais faire d'opération à titre personnel, sous peine d'être qualifié de commerçant et ainsi d'être exclu du statut de VRP.

Conditions de forme

– Un écrit doit être passé entre les parties. À défaut, la preuve de l'activité de représentation entraîne présomption du statut de VRP.

– Lorsque le professionnel de la représentation remplit les conditions du statut, il acquiert la qualité de salarié. En l'absence des conditions exigées par le statut, il faudra déterminer, cas par cas, l'exacte nature du contrat passé et les conséquences pour les parties.

D. Les agents commerciaux

L'agent commercial [2] intervient au nom et pour le compte du commerçant. Lié par un contrat de mandat, il se distingue du VRP-salarié. L'article L. 134-1 du code de commerce décrit « *un mandataire qui, à titre de profession indépendante, sans être lié par un contrat de louage de services, est chargé de façon permanente, de négocier et, éventuellement, de conclure des contrats de vente, d'achat, de location ou de prestations de services, au nom et pour le compte de producteurs...* ».

Conséquence de la loi, la caractéristique essentielle du statut d'agent commercial est l'indépendance. Mais l'accomplissement du travail en toute liberté ne lui confère pas la qualité de commerçant. Du fait du mandat le liant de façon permanente au commerçant, c'est un mandataire. Les actes conclus par le représentant engagent seulement le représenté.

La non-commercialité de cette profession tirée de la théorie de la représentation n'offre pas une solution satisfaisante, pour la raison que des activités voisines, telles celles de courtier et de commissionnaire [3], présentent une qualification commerciale. L'indépendance, qui caractérise toutes ces professions, devrait avoir pour logique l'unité de leur nature juridique.

---

1. Entreprises, grossistes, particuliers.
2. Le statut d'EIRL est applicable à l'agent commercial.
3. Commissionnaire = intervient en son nom propre pour le compte d'autrui.

Courtier = ne représente pas les parties mais se limite à les rapprocher et ne réalise pas directement l'affaire.

chapitre 3 Le fonds de commerce

Le fonds de commerce dans sa fonction populaire est la « visibilité » du commerçant. *A priori*, rien ne distingue ce dernier des personnes physique civiles. Or le but du commerçant est de singulariser, de se faire connaître. Il lui fallait un moyen d'identification permettant de fixer la clientèle. Le fonds de commerce concrétise ce besoin. Il permet aux clients de repérer, de sélectionner le professionnel à même de répondre le mieux à leurs attentes. En sus, le commerçant est sécurisé ; les qualités attribuées à son fonds protègent sa clientèle fidélisée des attaques des autres commerçants. Ainsi, chaque jour ne voit pas son travail remis en cause.

Juridiquement, la notion de fonds de commerce est tout autre. Inconnue à l'origine du code de commerce, elle s'est forgée avec la pratique commerciale, surtout au XIXe siècle.

Il faut attendre la loi du 17 mars 1909 (article L. 141-5 et suivants du code de commerce) pour que les commerçants et leurs créanciers voient comblés leurs désirs inassouvis par les lois intermédiaires du 28 février 1872 (art. 7 à 9) et du 1er mars 1898. On peut même affirmer qu'avec ce texte, pour la première fois, le fonds de commerce est consacré par la loi commerciale.

Le fonds de commerce réalise la conjonction de divers éléments sélectionnés par le pragmatisme des affaires. Aux éléments dits corporels, marchandises-matériel, s'ajoutent les éléments dits incorporels, clientèle – bail – nom – enseigne… Leur somme accouche de ce remarquable instrument économique qu'est le fonds. Autre qualité, cet instrument fait l'objet d'une propriété autorisant nantissement, location et cession.

Section I - Nature juridique du fonds de commerce

Si l'union des éléments incorporels et corporels caractérise l'institution qu'est le fonds de commerce, quelle théorie juridique l'organise et la justifie ?

Certains avancent la théorie de l'universalité. Le fonds de commerce réunirait une masse de biens en vue d'une affectation commune destinée à l'activité professionnelle et déterminerait une sorte de patrimoine d'affectation englobé dans le patrimoine général du chef d'entreprise. Ainsi conçue, la théorie mettrait en évidence un patrimoine commercial à côté d'un patrimoine civil (le tout formant le patrimoine en général).

D'autres ont critiqué la thèse de l'universalité. Ils font observer qu'elle s'oppose aux traditions du droit français qui consacre le principe de l'unité du patrimoine. Ce concept condamne la notion de patrimoine d'affectation, les créanciers du commerçant ayant une action sur l'ensemble de ses biens et pas seulement sur ceux « affectés » au commerce. Pour cette doctrine, le fonds de commerce est surtout une propriété portant sur un droit de clientèle. La conservation ou la cession des éléments du fonds maintiendrait ou non la clientèle.

La doctrine dominante a opté pour la théorie de l'universalité. Universalité juridique de droit, de fait ? La querelle n'est de toute manière pas close. Il importe de constater que l'apport de l'universalité séduit. Le fonds de commerce n'étant pas doté de la personnalité morale, elle permet de justifier qu'il puisse représenter l'union des éléments qui le composent. Les conséquences de la remarque sont importantes. En essayant d'imager le langage juridique, cela signifie que le fonds est une sorte d'urne dans laquelle sont déposés par volonté du commerçant les éléments incorporels et corporels le constituant. Cette urne étant sujette à contrat de cession, les éléments seraient transférés avec celle-ci. L'intérêt est qu'un seul contrat, la cession du fonds, entraîne cession de tous les éléments qui le composent, sans utiliser les règles de droit propres à chacun d'eux : c'est une simplification remarquable [1]. Autre conséquence de la théorie, la modification

1. Excepté les droits de propriété industrielle qui utilisent leurs propres règles en cas de transfert. Voir également la loi du 2 juillet 1996 portant sur le crédit-bail et le fonds de commerce.

ou le remplacement de l'un des éléments du fonds n'atteindrait pas le fonds de commerce [1].

En revanche, il est certain que l'universalité en question ne peut justifier un patrimoine commercial autonome, car dans ces circonstances le commerçant serait titulaire d'un patrimoine civil, d'un patrimoine commercial et ainsi la théorie de l'affectation vérifiée. Que l'on accepte ou non les thèses d'Aubry et Rau, le concept d'unicité du patrimoine gouverne encore notre droit (une personne possède un seul patrimoine) [2] et le fonds entre dans la composition du patrimoine global du commerçant. Ce patrimoine composé de biens civils et commerciaux supporte les actions des créanciers professionnels ou civils. Un créancier personnel peut faire saisir le fonds et un créancier commercial peut faire saisir la résidence principale du commerçant. Conséquence, le fonds de commerce n'étant ni une universalité de droit ni un patrimoine autonome, les créances et les dettes liées à l'activité professionnelle n'entrent pas dans sa composition : il n'a pas d'actif et de passif (seul le concept de patrimoine accepte les notions d'actif et de passif, de plus, la loi de 1909 ne cite ni les créances ni les dettes).

En désaccord quant à la nature juridique du fonds de commerce, doctrine majoritaire et minoritaire se rejoignent pour le qualifier de meuble incorporel puisqu'il s'agit d'une universalité, même imparfaite. Cette nature mobilière privée de personnalité morale explique qu'un bien immobilier n'en fait jamais partie. Ainsi, un commerçant propriétaire des murs dans lesquels il exploite son fonds, devra, en cas de cession de son activité, conclure deux contrats. Un contrat immobilier de nature civile pour la vente des murs, un contrat mobilier de nature commerciale pour la cession du fonds de commerce.

Section II - Les éléments du fonds de commerce

Le législateur ne s'est jamais réellement préoccupé de préciser les éléments formant le fonds de commerce. La loi de mars 1909 article premier, aujourd'hui article L. 141-5 code de commerce, cite, avec la clientèle, l'achalandage, le droit au bail, le nom commercial, le matériel et les marchandises les plus importants ou courants. Mais la liste n'est pas exhaustive. Un fonds peut regrouper plus ou moins ces éléments, la plupart de ceux-ci, voire en ajouter d'autres. Avec un tel inventaire, prétendre mettre en évidence de façon définitive l'élément essentiel du fonds de commerce n'a pas de sens. Cet élément dépend logiquement de la nature de l'activité commerciale exercée. Les tenants de la thèse « fonds de commerce = droit de clientèle » affirment qu'il suffit de « découvrir quel est l'élément déterminant pour la conservation de la clientèle » [3]. D'autres constatent pragmatiquement que les commerçants sont extrêmement attachés à l'emplacement de l'exploitation. Le droit au bail serait alors l'élément important et nécessaire [4].

---

1. Les éléments du fonds seraient fongibles (les billets de banque le sont : un billet de 500 € remplace à l'identique un autre billet de 500 €). Pour un commerçant, le changement d'adresse commerciale (substitution de droit au bail) ne modifie pas le fonds de commerce (seules la valeur économique du bail et l'adresse changent).
2. L'EIRL remet-il en cause le régime du patrimoine tel qu'on le connait ? À cet instant, non. À l'instar de la société unipersonnelle qui n'a pas remis en cause la notion de société contrat, il faut considérer que l'EIRL est pour le moment une exception de la loi. Strictement délimité et réservé à une situation précisée, l'EIRL ne détruit pas le concept d'unicité patrimoniale qui reste le principe. L'EIRL ne peut non plus bouleverser la théorie du fonds de commerce.
3. Ripert et Roblot, *Traité de droit commercial*, p. 436.De Juglart - Ippolito, *Cours de droit commercial*, p. 335.
4. Y. Guyon, *Droit des affaires*, t. 1, 12e édition, n° 465, p. 696.

Difficile de trancher. Le but du commerçant est la clientèle et tous les éléments utiles à sa fidélisation deviennent essentiels. Il reste que l'emplacement remplit dans la majorité des situations la qualité d'élément essentiel à la conservation de la clientèle, marginalement le nom commercial pouvant remplir cet office.
Dans l'indécision, l'énumération très générale de la loi de mars 1909 servira de guide, augmentée du classement entre éléments incorporels et corporels.

§ 1. *Les éléments incorporels*

Ce sont, de fait, les plus importants. La loi, la pratique et la doctrine ont mis en valeur : la clientèle – le droit au bail – le nom commercial – l'enseigne – les droits de propriétés industriels.

A. La clientèle et achalandage

Pour la loi de mars 1909, appuyée par la jurisprudence, la clientèle et l'achalandage sont les éléments premiers. Sans eux pas de commerce, donc point de fonds.
La clientèle est constituée par le groupe de consommateurs fréquentant plus ou moins assidûment le fonds de commerce. Grâce à ses qualités, le commerçant a su les attirer et les conserver.
L'achalandage est le groupe de consommateurs de passage, plus motivé par l'emplacement du fonds que par ses qualités intrinsèques. C'est une clientèle occasionnelle, volatile et pratiquement inquantifiable.
Qualités essentielles de la clientèle : elle doit « appartenir » au commerçant, être actuelle et commerciale. Si le commerçant ne peut prétendre être propriétaire de ses clients, les principes de libre concurrence et de liberté du consommateur s'y opposeraient, en revanche, la clientèle qu'il revendique doit être de son fait, être personnelle. Que penser d'un commerçant qui exploiterait la clientèle d'autrui ? Pourtant cette situation n'est pas loin d'être réalisée avec les contrats de franchise et, dans une moindre mesure, avec les centres commerciaux.
Le contrat de franchise est l'exploitation par un commerçant, d'une marque, d'un nom, appartenant à un autre commerçant. Les centres commerciaux attirent une forte clientèle par la qualité de leur emplacement, la facilité de stationnement, la variété des commerces présents et une importante publicité. Dans ces deux cas, la clientèle du commerçant est-elle vraiment attirée par ses qualités propres ? Lui appartient-elle ?

B. Le droit au bail

Généralement, le commerçant n'est pas propriétaire des murs dans lesquels il exploite son commerce. Jusqu'à la loi du 30 juin 1926, à l'expiration de son bail, le commerçant n'avait aucune certitude quant à son avenir. Régi par les articles 1714 et suivants du code civil, le renouvellement du bail était laissé à l'appréciation du bailleur.
Les commerçants ne pouvaient se satisfaire d'une telle situation. La clientèle, objet de tous leurs soins, pouvait être irrémédiablement perdue du fait du non renouvellement. La précarité de leur installation en tant que locataire était insupportable.
Le législateur combla leurs attentes avec la loi de juin 1926. Le principe en est simple. À l'expiration du bail, le commerçant a droit au renouvellement du contrat de louage ou au versement d'une indemnité proportionnelle au dommage causé. Cette atteinte portée aux droits du propriétaire a pu faire appeler ce texte « loi sur la propriété commerciale » [1]. Si le terme est juridique-

1. La loi n'utilise pas ce titre. C'est la pratique qui a assimilé le renouvellement à un droit de propriété commerciale.

ment incorrect, il possède le mérite de traduire instantanément la faveur parfois exorbitante dont profitent les commerçants, faveur renforcée par l'obtention du droit à céder le bail avec le fonds.

Contrepartie du renouvellement, le montant du loyer commercial est plus élevé que le loyer civil et sa révision s'effectue plus rapidement.

La loi de 1926 et les différents apports législatifs ultérieurs entraînèrent une telle complexité, qu'une révision des textes s'imposait. Le décret du 30 septembre 1953, aujourd'hui codifié sous les articles L. 145-1 et suivants du code de commerce, mit de l'ordre dans la matière. Plusieurs fois modifié [1], il est aujourd'hui encore le droit positif du bail commercial. Sa finalité reste inchangée : assurer le maintien du commerçant dans les lieux. L'étude du droit au bail s'inspirera de l'organisation des titres de l'ancien décret du 30 septembre 1953. Ces intitulés rythmant encore la vie du bail commercial.

1. Le champ d'application

Si la loi entend établir un champ d'application élargi et affirmer le caractère impératif de la quasi totalité de ses articles [2], la nature extraordinairement dérogatoire de sa finalité, le droit au renouvellement, impose de l'enfermer dans un minimum de conditions, quand bien même tous les commerçants devraient, *a priori*, en bénéficier.

Le champ d'application est déterminé par l'article L. 145-1 code du commerce : « *Les dispositions du présent décret s'appliquent aux baux des immeubles ou locaux dans lesquels un fonds est exploité, que ce fonds appartienne, soit à un commerçant ou à un industriel immatriculé au registre du commerce, soit à un chef d'une entreprise immatriculée au répertoire des métiers, accomplissant ou non des actes de commerce* ».

De la rédaction de l'article ressortent les exigences suivantes :

- nature du bail,
- condition quant au local,
- conditions quant au bénéficiaire,
- conditions quant à l'exploitation du fonds.

a. Nature du bail

Généralement le bail conclu entre un propriétaire et un locataire commerçant l'est pour neuf ans, puisque l'article L. 145-4 du code de commerce exige au minimum cette durée. Autre contrainte, le bail n'entre dans le domaine d'application du statut légal qu'à condition que son aspect commercial n'ait pas été dissimulé au bailleur et qu'il n'en soit pas exclu par la loi. Le principe d'ordre public est là : hormis les exclusions légales, le décret s'applique à tous les baux commerciaux qu'ils soient écrits ou oraux [3]. Par conséquence, pour notre étude, il s'impose comme rationnel d'identifier les seuls baux exclus du renouvellement :

Le bail emphytéotique (L. 145-3)

Le bail conclu pour une durée supérieure à 18 ans ne bénéfice pas des articles L. 145-1 et suivants, excepté pour les mécanismes de la révision du loyer et de la sous-location.

Que le bail emphytéotique n'entre pas dans le champ d'application des articles précités paraît logique. L'objectif du renouvellement est d'assurer le maintien

1. Loi du 31 décembre 1953, loi du 5 janvier 1957, loi du 12 mai 1965, loi du 2 juillet 1966, loi du 20 juillet 1983, loi du 5 janvier 1988, loi du 31 décembre 1989, loi du 10 juillet 1991.
2. Si le décret devenu L. 145-1 et s. code de co est d'ordre public, il reste que le locataire peut choisir de renoncer à la protection du statut légal des baux commerciaux à la double condition d'y renoncer une fois le droit au statut acquis et que la volonté de renoncer soit expresse ou tacite, en tout état de cause non équivoque.
3. Cass. civ., 12 février 1985, Bull. civ. III, n° 29.

dans les lieux. S'agissant d'un bail pouvant s'exécuter pendant 99 ans, la notion de renouvellement n'a pas de sens. Bail très peu pratiqué, la jurisprudence n'a pas eu le loisir de réaliser un apport déterminant. Seul l'État ou les municipalités utilisent ce type de convention.

Le bail au plus égal à deux ans (L. 145-5)

Le renouvellement permet la conservation de la clientèle. Or, un commerçant s'engageant sur une durée au plus égale à deux ans ne peut avoir pour objectif le maintien de celle-ci. Il effectue sur cette durée un investissement limité en toute conscience. Conséquence, le renouvellement ne s'applique pas. S'agissant d'une exception, il faut vérifier qu'il n'y ait pas fraude à la loi.

Ainsi, pour un propriétaire, la tentation serait de ne pas tomber dans le domaine d'application du décret en concluant une série de baux de deux ans avec le même locataire. Dans cette hypothèse, la requalification en bail commercial tombant sous l'empire du décret de 1953 est immédiate, que le local soit le même ou non. Il suffit qu'il appartienne au même propriétaire-bailleur.

Résultat, afin d'éviter toute ambiguïté, le renouvellement d'une convention de deux ans conduit à la mise en œuvre du statut de 1953. Celui-ci entre en application instantanément dès le dépassement des 24 mois, ou dès le premier jour du renouvellement de la convention lorsque le total des contrats dépasse 24 mois, exception faite lorsque le droit au statut du bail commercial obtenu, le bénéficiaire y renonce.

Un bail de deux ans maximum n'offre ni droit à renouvellement ni, par conséquence, versement par le bailleur d'indemnités d'éviction.

Convention d'occupation précaire

À condition que le locataire n'ignore pas la précarité au moment de la conclusion de la convention, là encore les articles L. 145-1 et suivants du code de commerce ne s'appliquent pas, même en cas de durée supérieure à deux ans. La solution prétorienne [1] s'appuie sur l'absence de bail : la convention d'occupation précaire ne constituant pas un bail, le droit de la propriété commercial n'y est pas intéressé.

*

* *

Ces trois contrats n'entrent pas dans le champ d'application du décret pour des raisons de durée ou de nature. À noter cependant qu'au terme de l'article L. 145-4, si la durée du bail ne peut être inférieure à neuf ans, à défaut de convention contraire le preneur n'est pas obligé par la durée légale du bail commercial. Engagé pour neuf ans, il peut résilier tous les trois ans, voire même tous les ans si une stipulation du bail le prévoit. Cette stipulation améliorant les droits du preneur, la jurisprudence l'a entérinée.

b. Conditions quant au local

L'adhésion au statut exige un immeuble bâti ou un local dont la configuration géométrique correspond aux termes populaires de « boutique » ou « magasin ». Il doit s'agir d'un espace fermé, ou délimité, permettant d'accueillir la clientèle ou de la traiter. [2]

En sont exclus :

– Les terrains nus, excepté ceux « *sur lesquels ont été édifiés – soit avant, soit après le bail – des constructions à usage commercial, industriel ou artisanal, à condition que*

1. Droit prétorien : ensemble des règles dégagées par la jurisprudence.
2. Au sens de la loi sont un local : une construction couverte adossée au mur d'un supermarché – un stand (même mobile !) situé dans un emplacement fixe dans une galerie marchande…

ces constructions aient été élevées ou exploitées avec le consentement exprès du propriétaire »[1].
– Les installations foraines.
– Les immeubles tels que les emplacement publicitaires sous forme de panneaux, les vitrines de présentation de produits dans les couloirs des grandes surfaces ou du métropolitain.
Le texte de 1953 s'est également penché sur le statut des locaux accessoires[2]. L'article L. 145-I al. 1.1° code de commerce applique les solutions du décret aux baux de locaux ou d'immeubles accessoires à l'exploitation d'un fonds de commerce à une double condition draconienne : il faut que leur privation « *soit de nature à compromettre l'exploitation du fonds et qu'ils appartiennent au propriétaire du local ou de l'immeuble lieu d'implantation de l'établissement principal. En cas de pluralité de propriétaires, les locaux accessoires devront avoir été loués au vu et au su du bailleur en vue de l'utilisation jointe* ». La Cour de cassation refuse strictement le bénéfice du décret au local accessoire dont le non-renouvellement, certes, apporte une gêne, mais n'altère pas l'exploitation de l'entreprise.

In fine, le local doit être en principe affecté à une exploitation commerciale[3]. Peu importe que cette exploitation serve à une clientèle fréquentant le local, ou à une clientèle traitée à distance (locaux de vente par correspondance).
Concernant les entreprises de vente par correspondance, on peut légitimement s'interroger quant à l'intérêt de leur réserver le bénéfice du droit au renouvellement. Par définition, la clientèle ne fréquentant pas les locaux, leur non-renouvellement ne changerait rien à l'affaire. Qu'ils soient principaux ou accessoires ne modifie pas l'interrogation.

c. Conditions quant au bénéficiaire

Seul le commerçant régulièrement inscrit au registre du commerce et des sociétés bénéfice du régime protecteur du bail commercial. S'agissant d'un privilège, l'esprit du décret commande d'en écarter les malhonnêtes, même sans intention de l'être, en particulier le commerçant de fait.
Exceptionnellement, disposent du statut par volonté du législateur (L. 145-I et -II) :
– les artisans immatriculés en tant que tel,
– les établissements d'enseignement,
– les communes pour les baux des locaux affectés à des services exploités sans passer par un concessionnaire,
– les établissements publics à caractère industriel et commercial (EDF – GDF),
– les sociétés coopératives ayant la forme ou l'objet commercial,
– les artistes dits « auteurs d'œuvres graphiques et plastiques »[4],
– les caisses de Crédit Agricole et Caisse d'Épargne et de Prévoyance,
– l'exploitation du fonds sous forme de location-gérance.

À la condition d'immatriculation pour chacune des implantations du commerçant, s'ajoute pour lui la nécessité d'exploiter sa propre clientèle. *A priori*, la demande est logique. Le but du décret étant la protection de la clientèle fidélisée, quand le professionnel n'en possède pas, le statut n'a pas à s'appliquer. Cette

---

1. L. 145-1-2° code de commerce.
2. Accessorium sequitur principale : l'accessoire suit le principal (en terme de qualification juridique).
3. Voir cependant les exceptions accordées à des bénéfices non-commerçants (artisans...).
4. Protection de leurs ateliers.

solution tendrait à se vérifier dans quelques rares hypothèses, notamment, avec le système de la franchise. Dans cette configuration, le commerçant (le franchisé) loue le droit d'exploiter la clientèle d'une entreprise à forte réputation (le franchiseur). La clientèle appartenant incontestablement au franchiseur, le droit au renouvellement du franchisé pourrait être contesté par son bailleur [1]. Pourtant, ce n'est pas l'avis de la jurisprudence de la Cour de cassation qui accorde au franchisé la « propriété » de la clientèle à condition, semble-t-il, que celle-ci n'existe que par les moyens mis en œuvre (cass. civ. 3, 27 mars 2002) [2]. À cette solution, doit être opposée une solution inverse consacrée dans une espèce voisine : les gérants de station-service qui louent leurs locaux aux compagnies pétrolières sont réputés se limiter à servir la clientèle de la marque propriétaire des installations, jamais la leur. Plus généralement, semblable question se pose à propos des fonds installés dans l'enceinte d'une entreprise d'accueil [3]. Ainsi en est-il du restaurant dans une gare, du stand dans un grand magasin, de la buvette d'un champ de course. La réponse dépendra de la notoriété de ces commerçants, la jurisprudence ne retenant pas systématiquement comme négativement déterminante l'installation dans une enceinte plus vaste. À une forte notoriété correspondra une clientèle personnelle, à l'absence de notoriété, la négation d'une clientèle personnelle. Sous cet éclairage, la jurisprudence accorde la propriété commerciale au restaurant installé dans une gare, mais la refuse à la buvette installée dans un champ de course. En revanche, le groupement d'intérêt économique à objet commercial bénéficie des articles L. 145-1 et suivants, alors que son but est de développer la clientèle appartenant à ses seuls membres.

d. Conditions quant à l'exploitation du fonds

– L'exploitation du fonds doit être continue. La règle vise à écarter du statut les activités saisonnières [4]. Mais la maladie ou le décès de l'exploitant, pas plus que l'irrégularité du cycle économique, n'anéantissent le critère de continuité.

– Autre condition, le fonds doit avoir été exploité effectivement au cours des trois dernières années précédant le renouvellement. Que penser du commerçant qui changerait totalement d'activité, donc de clientèle, pendant cette période ? [5].

A-t-il droit au renouvellement ? Faut-il appliquer à ces faits les arguments de la solution du droit positif privant le bail de moins de deux ans de la propriété commerciale ?

2. Fixation et révision du loyer

Contrepartie financière à l'altération significative du droit de propriété du bailleur, le montant des loyers commerciaux est plus élevé que celui des

---

1. La jurisprudence n'a eu que très rarement à trancher un semblable litige, très certainement pour des raisons économiques : tant que le commerçant s'acquitte avec diligence du paiement de son loyer, le bailleur n'a aucune raison majeure de refuser le renouvellement du bail. D'autant que le renouvellement s'accompagne d'une augmentation du loyer. Voir cependant : Cass. civ. 3, 27 mars 2002 : JCP 2002, II, 112.
2. Avec l'arrêt Trevisan, la Cour de cassation « reconnait au franchisé la propriété d'une clientèle propre, qui existe grâce aux moyens mis en œuvre par ce dernier (ex : savoir-faire), distincte de celle du franchiseur, laquelle est essentiellement attirée par la notoriété de la marque de ce dernier ».
3. Dans ces circonstances, l'autonomie dans la gestion (horaires… etc.) n'est pas requise. Il n'est pas non plus exigé que la clientèle propre soit prépondérante comparée à celle de l'entité d'accueil. Il suffit de démontrer « que le locataire n'est pas soumis à des contraintes incompatibles avec le libre exercice de son activité ».
4. Même effectuée sur plusieurs saisons, la location saisonnière faite par un commerçant pour quelques semaines ou mois échappe au statut des baux commerciaux. En revanche, si le bail est continu, le statut s'applique.
5. Hypothèse de la despécialisation totale.

loyers civils. La logique économique est respectée. Le propriétaire des murs renonce à un droit complet au profit d'un rendement foncier supérieur. Examiner les mécanismes de la détermination du loyer commercial oblige à distinguer trois périodes : le premier loyer – la révision du loyer – le loyer du renouvellement.

a. Le premier loyer

La fixation du premier loyer est placée sous le signe de la liberté des parties. Le rapport de force entre offre et demande détermine le prix du marché.

La conclusion de la convention entre bailleur et preneur dépend très souvent de l'accord sur le loyer. En cas de désaccord, l'absence de consentement écrit entraîne l'impossibilité de recourir à la justice. La seule sanction pour les parties résidant alors dans l'absence même de contrat, signifiant, perte de revenus pour l'une et impossibilité d'exploiter la clientèle potentielle pour l'autre... sauf à signer avec un autre commerçant ou un autre bailleur.

Une fois le bail conclu, ce n'est que dans les hypothèses de loyers anormalement bas ou excessifs que la loi retrouverait son pouvoir d'appréciation. Particulièrement l'Administration fiscale pourrait requalifier le premier cas en libéralité [1], le second en distribution occulte de bénéfice. Surtout s'il s'avère que les deux parties ont un intérêt commun [2].

Parfois, avec le premier loyer, le bailleur exige un « pas-de-porte ». À aucun moment la loi n'évoque cette notion pourtant légalisée par la jurisprudence. La doctrine analyse cette pratique comme le versement d'une indemnité forfaitaire ou d'un supplément de loyer. La distinction est à rechercher dans les stipulations du bail. L'administration fiscale l'assimile à un complément de loyer soumis à taxation.

b. La révision du loyer

L'article L. 145-38 du code de commerce affirme que « *la demande en révision ne pourra être formée que trois ans au moins après la date d'entrée en jouissance du locataire* ». La révision est donc triennale et n'intervient qu'à la condition que le bailleur en fasse la demande expresse.

S'agissant du nouveau montant, l'article L. 145-38 du code de commerce tend à porter le loyer révisé à hauteur de la valeur locative, rien ne s'opposant à ce que la variation intervienne à la baisse.

À défaut d'accord entre les parties, l'article prévoit que la valeur locative est déterminée d'après :

- les caractéristiques du local considéré,
- la destination des lieux,
- les obligations respectives des parties,
- les facteurs locaux de commercialité,
- les prix couramment pratiqués dans le voisinage.

L'article L. 145-38 alinéa 3 du code de commerce ajoute que la majoration ou la diminution triennale de loyer ne peut excéder la variation de l'indice trimestriel du coût de la construction (ICC) [3] intervenue depuis la dernière fixation

1. On applique les conséquences de l'acte anormal de gestion. Sauf aux parties à démontrer un intérêt économique dans le prix.
2. Le bailleur et le preneur sont, par exemple, la même personne physique ou morale.
3. Ou, quand il est applicable, l'indice des loyers commerciaux (ICL : composé pour moitié de l'indice des prix à la consommation – 25 % de l'indice du coût de la construction – 25 % indice du CA du commerce de détail). Enfin, les loyers du secteur tertiaire devraient être indexés sur l'ILAT (indice trimestriel des loyers des activités tertiaires).

amiable ou judiciaire du loyer. Toutefois, ce même article écarte le plafonnement lorsqu'est faite « *la preuve d'une modification matérielle des facteurs locaux de commercialité ayant entraîné par elle-même une variation de plus de 10 % de la valeur locative* ». Plafonnement également écarté en cas de déspécialisation ou de sous-location.

Ni les investissements du locataire, ni les plus ou moins-values résultant de sa gestion pendant la durée du bail en cours ne seront pris en compte.

La révision du loyer peut faire l'objet d'une convention spécifique. Les parties ont la faculté d'opter pour l'application d'une clause d'échelle mobile prévue à l'article L. 145-39 du code de commerce, sous réserve de choisir un indice en conformité avec l'activité des parties. C'est ce qu'exigent les articles 79 et 14 des ordonnances du 30 décembre 1958 et 4 février 1959. Ainsi, les indexations moteurs de la clause d'échelle mobile doivent avoir un lien avec l'activité de l'une des parties [1]. L'intérêt d'une telle stipulation est d'autoriser la révision du loyer à l'intérieur des trois ans, chaque fois qu'elle provoque une augmentation ou une diminution de plus d'un quart du loyer précédent. Mais elle ne pourra, en aucun cas, impliquer un loyer supérieur à la valeur locative. Si tel était le résultat, une réduction serait pratiquée. Hormis cette limitation, elle n'est pas sujette à plafonnement.

Si la révision est légale, elle résulte toujours d'un formalisme. N'étant pas automatique, sa demande est laissée à l'initiative du bailleur, ou du preneur en cas de baisse, par voie d'huissier ou par lettre recommandée avec accusé de réception.

Dans l'hypothèse de conflit, le désaccord est porté devant le président du tribunal de grande instance du lieu de l'immeuble. Les parties doivent présenter un mémoire fixant leurs demandes que le juge complète souvent par l'intervention d'un expert. Le délai de prescription de l'action est fixé à deux ans.

c. Le loyer du renouvellement

Depuis le décret du 3 juillet 1972, le loyer du renouvellement n'est plus librement établi. Il est calculé en fonction de l'appréciation des éléments de la valeur locative sans pouvoir dépasser le résultat qu'aurait l'application de l'évolution de l'indice national du coût de la construction (art. L. 145-34) depuis la fixation du premier loyer. Ce plafonnement, qui rappelle celui de la révision, est écarté dans les cas suivants :

– bail de plus de neuf ans (mais inférieur à 18 ans),

– baux des terrains nus et des locaux à usage unique (hôtels – bureaux – garages),

– modification notable des éléments suivants : caractéristiques du local (situation, surface, importance de la ville, du quartier, de la rue – moyens de transport...) – destination des lieux – obligations des parties – facteurs locaux de commercialité [2].

Autre restriction, l'article L. 145-34 al. 2 prévoit un régime spécifique au cas où le renouvellement intervient à une date d'expiration postérieure à celle initialement prévue. Cette disposition est écartée lorsque, par l'effet d'une tacite reconduction, la durée du bail dépasse douze ans (L. 145-34 al. 3).

Le contentieux du plafonnement ou du déplafonnement doit être soumis à la commission départementale de conciliation créée par la loi du 5 janvier 1988

1. Variation du prix du ciment ou du sable pour les maçons – du blé pour les boulangers...
2. L. 145-34 al. 1 code du commerce renvoyant à l'article L. 145.33-1° à 4°.

(art. L. 145-35), sauf préférence des parties pour le tribunal [1]. Sa saisine, par lettre recommandée avec accusé de réception, oblige le tribunal éventuellement actionné à surseoir à statuer tant que son avis n'est pas rendu. Avis qu'elle doit formuler dans un délai de trois mois sous peine de dessaisissement.

3. La despécialisation

En droit civil, le locataire est tenu d'user de la chose louée conformément à la destination formulée par le bail. C'est ce qu'affirme l'article 1728 du code civil. Tout manquement aux stipulations du contrat entraîne la résiliation du bail, selon les termes de l'article 1729 du même code.

Les propriétaires de locaux destinés à la location commerciale ne manquaient pas d'exercer un contrôle sur leur bien, au travers des clauses concernant l'activité permise. D'une part, cela leur permettait d'affirmer un pouvoir de propriétaire affaibli par la « propriété commerciale », d'autre part, ils pouvaient maîtriser le degré de nuisance induit par l'activité commerciale précisée dans le bail. De telles clauses d'activité gênaient considérablement les commerçants. Elles ne leur permettaient pas de s'adapter aux évolutions économiques et pouvaient les mener à la ruine. La loi du 12 mai 1965 introduite dans l'ancien décret de 1953 (L. 145-1 et s. code de co) a remédié à cet inconvénient, en autorisant le commerçant à réorienter son entreprise vers des centres de profits nouveaux. En fonction de l'importance du redéploiement économique, il y aura déspécialisation partielle ou totale.

a. Despécialisation partielle

L'article L. 145-47 du code de commerce autorise le locataire à adjoindre à l'activité prévue au bail, des activités connexes ou complémentaires laissant subsister l'activité première. « *À cette fin, il doit faire connaître son intention au propriétaire par acte extrajudiciaire (acte d'huissier) en indiquant les activités dont l'exercice est envisagé* ». Le propriétaire dispose d'un délai de deux mois pour contester la déspécialisation partielle devant le tribunal de grande instance compétent. En réalité, lorsque les conditions du décret sont respectées, le propriétaire ne pourra s'y opposer. Son unique droit réside alors dans une probable augmentation de loyer lors de la première révision triennale suivant la notification de la déspécialisation, sous condition que celle-ci entraîne une modification de la valeur locative des locaux loués.

La loi ne dit rien à propos des tiers, en particulier des commerçants voisins. À défaut d'avoir conclu antérieurement avec le commerçant se réclamant de l'article L. 145-47 une convention régissant l'ensemble de leurs activités présentes et à venir, ceux-ci ne pourront ni s'opposer, ni réclamer réparation de la gêne provoquée par la nouvelle concurrence exercée du fait de la déspécialisation partielle. Que leur bailleur soit commun et soit débiteur vis-à-vis d'eux d'une clause de non-concurrence ne change rien à la solution : il n'a commis aucune faute dont il pourrait être tenu, ne pouvant s'opposer au changement.

Reste qu'il est délicat de définir la connexité ou la complémentarité d'une activité première. La Cour de cassation laisse cette question de fait au contrôle des juges du premier et second degrés de juridiction. La prépondérance de l'activité déspécialisée comparée à l'activité initiale importe peu. En revanche, les évolutions successives en matière de déspécialisation partielle seront

1. Il semble que pour la jurisprudence le recours à la commission soit facultatif. Les parties peuvent choisir de saisir directement le tribunal compétent.

toujours rapprochées de l'activité initiale pour analyse de leur connexité ou complémentarité, l'activité initiale devant subsister. La jurisprudence a ainsi estimé qu'il y avait connexité ou complémentarité entre la vente de livres et de disques, entre la vente de matériel électrique et de postes de radio-télévision… mais pas entre l'activité de café-bar et brasserie, entre restauration sans cuisson et avec cuisson.

b. Despécialisation totale

Sous condition de respecter la destination, les caractères et la situation de l'immeuble loué [1] ; de prouver que les conditions économiques et d'organisation l'imposent (conditions cumulatives : Cass. Civ. 24-1-2001) et de demander l'accord du bailleur par acte d'huissier, le locataire peut exercer une ou plusieurs activités différentes de celles prévues à l'origine du bail (art. L. 145-48).

Au cas de refus du bailleur pour motif grave et légitime [2], le commerçant demandeur a la faculté d'ester devant le tribunal de grande instance.

À la différence de la déspécialisation partielle, la déspécialisation totale peut respecter les droits des tiers. En effet, en cas de bailleur commun aux commerçants tiers et commerçants voulant se déspécialiser, les clauses de non-concurrence contenues dans les baux ont toute leur efficacité : elles peuvent annihiler la volonté de déspécialisation. Autre différence sensible, la modification du loyer, conséquence du changement d'activité, intervient immédiatement, sans attendre la révision triennale. Elle tend à mettre en adéquation le prix du bail avec la valeur locative. Le plafonnement n'y est pas prévu.

4. La sous-location et la cession

a. La sous-location

En principe, la sous-location pratiquée par le locataire principal est interdite. Cependant, les stipulations du bail peuvent la prévoir. L'article L. 145-31 du code de commerce précise « *qu'en cas de sous-location autorisée, le propriétaire-bailleur est appelé à concourir à l'acte* ». Le commerçant locataire doit formuler son intention de sous-louer par acte d'huissier ou lettre recommandée avec demande d'avis de réception.

Si, malgré l'existence d'une clause autorisant la sous-location, le bailleur refuse son accord ou omet de répondre, le locataire peut passer outre. Lorsque le loyer demandé au sous-locataire excède celui dû au titre du bail principal, le propriétaire-bailleur a la possibilité d'exiger de son preneur une augmentation de loyer équivalente au dépassement.

b. La cession

En droit civil, la cession du bail à un tiers ne peut se faire qu'avec l'accord du bailleur. Une nouvelle fois, les commerçants ne pouvaient se satisfaire d'une règle par trop rigide, d'autant que le droit au bail est un des éléments essentiels du fonds de commerce, surtout lors d'une transmission de ce dernier. Le régime de la cession du bail impose de distinguer la cession avec la globalité du fonds du commerce, de la cession isolée.

Cession du bail avec le fonds de commerce

L'article L. 145-16 du code de commerce dispose que « *sont nulles, quelle qu'en soit la forme, les conventions tendant à interdire au locataire de céder son bail à l'acquéreur de son fonds de commerce* ». La cession sans entrave du bail avec le

---

1. Un commerce de motocyclettes ne pourrait se substituer à un commerce de vêtements de mode dans un immeuble « bourgeois ».
2. Exemple : non respect de la destination de l'immeuble – clauses de non-concurrence.

fonds est la règle, sous condition d'être signifiée au bailleur par acte d'huissier. L'éventuelle clause d'agrément stipulée en faveur du bailleur est licite, son non-respect entraînant une possible résolution du bail. Ce régime libéral de cession n'est appliqué qu'en cas de continuation du commerce par l'acquéreur du fonds. À défaut, l'accord du bailleur est requis.

En présence d'une cession irrégulière, s'il est démontré que le bailleur « a connu et accepté sans équivoque la cession », elle lui sera opposable.

Cession isolée du droit au bail

Lorsque le commerçant titulaire du droit au bail le cède isolément, à la suite d'un déménagement de l'entreprise par exemple, l'accord du bailleur est exigé. En revanche, la transmission du droit au bail au moment d'une opération de fusion de sociétés ou d'apport partiel d'actif n'est pas soumise à autorisation.

Par prudence, cette cession doit s'effectuer plus de trois ans avant le terme du bail, sous peine pour le nouveau preneur de potentiellement se voir refuser le renouvellement pour durée d'exploitation insuffisante. L'avertissement résulte d'une (trop ?) stricte lecture de l'article L. 145-8 du code de commerce.

5. L'expiration du bail et le renouvellement

Exceptée l'action résolutoire [1] ou la mise en œuvre d'une clause résolutoire [2] prévue au contrat, le bail commercial se déroulera dans le temps et atteindra sa date d'expiration. À cet instant, le propriétaire des locaux proposera à son locataire de s'inscrire dans la logique du renouvellement prévue par l'ancien décret du 30 septembre 1953 ou, au contraire, s'en écartera.

a. Le renouvellement

Au terme du bail entrant dans le champ d'application du décret, le locataire a droit au renouvellement. Le renouvellement implique la conclusion immédiate d'un nouveau bail aux conditions antérieures, sauf en ce qui concerne le montant du loyer [3].

b. Le refus de renouveler

Le bail ne sera pas renouvelé dans deux séries de circonstances : sur motif légitime prévu par la loi, ou sur décision personnelle du bailleur. Six mois avant la fin du bail, le propriétaire doit manifester et motiver son intention par acte d'huissier.

Le refus légitime

Il n'est toléré que dans quelques circonstances exceptionnelles tirées de l'article L. 145-17 du code de commerce. :

– Motif grave ou légitime

À cette catégorie appartiennent, les cas de non-paiement de loyer, changement irrégulier de destination, travaux importants sans autorisation, inexploitation du fonds de commerce sans raisons sérieuses, voire de disputes graves avec violence à l'encontre du bailleur. La faute n'est sanctionnable qu'en cas de persistance, après une infructueuse mise en demeure par acte d'huissier de faire cesser le trouble.

– Immeuble insalubre ou dangereux (art. L. 145-17 code de commerce)

Sauf défaut d'entretien ou intention malicieuse de la part du bailleur, l'hypothèse d'immeuble insalubre ou menaçant de ruine, non seulement prive du

---

1. C. civ., art. 1184.
2. Article L. 145-41, c. com.
3. Voir le loyer du renouvellement : première partie, titre II, chap. 3-B2.

droit à renouvellement, mais n'implique aucunement le versement d'une indemnité au profit du locataire.

– *Reprise des locaux par le bailleur*

Les articles L 145-18, -22, -24 du code de commerce prévoient que le bailleur peut refuser le renouvellement du bail dans une série de cas.

– Exclusivement sur la partie concernant les locaux d'habitation accessoires des locaux commerciaux, pour les habiter lui-même ou sa famille, sous condition qu'il ne dispose pas d'une habitation correspondant aux mêmes besoins.

– Quand le propriétaire a obtenu le permis de construire un local d'habitation sur tout ou partie d'un terrain placé dans le champ d'application du décret.

– Enfin, en versant une indemnité, le bailleur a le droit de refuser le renouvellement pour construire ou reconstruire l'immeuble donné à bail.

Le refus pour convenances personnelles

Malgré l'objectif affiché par l'ancien décret de 1953, le bailleur a le droit absolu de refuser le renouvellement du bail (L. 145-14). Sa décision unilatérale a pour contrepartie le versement d'une indemnité d'éviction correspondant au préjudice supporté par le locataire. Cette situation étant souvent conflictuelle, l'indemnité sera déterminée par le juge du Tribunal de Grande Instance. En général, elle est équivalente à la perte du chiffre d'affaires, augmentée des frais de recherche d'un nouveau local et de déménagement. Sauf au bailleur à démontrer que la clientèle ayant suivi l'ex-locataire, l'indemnité doit être corrigée à la baisse.

Le bailleur dispose d'un droit de repentir de quinze jours à compter de la décision du juge fixant le montant de l'indemnité. Il peut revenir sur son refus et accepter le renouvellement.

C. Le nom commercial

Le nom commercial est l'appellation sous laquelle l'activité du commerce est exercée. Le commerçant, personne physique, choisit d'utiliser son nom de famille, ou un pseudonyme, solution quasi identique pour les sociétés (le nom devient la « raison sociale ». Contrairement au nom civil qui est indisponible [1], le nom commercial fait l'objet de conventions. Il est cessible avec ou sans le fonds de commerce, le commerçant pouvant même le louer (cas de la franchise).

Ayant un caractère patrimonial, le nom est protégé. Le commerçant saisira la justice au titre de l'action en concurrence déloyale en cas d'usurpation, sous condition de notoriété et de risque de trouble de clientèle (confusion). L'usurpation n'exige pas l'intention, seul le résultat est pris en considération [2].

Le nom commercial est également protégé des comportements parasitaires, comportements pourtant caractérisés par l'absence de confusion de la part de la clientèle.

D. Enseigne

L'enseigne est un code de consommation. Elle est destinée au consommateur afin que celui-ci repère immédiatement le commerçant dont il a besoin. Elle

1. Le nom de famille fait partie des droits extra-patrimoniaux et plus particulièrement des droits de la personnalité. Conséquence : il n'est pas dans le commerce (il n'est pas une chose objet de contrat).
2. Voir jurisprudence Nicolas, Cass. com., 18 avril 1958, D. 1959 - 87.

revêt différentes formes tel le nom « chez Madeleine », le lieu « Café de la Gare », en passant par la fantaisie « Foire Fouille ». Parfois un symbole ou un logo suffit. À condition d'être originale, sa protection utilisera une voie juridique similaire à la défense du nom commercial : l'action en concurrence déloyale.
La marque, qui désigne un produit, n'a pas la même fonction (une enseigne peut gérer plusieurs marques). La frontière devient moins évidente quand la marque est aussi une enseigne ou une raison sociale [1].

E. Droits de la propriété industrielle

La loi de mars 1909 (aujourd'hui l'article L. 142-2 code de commerce) classe dans cette catégorie les brevets d'invention, les marques de fabrique de commerce et de service, les dessins et les modèles. À l'instar de l'énumération faite par la loi à propos des éléments du fonds de commerce, la liste n'est pas définitive.
De nombreuses activités exigent une autorisation administrative spécifique pour fonctionner. Ainsi en est-il des licences de débits de boissons, arrêtés d'ouverture des centres d'accueil pour personnes du 4e âge, licences d'agences de voyages, fréquences radio… etc.
Ces droits, cessibles de fait, constituent souvent de véritables trésors économiques, voire des quasi-monopoles. Les entreprises les incluent dans la valeur de leur fonds [2] et entendent les protéger.
Toute atteinte à ces droits ouvre une action en concurrence déloyale, ou une action devant le pénal au titre de la contrefaçon quand il s'agit de protéger des marques, dessins et modèles.

§ 2. *Les éléments corporels*

Le droit appliqué aux éléments corporels est différent de celui des éléments incorporels. Le meuble corporel détermine l'existence d'une chose objet de droits réels, le droit réel par excellence étant la notion de propriété et ses démembrements [3]. En relation avec la notion de fonds de commerce, l'article L. 141-5 code de commerce considère deux groupes de meubles corporels : le matériel et outillage – les marchandises.

Matériel et outillage

Ces biens ne sont pas des actifs circulants. Ils sont inscrits à l'actif du bilan à un compte d'immobilisation. Ils participent à la réalisation de l'activité de l'entreprise.

Les marchandises

Ce sont les stocks destinés à être vendus, comptablement et économiquement désignés sur le vocable d'actif circulant. La nature de l'activité, ou l'objet social pour les sociétés, permet de les distinguer des immobilisations [4].

---

1. Exemple : « Isorel » = appellation d'un produit et raison sociale d'une société.
2. Quand ils ne représentent pas toute la valeur du fonds, exemple : les fréquences radio.
3. *Usus*- abus, *fructus* (usufruit = *usus* + *fructus*).
4. Exemple : les automobiles sont classées en immobilisation pour la plupart des entreprises et en stocks pour un constructeur ou un concessionnaire d'automobiles.

Section III - Le nantissement du fonds de commerce

Le fonds de commerce est un meuble original, en particulier, disposant d'une certaine stabilité, il ne peut circuler aussi facilement qu'un meuble ordinaire. Pour ces raisons, le législateur lui accorde le bénéfice du nantissement.

Le nantissement est une sûreté qui permet au créancier de s'assurer de la bonne fin de sa créance, la valeur du fonds étant dévolue à son paiement. En proposant cette garantie, le commerçant obtient plus facilement les crédits nécessaires à son développement.

Si le nantissement du fonds de commerce se rapproche de la technique du gage sans dépossession, en réalité il serait le pendant de l'hypothèque des immeubles. C'est l'article L. 142-1 code de commerce qui autorise ce rapprochement puisqu'il l'a organisé en véritable hypothèque mobilière si l'on considère les formes de publicité. Exceptées les marchandises et les créances, tous les autres éléments du fonds de commerce tombent dans l'assiette de la sûreté.

Les créanciers nantis disposent de droits équivalents à ceux du cédant [1] du fonds, diminués de l'action résolutoire [2].

– droit de préférence : être payé avant tous les autres créanciers.

– droit de suite : droit de faire vendre le fonds et d'être payé, que le fonds soit entre les mains du cessionnaire ou d'un acquéreur ou sous-acquéreur de celui-ci.

À peine de nullité, un écrit est exigé et dans un délai de quinze jours une inscription de nantissement doit être portée sur un registre au greffe du tribunal de commerce (art. L. 142-4 code de commerce).

À défaut d'accord avec le commerçant concernant un nantissement conventionnel, un créancier estimant que sa créance est en danger peut demander au président du tribunal de commerce le bénéfice d'un nantissement judiciaire.

Très prisé des créanciers, le nantissement propose en réalité une garantie médiocre. D'une part, la mise en œuvre de la sûreté signifie que le fonds connaît des difficultés, dans ces conditions sa valeur est très souvent voisine de zéro, d'autre part, le rang du nantissement est inférieur au privilège du Trésor public et, à certaines conditions [3], au super privilège des salaires. In fine, reste pour le créancier la satisfaction de la sécurité psychologique.

Section IV - La location-gérance du fonds de commerce

Très peu pratiquée, soumise aux articles L. 144-1 et s. du code du commerce, la location-gérance a une utilité dans quelques rares cas :

– décès du commerçant avec des héritiers mineurs (attendre qu'ils soient majeurs),

– reprise d'entreprises en difficulté (tentative de sauvegarde ou de redressement),

1. Cédant : vendeur.
Cessionnaire : acquéreur.

2. Action résolutoire : effacement rétroactif des obligations résultant d'un contrat synallagmatique pour cause d'inexécution par l'une des parties de ses engagements. À la différence de la nullité qui sanctionne une irrégularité de formation du contrat, la résolution sanctionne un défaut d'exécution.

3. Redressement judiciaire.

– commerçant sans successeurs familiaux désirant transmettre l'entreprise à son fidèle et compétent second (lui louer le fonds le temps qu'il s'enrichisse et puisse acquérir).

Cette technique opère un démembrement entre propriété et exploitation. Le commerçant loueur reste propriétaire de son fonds, le commerçant locataire disposant du seul pouvoir de direction-exploitation.

Ne pas confondre le statut de ce dernier, avec la gérance-salarié qui dispose du pouvoir de direction mais pas de celui d'exploiter pour son propre compte. La location-gérance est commerciale à l'encontre du preneur. Elle ne l'est à l'égard du bailleur qu'à la condition que celui-ci exploitait le fonds au moment de la signature du contrat. Ce contrat s'analyse en un louage de chose.

Une fois la convention conclue, le loueur n'a plus la qualité de commerçant du fait de l'absence de réalisation d'actes de commerce professionnels et devrait se faire radier du registre du commerce. [1]

§ 1. *Conditions de forme*

– Un écrit soumis à TVA,
– une publicité dans un journal d'annonces légales (délai de 15 jours),
– une inscription au registre du commerce du preneur (délai de 15 jours) et mention au Bulletin Officiel des Annonces Commerciales (BODAC).

La publicité effectuée, le bailleur reste tenu des dettes contractées par le locataire pendant un délai légal de six mois. Le non-respect des formalités de publicité le rend « solidairement responsable avec le locataire-gérant des dettes contractées par celui-ci à l'occasion de l'exploitation du fonds » pendant toute la durée de la période de négligence, augmentée de six mois.

§ 2. *Conditions de fonds*

Le bailleur doit avoir exploité le fonds mis en location pendant au moins deux ans (art. L. 144-3 code de commerce).

Sous certaines justifications, il peut demander au président du tribunal de grande instance l'exonération de ce délai ou sa réduction (L. 144-4).

Le bailleur ne doit pas avoir été condamné à des peines décrites par la loi du 30 août 1947 (moralisation de la profession de commerçant) aujourd'hui article L. 128-1 du code de commerce.

§ 3. *Effets entre les parties*

Le locataire-gérant doit : payer les loyers – ne pas céder le fonds – continuer les contrats de travail – disposer des stocks – exploiter le fonds.

Le bailleur doit : ne pas faire concurrence au gérant – lui remettre le fonds et garantir une jouissance paisible.

§ 4. *Fin de la location-gérance*

Le terme est celui prévu au contrat (ou décès du gérant).

Le locataire n'a droit ni au renouvellement ni à indemnités.

Les dettes du locataire-gérant deviennent exigibles de plein droit (art. L. 144-9).

---

1. Rappel : malgré la radiation, l'acte de location du fonds de commerce reçoit la qualification d'acte de commerce dans le cas où le loueur a exploité le fonds.

Le gérant restitue le fonds tel qu'il l'a trouvé, augmenté de la nouvelle clientèle. Compte tenu de son statut, la location-gérance n'offre que peu d'intérêt, hormis les quelques cas cités.

Section V - La cession du fonds de commerce

Céder ou acquérir un fonds de commerce est une opération très complexe et pleine de risques. Risque pour le vendeur d'être incomplètement payé, risque pour l'acquéreur de voir la clientèle se détourner du fonds.
Pour les tiers, la situation n'est pas plus confortable. Le fonds n'étant pas un patrimoine, même autonome sous le régime de l'EIRL (simple « affectation ») leurs créances (et dettes) n'accompagnent pas la cession puisqu'elles restent attachées au patrimoine « premier » du cédant. Ceci sauf stipulation conventionnelle contraire. Concrètement, les tiers concernés restent par principe les créanciers du cédant.
Pour pallier ces difficultés, le législateur a opté pour une procédure de cession stricte, tendant à protéger les intérêts de tous. Ce sont les lois du 17 mars 1909 et du 29 juin 1935 qui en réglementent la matière (articles L. 141-1 et s.). La cession du fonds de commerce déterminant un acte de commerce par accessoire, tout conflit portant sur ses conditions ou son exécution est de la compétence de la juridiction consulaire. Le mode de preuve est celui prévu à l'article L. 110-3 code de commerce.
Enfin, la minutie des règles de cession du fonds de commerce ne s'applique pas aux fonds d'artisan ; ce fonds étant cédé élément par élément.

§ 1. *Conditions de fonds*

– La cession du fonds étant un acte de commerce par accessoire, l'intéressé doit avoir les capacités nécessaires au commerce. Depuis la loi du 14/12/1964 et, *a fortiori*, les derniers textes appliqués à la commercialité du mineur, celui-ci peut réaliser cet acte sous contrôle du juge des tutelles ou du conseil de famille. À noter que la théorie de l'acte de commerce par accessoire est difficilement applicable à l'héritier vendeur non-commerçant (à l'identique pour le mineur). Il faut en conclure que, dans ces circonstances, la vente revêt un caractère civil.
– La cession du fonds appartenant à la communauté exige le consentement des deux époux.
– Les règles de cession s'appliquent à condition que l'objet de la convention porte sur les éléments déterminants du fonds, ceux nécessaires au maintien de la clientèle. En dehors de cette situation, une cession portant uniquement sur l'un des éléments quelconques du fonds n'entraîne pas application des articles 141-1 et suivants. Dans ce cas, la règle est en principe celle de la vente en général. Cette solution pourrait tenter le commerçant d'effectuer, non pas une cession globale, mais une cession élément par élément, afin de se soustraire aux contraintes des lois commerciales et fiscales appliquées à la vente du fonds de commerce.
Un tel comportement caractérise un abus de droit conduisant à une requalification unitaire de la chaîne de contrat. Le juge recherchant quelle volonté a dicté l'opération, puisque aucun texte n'énumère les éléments obligatoirement compris dans la notion de fonds.
– La mise en œuvre des vices du consentement est plus largement admise qu'en droit civil. La solution tient à la nature mobilière du fonds. La jurisprudence

admet facilement que l'erreur sur l'importance de la clientèle implique une erreur sur les qualités substantielles de la chose, objet de l'acte [1].

– Le prix déterminé dans la convention doit être sérieux, réel et sincère. Sa dissimulation est sanctionnée par l'article 1840 du code général des impôts : « *est nulle et de nul effet toute contre-lettre ayant pour objet une augmentation du prix stipulé dans le traité* ». L'acte apparent reste valable [2].

Très souvent l'acquéreur ne paie pas comptant. Le vendeur ne peut bénéficier du privilège du vendeur qu'à la condition d'établir un prix distinct pour les éléments incorporels, le matériel et les marchandises [3].

Cette règle tient au fait que le privilège est censé porter sur les éléments les plus importants (art. L. 141-5 code de commerce). Le privilège du vendeur qui garantit le prix de ces éléments, ou ce qui en reste dû, s'exerce distinctement sur les prix respectifs de la revente des marchandises, du matériel et des éléments incorporels du fonds. La règle explique le rendement médiocre du privilège. En cas de vente aux enchères, il existe de fortes probabilités pour que les éléments incorporels, telle la clientèle, n'aient plus aucune valeur. Le paiement partiel de l'acquéreur étant imputé dans l'ordre du classement, le vendeur ne récupère pratiquement rien sur les marchandises et le matériel (il a déjà reçu une somme de l'acquéreur). Sur les éléments incorporels au titre desquels il devrait percevoir beaucoup (en fait le solde du prix), il reçoit très peu puisque ces éléments ont certainement perdu toute valeur.

Exemple : un fonds est vendu 100 000 € selon la répartition suivante :

marchandises :	20 000 €
matériel :	30 000 €
éléments incorporels :	50 000 €
Total :	100 000 €

Dans une hypothèse où le fonds est payable par crédit-vendeur en dix fois, après avoir reçu 25 000 €, le vendeur ne perçoit plus rien du fait de la liquidation de l'acquéreur. Vendus aux enchères, les différents éléments du fonds rapportent :

marchandises :	25 000 €
matériel :	30 000 €
éléments incorporels :	20 000 €
Total :	75 000 €

Régime du privilège

Sur les 25 000 € reçus de l'acheteur, 20 000 € sont imputés sur les marchandises, le solde, 5 000 €, sur le matériel. Le privilège sur les marchandises est donc totalement éteint, celui sur le matériel l'est à hauteur de 5 000 €.

Comparé à la vente judiciaire, le privilège sur les marchandises ne rapportera rien puisqu'éteint. Le privilège sur le matériel rapportera le solde soit 25 000 €. Le privilège sur les éléments incorporels ne jouera qu'à hauteur de 20 000 € alors qu'il est normalement de 50 000 €.

Au total le vendeur perçoit : 25 000 € + 20 000 € = 45 000 € alors que la vente judiciaire a rapportée 75 000 €. Le solde non payé de sa créance est chirographaire.

Finalement le vendeur aura reçu 25 000 € comptant augmentés des 45 000 € de la vente forcée, soit un total de 70 000 € pour un prix de vente de 100 000 €.

1. En droit civil, l'erreur sur la valeur n'entre pas dans la constitution du vice d'erreur.
2. L'acquéreur ayant acquitté la partie du prix dissimulé peut-il le réclamer après le prononcé de la nullité de l'acte secret ? Preuve de son versement ? Peut-il se voir opposer « nul ne peut se prévaloir de sa propre turpitude » ?
3. La clientèle est toujours comprise dans le prix de la cession.

§ 2. *Conditions de forme*

Les conditions de forme sont très strictes. Leur but est de fournir le maximum d'informations concernant le fonds. Ceci afin que les parties puissent avoir une idée objective de ce qu'elles vendent et achètent.
L'acte écrit doit contenir les mentions suivantes (article L. 141-1) :
– origine du fonds avec le nom du précédent vendeur, la date et la nature de l'acte d'acquisition, son prix,
– l'état des privilèges et nantissement,
– le chiffre d'affaires des trois derniers exercices et le bénéfice dégagé,
– la date et la durée du bail [1].
L'omission de ces informations capitales peut entraîner la nullité de la convention, sous condition d'exercer le recours devant le juge dans l'année de la vente. Cette nullité est facultative. Le juge examine et apprécie la portée de l'omission. Il faut qu'elle entraîne une erreur de l'acheteur [2] pour impliquer la sanction suprême. Seul celui-ci a le droit d'ester en justice.
L'inexactitude des mentions ouvre à l'acquéreur la protection de la loi. Principalement, il agira au titre de l'action en garantie, avec demande d'une restitution du prix contre la chose, ou d'une diminution de prix [3]. L'action est alors intentée au titre des vices cachés dans le délai d'un an à compter de l'entrée en possession du fonds (art. L. 141-3). Subsidiairement, l'action en garantie sera motivée par les manœuvres [4] dont se serait rendu coupable le vendeur. Régie par le droit commun, l'action bénéficierait du délai légal de prescription de cinq ans.
L'acte portant cession du fonds doit être soumis à publicité. La protection des tiers-créanciers l'exige :
– publication dans un journal d'annonces légales dans un délai de quinze jours,
– publicité au BODAC dans le délai de quinze jours suivant la première publication,
– l'acquéreur doit s'immatriculer au registre du commerce dans un délai de quinze jours à compter du début de son activité commerciale (art 7 décret 30 mai 1984) et le vendeur doit procéder à sa radiation du même registre dans un délai d'un mois à compter de l'acte de cession (art 13 décret 30 mai 1984).
Le défaut des formalités de publicité a pour effet de rendre le paiement du prix inopposable aux créanciers du vendeur (art. L. 141-17).

§ 3. *Effets de la cession*

A. Obligations du vendeur

Le vendeur doit livrer le fonds vendu et s'astreindre à ne pas le concurrencer. La clause de non-concurrence est légale, mais les parties préfèrent adjoindre à l'acte de cession une clause spécifique l'organisant. Le cédant est également tenu d'une garantie contre les vices cachés.

1. La mention du montant du loyer n'est pas une obligation.
2. Ce régime est dérogatoire comparé à celui de la nullité relative.
3. Article 1644 et 1645, code civil.
4. Dol.

B. Garanties du vendeur

Le cédant du fonds de commerce est rarement payé comptant. La loi du 1909 lui octroie des garanties afin de le protéger d'une éventuelle insolvabilité de son débiteur.

Privilège du vendeur

À peine de nullité, dans la quinzaine de la date de l'acte de vente, le vendeur doit inscrire son privilège [1] au greffe du tribunal de commerce du lieu du fonds. Cette inscription est valable dix ans renouvelables. Le privilège confère le droit de préférence et le droit de suite.

Action résolutoire

Le vendeur peut préférer récupérer son fonds. L'action résolutoire permet, contre restitution du prix déjà reçu, de reprendre la chose. Elle n'est autorisée qu'à condition que les formalités de publicité du privilège du vendeur de fonds de commerce soient effectuées et qu'elle ait été expressément stipulée. Le privilège en disparaissant entraîne avec lui la chute de l'action résolutoire.

C. Obligations de l'acquéreur

Au principal, l'acheteur doit payer le prix. Ses autres obligations sont décrites dans la convention de cession du fonds, exceptée la continuation des contrats de travail qui résulte de la loi (art. 112.12 code du travail).

D. Droits des créanciers du vendeur

Les créanciers bénéficient d'un droit d'opposition et de surenchère.

Droit d'opposition (art. L. 141-14)

Dans un délai de dix jours après la publication de la cession au BODAC, les créanciers peuvent faire opposition par acte d'huissier auprès de l'acheteur ou du séquestre désigné à l'acte. Lorsque l'opposition est justifiée, le créancier sera payé directement par le cessionnaire ou le séquestre. En cas d'opposition injustifiée, le vendeur peut demander au président du tribunal de grande instance d'en effectuer la mainlevée.

Droit de surenchère

Ce droit tend à protéger les créanciers d'une vente à bas prix ou d'une dissimulation de prix, leur crainte étant que le vendeur ne puisse alors honorer ses dettes. À condition d'agir dans un délai maximum de vingt jours après la publicité au BODAC, le ou les créanciers peuvent proposer de surenchérir du sixième. Le fonds est mis aux enchères avec pour proposition de départ le prix déclaré à la cession augmenté de un sixième. Si personne ne surenchérit, le ou les créanciers deviendront propriétaires du fonds. Les créanciers utilisent très rarement cette action.

Information – Réflexion – Questions

Information

– L'omission d'informations d'usage courant dans une profession mais non exigée par la loi ne constitue pas un vice caché permettant de sanctionner le vendeur du fonds.

– Les règles de la cession du fonds de commerce ne s'appliquent pas à la cession de droits sociaux, excepté lorsque la cession des droits sociaux a pour but d'éluder les règles de la vente du fonds ou en présence d'une transmission massive de parts sociales assimilée à la cession du fonds (cas d'une société dont l'unique activité est l'exploitation d'un fonds de commerce).

---

1. Article L. 145-1 al. 1, code de commerce.

– La cession d'une concession de franchisage est assimilée à la cession d'un fonds de commerce.
– Indiquer sur l'acte de cession du fonds le montant des bénéfices fiscaux au lieu et place des bénéfices réels constitue une inexactitude et non une omission. Ainsi l'action en annulation de la vente n'est pas ouverte, seule reste possible l'action en garantie.

Réflexion

– Quel est le rôle de la clientèle dans la notion de fonds de commerce ?
– Quelle est la raison de l'importance des éléments incorporels du fonds comparés au éléments corporels ?
– Expliquez la nature juridique du fonds de commerce. Justifie-t-elle l'exclusion des immeubles de la composition du fonds ?

Questions

– Différences entre :
- *incapacité et interdiction de faire du commerce,*
- *incompatibilité et interdiction de faire du commerce.*

– Un étranger peut-il devenir librement commerçant ?
– Que savez-vous de la présomption de la qualité de commerçant ?
– Qu'est-ce qu'un commerçant de fait ?
– Statut de l'artisan.
– Quelles différences entre un acte réalisé par un artisan et un acte accompli par un commerçant ?
– La destination de l'immeuble en matière de bail commercial.
– Quelles sont les conditions d'application des articles L. 145-1 et s. ?
– Quels sont les baux qui n'entrent pas dans le domaine d'application des articles L. 145-1 et s. ?
– Qu'est-ce qu'une convention d'occupation précaire ?
– Quels sont les motifs de non-renouvellement du bail commercial ?
– Qu'est-ce qu'une clause d'échelle mobile ?
– Définissez la notion de valeur locative.
– Une « baraque foraine » bénéficie-t-elle des articles L. 145-1 et s. ?
– Un terrain de camping ?
– Un artisan peut-il bénéficier du décret de 1953 ? (L. 145-1 et s.)
– Différences entre déspécialisation totale et partielle ?
– Quelle est la nature juridique du fonds de commerce ?
– Quelle est la nature juridique de la cession du fonds de commerce ?
– Quel est le régime de la cession de clientèle ?
– La cession du fonds de commerce répond-elle à des conditions légales ?
– Relevez des cas de nullité de la cession du fonds de commerce.
– Qu'est-ce que le nantissement du fonds de commerce ?
– Location du local servant à l'exploitation du fonds et location-gérance du fonds répondent-elles au même régime juridique ?

Annexe 1
Textes législatifs

I - Code civil

Article 1202

La solidarité ne se présume point ; il faut qu'elle soit expressément stipulée.
Cette règle ne cesse que dans les cas où la solidarité a lieu de plein droit, en vertu d'une disposition de la loi.

Article 1341

(Loi n° 80-525 du 12 juillet 1980 Journal Officiel du 13 juillet 1980)
Il doit être passé acte devant notaires ou sous signatures privées de toutes choses excédant une somme ou une valeur fixée par décret, même pour dépôts volontaires, et il n'est reçu aucune preuve par témoins contre et outre le contenu aux actes, ni sur ce qui serait allégué avoir été dit avant, lors ou depuis les actes, encore qu'il s'agisse d'une somme ou valeur moindre.
Le tout sans préjudice de ce qui est prescrit dans les lois relatives au commerce.

Article 1382

Tout fait quelconque de l'homme, qui cause à autrui un dommage, oblige celui par la faute duquel il est arrivé, à le réparer.

Article 1832-1

(Loi n° 82-596 du 10 juillet 1982 art. 12 Journal Officiel du 13 juillet 1982)
(Loi n° 85-1372 du 23 décembre 1985 art. 50 Journal Officiel du 26 décembre 1985 en vigueur le 1er juillet 1986)
Même s'ils n'emploient que des biens de communauté pour les apports à une société ou pour l'acquisition de parts sociales, deux époux seuls ou avec d'autres personnes peuvent être associés dans une même société et participer ensemble ou non à la gestion sociale.
Les avantages et libéralités résultant d'un contrat de société entre époux ne peuvent être annulés parce qu'ils constitueraient des donations déguisées, lorsque les conditions en ont été réglées par un acte authentique.

Article 2060

(Loi n° 72-626 du 5 juillet 1972)
(Loi n° 75-596 du 9 juillet 1975 Journal Officiel du 10 juillet 1975)
On ne peut compromettre sur les questions d'état et de capacité des personnes, sur celles relatives au divorce et à la séparation de corps ou sur les contestations

intéressant les collectivités publiques et les établissements publics et plus généralement dans toutes les matières qui intéressent l'ordre public.
Toutefois, des catégories d'établissements publics à caractère industriel et commercial peuvent être autorisées par décret à compromettre.

Article 2061

(Loi n° 2001-420 du 15 mai 2001 art. 126 Journal Officiel du 16 mai 2001)
Sous réserve des dispositions législatives particulières, la clause compromissoire est valable dans les contrats conclus à raison d'une activité professionnelle.

II - Code de commerce

Article L. 110-1

La loi répute actes de commerce :
1° Tout achat de biens meubles pour les revendre, soit en nature, soit après les avoir travaillés et mis en œuvre.
2° Tout achat de biens immeubles aux fins de les revendre, à moins que l'acquéreur n'ait agi en vue d'édifier un ou plusieurs bâtiments et de les vendre en bloc ou par locaux.
3° Toutes opérations d'intermédiaire pour l'achat, la souscription ou la vente d'immeubles, de fonds de commerce, d'actions ou parts de sociétés immobilières.
4° Toute entreprise de location de meubles.
5° Toute entreprise de manufactures, de commission, de transport par terre ou par eau.
6° Toute entreprise de fournitures, d'agence, bureaux d'affaires, établissements de ventes à l'encan, de spectacles publics.
7° Toute opération de change, banque et courtage.
8° Toutes les opérations de banques publiques.
9° Toutes obligations entre négociants, marchands et banquiers.
10° Entre toutes personnes, les lettres de change.

Article L. 110-3

À l'égard des commerçants, les actes de commerce peuvent se prouver par tous moyens à moins qu'il n'en soit autrement disposé par la loi.

Article L. 110-4

I. Les obligations nées à l'occasion de leur commerce entre commerçants ou entre commerçants et non-commerçants se prescrivent par dix ans si elles ne sont pas soumises à des prescriptions spéciales plus courtes.
II. Sont prescrites toutes actions en paiement :
1° Pour nourriture fournie aux matelots par l'ordre du capitaine, un an après la livraison.
2° Pour fourniture de matériaux et autres choses nécessaires aux constructions, équipements et avitaillements du navire, un an après ces fournitures faites.
3° Pour ouvrages faits, un an après la réception des ouvrages.

III. Les actions en paiement des salaires des officiers, matelots et autres membres de l'équipage se prescrivent par cinq ans conformément à l'article 2277 du code civil.

Article L. 121-1

Sont commerçants ceux qui exercent des actes de commerce et en font leur profession habituelle.

Article L. 121-3

Le conjoint d'un commerçant n'est réputé lui-même commerçant que s'il exerce une activité commerciale séparée de celle de son époux.

Article L. 121-4

I. Le conjoint du chef d'une entreprise artisanale ou commerciale peut y exercer son activité professionnelle, notamment en qualité de :
1° Conjoint collaborateur mentionné au registre du commerce et des sociétés, au répertoire des métiers ou au registre des entreprises tenu par les chambres de métiers d'Alsace et de Moselle.
2° Conjoint salarié.
3° Conjoint associé.
II. Ses droits et obligations professionnels et sociaux en résultent.

Article L. 121-6

Le conjoint collaborateur, lorsqu'il est mentionné au registre du commerce et des sociétés, au répertoire des métiers ou au registre des entreprises tenu par les chambres de métiers d'Alsace et de Moselle est réputé avoir reçu du chef d'entreprise le mandat d'accomplir au nom de ce dernier les actes d'administration concernant les besoins de l'entreprise.
Par déclaration faite devant notaire, à peine de nullité, chaque époux a la faculté de mettre fin à la présomption de mandat, son conjoint présent ou dûment appelé. La déclaration notariée a effet, à l'égard des tiers, trois mois après que mention en aura été portée au registre du commerce et des sociétés, au répertoire des métiers ou au registre des entreprises tenu par les chambres de métiers d'Alsace et de Moselle. En l'absence de cette mention, elle n'est opposable aux tiers que s'il est établi que ceux-ci en ont eu connaissance.
La présomption de mandat cesse également de plein droit en cas d'absence présumée de l'un des époux, de séparation de corps ou de séparation de biens judiciaire, de même que lorsque les conditions prévues au premier alinéa ci-dessus ne sont plus remplies.

Article L. 123-3

Faute par un commerçant personne physique de requérir son immatriculation dans le délai prescrit, le juge commis soit d'office, soit à la requête du procureur de la République ou de toute personne justifiant y avoir intérêt, rend une ordonnance lui enjoignant de demander son immatriculation.
Dans les mêmes conditions, le juge peut enjoindre à toute personne immatriculée au registre du commerce et des sociétés qui ne les aurait pas requises dans les délais prescrits, de faire procéder soit aux mentions complémentaires ou

rectifications qu'elle doit y faire porter, soit aux mentions ou rectifications nécessaires en cas de déclarations inexactes ou incomplètes, soit à la radiation.
Le greffier d'une juridiction qui rend une décision impliquant l'obligation pour une personne de s'immatriculer doit notifier cette décision au greffier du tribunal de commerce dans le ressort duquel l'intéressé a son siège ou son établissement principal. Le greffier du tribunal de commerce destinataire de la décision saisit le juge commis à la surveillance du registre.

Article L. 123-7

L'immatriculation d'une personne physique emporte présomption de la qualité de commerçant. Toutefois, cette présomption n'est pas opposable aux tiers et administrations qui apportent la preuve contraire. Les tiers et administrations ne sont pas admis à se prévaloir de la présomption s'ils savaient que la personne immatriculée n'était pas commerçante.

Article L. 123-8

La personne assujettie à immatriculation qui n'a pas requis cette dernière à l'expiration d'un délai de quinze jours à compter du commencement de son activité, ne peut se prévaloir, jusqu'à immatriculation, de la qualité de commerçant tant à l'égard des tiers que des administrations publiques. Toutefois, elle ne peut invoquer son défaut d'inscription au registre pour se soustraire aux responsabilités et aux obligations inhérentes à cette qualité.
Sans préjudice de l'application de l'article L. 144-7, le commerçant inscrit qui cède son fonds ou qui en concède l'exploitation notamment sous forme de location-gérance ne peut opposer la cessation de son activité commerciale, pour se soustraire aux actions en responsabilité dont il est l'objet du fait des obligations contractées par son successeur dans l'exploitation du fonds, qu'à partir du jour où a été opérée la radiation ou la mention correspondante.

Article L.141-1

I. Dans tout acte constatant une cession amiable de fonds de commerce, consentie même sous condition et sous la forme d'un autre contrat ou l'apport en société d'un fonds de commerce, le vendeur est tenu d'énoncer :
1° Le nom du précédent vendeur, la date et la nature de son acte d'acquisition et le prix de cette acquisition pour les éléments incorporels, les marchandises et le matériel.
2° L'état des privilèges et nantissements grevant le fonds.
3° Le chiffre d'affaires qu'il a réalisé au cours de chacune des trois dernières années d'exploitation, ou depuis son acquisition s'il ne l'a pas exploité depuis plus de trois ans.
4° Les bénéfices commerciaux réalisés pendant le même temps.
5° Le bail, sa date, sa durée, le nom et l'adresse du bailleur et du cédant, s'il y a lieu.
II. L'omission des énonciations ci-dessus prescrites peut, sur la demande de l'acquéreur formée dans l'année, entraîner la nullité de l'acte de vente.

Article L. 141-3

Le vendeur est, nonobstant toute stipulation contraire, tenu de la garantie à raison de l'inexactitude de ses énonciations dans les conditions édictées par les articles 1644 et 1645 du code civil.
Les intermédiaires, rédacteurs des actes et leurs préposés, sont tenus solidairement avec lui s'ils connaissent l'inexactitude des énonciations faites.

Article L. 141-5

Le privilège du vendeur d'un fonds de commerce n'a lieu que si la vente a été constatée par un acte authentique ou sous seing privé, dûment enregistré, et que s'il a été inscrit sur un registre public tenu au greffe du tribunal de commerce dans le ressort duquel le fonds est exploité.
Il ne porte que sur les éléments du fonds énumérés dans la vente et dans l'inscription, et à défaut de désignation précise, que sur l'enseigne et le nom commercial, le droit au bail, la clientèle et l'achalandage.
Des prix distincts sont établis pour les éléments incorporels du fonds, le matériel et les marchandises.
Le privilège du vendeur qui garantit chacun de ces prix, ou ce qui en reste dû, s'exerce distinctement sur les prix respectifs de la revente afférents aux marchandises, au matériel et aux éléments incorporels du fonds.
Nonobstant toute convention contraire, les paiements partiels autres que les paiements comptants s'imputent d'abord sur le prix des marchandises, ensuite sur le prix du matériel.
Il y a lieu à ventilation du prix de revente mis en distribution, s'il s'applique à un ou plusieurs éléments non compris dans la première vente.

Article L. 141-14

Dans les dix jours suivant la dernière en date des publications visées à l'article L. 141-13, tout créancier du précédent propriétaire, que sa créance soit ou non exigible, peut former au domicile élu, par simple acte extrajudiciaire, opposition au paiement du prix. L'opposition, à peine de nullité, énonce le chiffre et les causes de la créance et contient une élection de domicile dans le ressort de la situation du fonds. Le bailleur ne peut former opposition pour loyers en cours ou à échoir, et ce, nonobstant toutes stipulations contraires. Aucun transport amiable ou judiciaire du prix ou de partie du prix n'est opposable aux créanciers qui se sont ainsi fait connaître dans ce délai.

Article L. 141-17

L'acquéreur qui paie son vendeur sans avoir fait les publications dans les formes prescrites, ou avant l'expiration du délai de dix jours, n'est pas libéré à l'égard des tiers.

Article L. 142-1

Les fonds de commerce peuvent faire l'objet de nantissements, sans autres conditions et formalités que celles prescrites par le présent chapitre et le chapitre III ci-après.
Le nantissement d'un fonds de commerce ne donne pas au créancier gagiste le droit de se faire attribuer le fonds en paiement et jusqu'à due concurrence.

Article L. 142-2

Sont seuls susceptibles d'être compris dans le nantissement soumis aux dispositions du présent chapitre comme faisant partie d'un fonds de commerce : l'enseigne et le nom commercial, le droit au bail, la clientèle et l'achalandage, le mobilier commercial, le matériel ou l'outillage servant à l'exploitation du fonds, les brevets d'invention, les licences, les marques, les dessins et modèles industriels, et généralement les droits de propriété intellectuelle qui y sont attachés.
Le certificat d'addition postérieur au nantissement qui comprend le brevet auquel il s'applique suit le sort de ce brevet et fait partie, comme lui, du gage constitué.
À défaut de désignation expresse et précise dans l'acte qui le constitue, le nantissement ne comprend que l'enseigne et le nom commercial, le droit au bail, la clientèle et l'achalandage.
Si le nantissement porte sur un fonds de commerce et ses succursales, celles-ci doivent être désignées par l'indication précise de leur siège.

Article L. 142-4

L'inscription doit être prise, à peine de nullité du nantissement, dans la quinzaine de la date de l'acte constitutif.
En cas de redressement ou de liquidation judiciaires, les articles L. 621-107 à L. 621-110 sont applicables aux nantissements de fonds de commerce.

Article L. 144-3

Les personnes physiques ou morales qui concèdent une location-gérance doivent avoir été commerçants ou avoir été immatriculés au répertoire des métiers pendant sept années ou avoir exercé pendant une durée équivalente les fonctions de gérant ou de directeur commercial ou technique et avoir exploité pendant deux années au moins le fonds ou l'établissement artisanal mis en gérance.
Toutefois, ne peuvent consentir une location-gérance les personnes visées par l'article 1er de la loi n° 47-1635 du 30 août 1947.

Article L. 144-9

La fin de la location-gérance rend immédiatement exigibles les dettes afférentes à l'exploitation du fonds ou de l'établissement artisanal, contractées par le locataire-gérant pendant la durée de la gérance.

Article L. 145-1

I. Les dispositions du présent chapitre s'appliquent aux baux des immeubles ou locaux dans lesquels un fonds est exploité, que ce fonds appartienne, soit à un commerçant ou à un industriel immatriculé au registre du commerce et des sociétés, soit à un chef d'une entreprise immatriculée au répertoire des métiers, accomplissant ou non des actes de commerce, et en outre :
1° Aux baux de locaux ou d'immeubles accessoires à l'exploitation d'un fonds de commerce quand leur privation est de nature à compromettre l'exploitation du fonds et qu'ils appartiennent au propriétaire du local ou de l'immeuble où est situé l'établissement principal. En cas de pluralité de propriétaires, les

locaux accessoires doivent avoir été loués au vu et au su du bailleur en vue de l'utilisation jointe.

2° Aux baux des terrains nus sur lesquels ont été édifiées – soit avant, soit après le bail – des constructions à usage commercial, industriel ou artisanal, à condition que ces constructions aient été élevées ou exploitées avec le consentement exprès du propriétaire.

II. Si le fonds est exploité sous forme de location-gérance en application du chapitre IV du présent titre, le propriétaire du fonds bénéficie néanmoins des présentes dispositions sans avoir à justifier de l'immatriculation au registre du commerce et des sociétés ou au répertoire des métiers.

Article L.145-2

I. Les dispositions du présent chapitre s'appliquent également :

1° Aux baux des locaux ou immeubles abritant des établissements d'enseignement.

2° Aux baux consentis aux communes pour des immeubles ou des locaux affectés, soit au moment de la location, soit ultérieurement et avec le consentement exprès ou tacite du propriétaire, à des services exploités en régie.

3° Aux baux d'immeubles ou de locaux principaux ou accessoires, nécessaires à la poursuite de l'activité des entreprises publiques et établissements publics à caractère industriel ou commercial, dans les limites définies par les lois et règlements qui les régissent et à condition que ces baux ne comportent aucune emprise sur le domaine public.

4° Sous réserve des dispositions de l'article L. 145-26 aux baux des locaux ou immeubles appartenant à l'État, aux départements, aux communes et aux établissements publics, dans le cas où ces locaux ou immeubles satisfont aux dispositions de l'article L. 145-1 ou aux 1° et 2° ci-dessus.

5° Aux baux d'immeubles abritant soit des sociétés coopératives ayant la forme commerciale ou un objet commercial, soit des sociétés coopératives de crédit, soit des caisses d'épargne et de prévoyance.

6° Aux baux des locaux consentis à des artistes admis à cotiser à la caisse de Sécurité sociale de la maison des artistes et reconnus auteurs d'œuvres graphiques et plastiques, tels que définis par l'article 98 A de l'annexe III du code général des impôts.

II. Toutefois, les dispositions du présent chapitre ne sont pas applicables aux autorisations d'occupation précaire accordées par l'administration sur un immeuble acquis par elle à la suite d'une déclaration d'utilité publique.

Article L. 145-3

Les dispositions du présent chapitre ne sont pas applicables aux baux emphytéotiques, sauf en ce qui concerne la révision du loyer. Toutefois, elles s'appliquent, dans les cas prévus aux articles L. 145-1 et L. 145-2, aux baux passés par les emphytéotes, sous réserve que la durée du renouvellement consenti à leurs sous-locataires n'ait pas pour effet de prolonger l'occupation des lieux au-delà de la date d'expiration du bail emphytéotique.

Article L. 145-4

La durée du contrat de location ne peut être inférieure à neuf ans.

Toutefois, à défaut de convention contraire, le preneur a la faculté de donner congé à l'expiration d'une période triennale, dans les formes et délai de l'article L. 145-9.
Le bailleur a la même faculté s'il entend invoquer les dispositions des articles L. 145-18, L. 145-21 et L. 145-24 afin de construire, de reconstruire, de surélever l'immeuble existant ou d'exécuter des travaux prescrits ou autorisés dans le cadre d'une opération de restauration immobilière.
Le preneur ayant demandé à bénéficier de ses droits à la retraite du régime social auquel il est affilié ou ayant été admis au bénéfice d'une pension d'invalidité attribuée dans le cadre de ce régime social a la faculté de donner congé dans les formes et délais de l'article L. 145-9.
Les dispositions de l'alinéa précédent sont applicables à l'associé unique d'une entreprise unipersonnelle à responsabilité limitée, ou au gérant majoritaire depuis au moins deux ans d'une société à responsabilité limitée, lorsque celle-ci est titulaire du bail.

Article L. 145-5

Les parties peuvent, lors de l'entrée dans les lieux du preneur, déroger aux dispositions du présent chapitre à la condition que le bail soit conclu pour une durée au plus égale à deux ans.
Si, à l'expiration de cette durée, le preneur reste et est laissé en possession, il s'opère un nouveau bail dont l'effet est réglé par les dispositions du présent chapitre.
Il en est de même en cas de renouvellement exprès du bail ou de conclusion, entre les mêmes parties, d'un nouveau bail pour le même local.
Les dispositions des deux alinéas précédents ne sont pas applicables s'il s'agit d'une location à caractère saisonnier.

Article L. 145-16

Sont également nulles, quelle qu'en soit la forme, les conventions tendant à interdire au locataire de céder son bail ou les droits qu'il tient du présent chapitre à l'acquéreur de son fonds de commerce ou de son entreprise.
En cas de fusion de sociétés ou d'apport d'une partie de l'actif d'une société réalisé dans les conditions prévues à l'article L. 236-22 la société issue de la fusion ou la société bénéficiaire de l'apport est, nonobstant toute stipulation contraire, substituée à celle au profit de laquelle le bail était consenti dans tous les droits et obligations découlant de ce bail.
En cas de cession, de fusion ou d'apport, si l'obligation de garantie ne peut plus être assurée dans les termes de la convention, le tribunal peut y substituer toutes garanties qu'il juge suffisantes.

Article L. 145-17

I. Le bailleur peut refuser le renouvellement du bail sans être tenu au paiement d'aucune indemnité :
1° S'il justifie d'un motif grave et légitime à l'encontre du locataire sortant. Toutefois, s'il s'agit soit de l'inexécution d'une obligation, soit de la cessation sans raison sérieuse et légitime de l'exploitation du fonds, compte tenu des dispositions de l'article L. 145-8, l'infraction commise par le preneur ne peut être invoquée que si elle s'est poursuivie ou renouvelée plus d'un mois après

mise en demeure du bailleur d'avoir à la faire cesser. Cette mise en demeure doit, à peine de nullité, être effectuée par acte extrajudiciaire, préciser le motif invoqué et reproduire les termes du présent alinéa.
2° S'il est établi que l'immeuble doit être totalement ou partiellement démoli comme étant en état d'insalubrité reconnue par l'autorité administrative ou s'il est établi qu'il ne peut plus être occupé sans danger en raison de son état.
II. En cas de reconstruction par le propriétaire ou son ayant droit d'un nouvel immeuble comprenant des locaux commerciaux, le locataire a droit de priorité pour louer dans l'immeuble reconstruit, sous les conditions prévues par les articles L. 145-19 et L. 145-20.

Article L. 145-18

Le bailleur a le droit de refuser le renouvellement du bail pour construire ou reconstruire l'immeuble existant, à charge de payer au locataire évincé l'indemnité d'éviction prévue à l'article L. 145-14.
Il en est de même pour effectuer des travaux nécessitant l'évacuation des lieux compris dans un secteur ou périmètre prévu aux articles L. 313-3 et L. 313-4 du code de l'urbanisme et autorisés ou prescrits dans les conditions prévues audits articles.
Toutefois, le bailleur peut se soustraire au paiement de cette indemnité en offrant au locataire évincé un local correspondant à ses besoins et possibilités, situé à un emplacement équivalent.
Le cas échéant, le locataire perçoit une indemnité compensatrice de sa privation temporaire de jouissance et de la moins-value de son fonds. Il est en outre remboursé de ses frais normaux de déménagement et d'emménagement.
Lorsque le bailleur invoque le bénéfice du présent article, il doit, dans l'acte de refus de renouvellement ou dans le congé, viser les dispositions de l'alinéa 3 et préciser les nouvelles conditions de location. Le locataire doit, dans un délai de trois mois, soit faire connaître par acte extrajudiciaire son acceptation, soit saisir la juridiction compétente dans les conditions prévues à l'article L. 145-58.
Si les parties sont seulement en désaccord sur les conditions du nouveau bail, celles-ci sont fixées selon la procédure prévue à l'article L. 145-56.

Article L. 145-22

Le bailleur peut refuser le renouvellement du bail exclusivement sur la partie concernant les locaux d'habitation accessoires des locaux commerciaux pour habiter lui-même ceux-ci ou les faire habiter par son conjoint, ses ascendants, ses descendants ou ceux de son conjoint, à condition que le bénéficiaire de la reprise ne dispose pas d'une habitation correspondant à ses besoins normaux et à ceux des membres de sa famille vivant habituellement ou domiciliés avec lui.
Toutefois, la reprise dans les conditions ci-dessus indiquées ne peut être exercée sur des locaux affectés à usage d'hôtel ou de location en meublé, ni sur des locaux à usage hospitalier ou d'enseignement.
De même, la reprise ne peut être exercée lorsque le locataire établit que la privation de jouissance des locaux d'habitation apporte un trouble grave à l'exploitation du fonds ou lorsque les locaux commerciaux et les locaux d'habitation forment un tout indivisible.

Lorsque l'immeuble a été acquis à titre onéreux, le bailleur ne peut bénéficier des dispositions du présent article que si son acte d'acquisition a date certaine plus de six ans avant le refus de renouvellement.
Le bénéficiaire du droit de reprise est tenu de mettre à la disposition du locataire dont il reprend le local, le logement qui, le cas échéant, pourrait être rendu vacant par l'exercice de ce droit.
Dans le cas de reprise partielle prévu au présent article, le loyer du bail renouvelé tient compte du préjudice causé au locataire ou à son ayant droit dans l'exercice de son activité.
Sauf motif légitime, le bénéficiaire de la reprise doit occuper personnellement les lieux dans un délai de six mois à dater du départ du locataire évincé et pendant une durée minimum de six ans, faute de quoi le locataire évincé a droit à une indemnité d'éviction en rapport avec l'importance des locaux repris.

Article L.145-24

Le droit au renouvellement n'est pas opposable au propriétaire qui a obtenu un permis de construire un local d'habitation sur tout ou partie d'un des terrains visés au 2° de l'article L. 145-1.
Ce droit de reprise ne peut, en tout état de cause, être exercé que sur la partie du terrain indispensable à la construction. S'il a pour effet d'entraîner obligatoirement la cessation de l'exploitation commerciale, industrielle ou artisanale, les dispositions de l'article L. 145-18 sont applicables.

Article L.145-33

(Loi n° 2001-1168 du 11 décembre 2001 art. 33 V Journal Officiel du 12 décembre 2001)
Le montant des loyers des baux renouvelés ou révisés doit correspondre à la valeur locative.
À défaut d'accord, cette valeur est déterminée d'après :
1° Les caractéristiques du local considéré.
2° La destination des lieux.
3° Les obligations respectives des parties.
4° Les facteurs locaux de commercialité.
5° Les prix couramment pratiqués dans le voisinage.
Un décret en Conseil d'État précise la consistance de ces éléments.

Article L.145-34

(Loi n° 2001-1168 du 11 décembre 2001 art. 33 VI Journal Officiel du 12 décembre 2001)
À moins d'une modification notable des éléments mentionnés aux 1° à 4° de l'article L. 145-33, le taux de variation du loyer applicable lors de la prise d'effet du bail à renouveler, si sa durée n'est pas supérieure à neuf ans, ne peut excéder la variation de l'indice national trimestriel mesurant le coût de la construction publié par l'Institut national de la statistique et des études économiques intervenue depuis la fixation initiale du loyer du bail expiré. À défaut de clause contractuelle fixant le trimestre de référence de cet indice, il y a lieu de prendre en compte la variation de l'indice national trimestriel mesurant le coût de la construction, calculée sur la période de neuf ans antérieure au dernier indice publié.

En cas de renouvellement postérieur à la date initialement prévue d'expiration du bail, cette variation est calculée à partir du dernier indice publié, pour une période d'une durée égale à celle qui s'est écoulée entre la date initiale du bail et la date de son renouvellement effectif.
Les dispositions de l'alinéa ci-dessus ne sont plus applicables lorsque, par l'effet d'une tacite reconduction, la durée du bail excède douze ans.

Article L.145-35

Les litiges nés de l'application de l'article L. 145-34 sont soumis à une commission départementale de conciliation composée de bailleurs et de locataires en nombre égal et de personnes qualifiées. La commission s'efforce de concilier les parties et rend un avis.
Si le juge est saisi parallèlement à la commission compétente par l'une ou l'autre des parties, il ne peut statuer tant que l'avis de la commission n'est pas rendu.
La commission est dessaisie si elle n'a pas statué dans un délai de trois mois.
La composition de la commission, le mode de désignation de ses membres et ses règles de fonctionnement sont fixés par décret.

Article L.145-37

Les loyers des baux d'immeubles ou de locaux régis par les dispositions du présent chapitre, renouvelés ou non, peuvent être révisés à la demande de l'une ou de l'autre des parties sous les réserves prévues aux articles L. 145-38 et L. 145-39 et dans des conditions fixées par décret en Conseil d'État.

Article L.145-38

(Loi n° 2001-1168 du 11 décembre 2001 art. 26 Journal Officiel du 12 décembre 2001)
La demande en révision ne peut être formée que trois ans au moins après la date d'entrée en jouissance du locataire ou après le point de départ du bail renouvelé.
De nouvelles demandes peuvent être formées tous les trois ans à compter du jour où le nouveau prix sera applicable.
Par dérogation aux dispositions de l'article L. 145-33, et à moins que ne soit rapportée la preuve d'une modification matérielle des facteurs locaux de commercialité ayant entraîné par elle-même une variation de plus de 10 % de la valeur locative, la majoration ou la diminution de loyer consécutive à une révision triennale ne peut excéder la variation de l'indice trimestriel du coût de la construction intervenue depuis la dernière fixation amiable ou judiciaire du loyer.
En aucun cas il n'est tenu compte, pour le calcul de la valeur locative, des investissements du preneur ni des plus ou moins-values résultant de sa gestion pendant la durée du bail en cours.

Article L.145-39

En outre, et par dérogation à l'article L. 145-38, si le bail est assorti d'une clause d'échelle mobile, la révision peut être demandée chaque fois que, par le jeu de cette clause, le loyer se trouve augmenté ou diminué de plus d'un quart par rapport au prix précédemment fixé contractuellement ou par décision judiciaire.

Article L.145-47

Le locataire peut adjoindre à l'activité prévue au bail des activités connexes ou complémentaires.

À cette fin, il doit faire connaître son intention au propriétaire par acte extrajudiciaire, en indiquant les activités dont l'exercice est envisagé. Cette formalité vaut mise en demeure du propriétaire de faire connaître dans un délai de deux mois, à peine de déchéance, s'il conteste le caractère connexe ou complémentaire de ces activités. En cas de contestation, le tribunal de grande instance, saisi par la partie la plus diligente, se prononce en fonction notamment de l'évolution des usages commerciaux.

Lors de la première révision triennale suivant la notification visée à l'alinéa précédent, il peut, par dérogation aux dispositions de l'article L. 145-38, être tenu compte, pour la fixation du loyer, des activités commerciales adjointes, si celles-ci ont entraîné par elles-mêmes une modification de la valeur locative des lieux loués.

Article L.210-1

Le caractère commercial d'une société est déterminé par sa forme ou par son objet.

Sont commerciales à raison de leur forme et quel que soit leur objet, les sociétés en nom collectif, les sociétés en commandite simple, les sociétés à responsabilité limitée et les sociétés par actions.

Article L.221-1

Les associés en nom collectif ont tous la qualité de commerçant et répondent indéfiniment et solidairement des dettes sociales.

Les créanciers de la société ne peuvent poursuivre le paiement des dettes sociales contre un associé, qu'après avoir vainement mis en demeure la société par acte extrajudiciaire.

Article L.251-1

Deux ou plusieurs personnes physiques ou morales peuvent constituer entre elles un groupement d'intérêt économique pour une durée déterminée.

Le but du groupement est de faciliter ou de développer l'activité économique de ses membres, d'améliorer ou d'accroître les résultats de cette activité. Il n'est pas de réaliser des bénéfices pour lui-même.

Son activité doit se rattacher à l'activité économique de ses membres et ne peut avoir qu'un caractère auxiliaire par rapport à celle-ci.

Article L.251-4

Le groupement d'intérêt économique jouit de la personnalité morale et de la pleine capacité à dater de son immatriculation au registre du commerce et des sociétés, sans que cette immatriculation emporte présomption de commercialité du groupement. Le groupement d'intérêt économique dont l'objet est commercial peut faire de manière habituelle et à titre principal tous actes de commerce pour son propre compte. Il peut être titulaire d'un bail commercial.

Les personnes qui ont agi au nom d'un groupement d'intérêt économique en formation avant qu'il ait acquis la jouissance de la personnalité morale sont tenues, solidairement et indéfiniment, des actes ainsi accomplis, à moins que le groupement, après avoir été régulièrement constitué et immatriculé, ne reprenne les engagements souscrits. Ces engagements sont alors réputés avoir été souscrits dès l'origine par le groupement.

Article L. 420-2

(Loi n° 2001-420 du 15 mai 2001 art. 66 Journal Officiel du 16 mai 2001)

Est prohibée, dans les conditions prévues à l'article L. 420-1, l'exploitation abusive par une entreprise ou un groupe d'entreprises d'une position dominante sur le marché intérieur ou une partie substantielle de celui-ci. Ces abus peuvent notamment consister en refus de vente, en ventes liées ou en conditions de vente discriminatoires ainsi que dans la rupture de relations commerciales établies, au seul motif que le partenaire refuse de se soumettre à des conditions commerciales injustifiées.

Est en outre prohibée, dès lors qu'elle est susceptible d'affecter le fonctionnement ou la structure de la concurrence, l'exploitation abusive par une entreprise ou un groupe d'entreprises de l'état de dépendance économique dans lequel se trouve à son égard une entreprise cliente ou fournisseur. Ces abus peuvent notamment consister en refus de vente, en ventes liées ou pratiques discriminatoires visées à l'article L. 442-6.

Article L. 420-4

(Loi n° 2001-420 du 15 mai 2001 art. 48 Journal Officiel du 16 mai 2001)

I. Ne sont pas soumises aux dispositions des articles L. 420-1 et L. 420-2 les pratiques :

1° Qui résultent de l'application d'un texte législatif ou d'un texte réglementaire pris pour son application.

2° Dont les auteurs peuvent justifier qu'elles ont pour effet d'assurer un progrès économique, y compris par la création ou le maintien d'emplois, et qu'elles réservent aux utilisateurs une partie équitable du profit qui en résulte, sans donner aux entreprises intéressées la possibilité d'éliminer la concurrence pour une partie substantielle des produits en cause. Ces pratiques qui peuvent consister à organiser, pour les produits agricoles ou d'origine agricole, sous une même marque ou enseigne, les volumes et la qualité de production ainsi que la politique commerciale, y compris en convenant d'un prix de cession commun ne doivent imposer des restrictions à la concurrence, que dans la mesure où elles sont indispensables pour atteindre cet objectif de progrès.

II. Certaines catégories d'accords ou certains accords, notamment lorsqu'ils ont pour objet d'améliorer la gestion des entreprises moyennes ou petites, peuvent être reconnus comme satisfaisant à ces conditions par décret pris après avis conforme du Conseil de la concurrence.

Article L. 430-2

(Loi n° 2001-420 du 15 mai 2001 art. 87 Journal Officiel du 16 mai 2001)

Est soumise aux dispositions des articles L. 430-3 et suivants du présent titre toute opération de concentration, au sens de l'article L. 430-1, lorsque sont réunies les trois conditions suivantes :

– le chiffre d'affaires total mondial hors taxes de l'ensemble des entreprises ou groupes des personnes physiques ou morales parties à la concentration est supérieur à 150 millions d'euros ;
– le chiffre d'affaires total hors taxes réalisé en France par deux au moins des entreprises ou groupes des personnes physiques ou morales concernés est supérieur à 50 millions d'euros ;
– l'opération n'entre pas dans le champ d'application du règlement (CEE) n° 4064/89 du Conseil du 21 décembre 1989 relatif au contrôle des opérations de concentration entre entreprises.
Toutefois, une opération de concentration entrant dans le champ du règlement précité qui a fait l'objet d'un renvoi total ou partiel à l'autorité nationale est soumise, dans la limite de ce renvoi, aux dispositions du présent titre.

Article L. 461-1

I. L'autorité de la concurrence comprend dix-sept membres nommés pour une durée de six ans par décret pris sur le rapport du ministre chargé de l'économie.
II. Elle se compose de :
1° Huit membres ou anciens membres du Conseil d'État, de la Cour de cassation, de la Cour des comptes ou des autres juridictions administratives ou judiciaires.
2° Quatre personnalités choisies en raison de leur compétence en matière économique ou en matière de concurrence et de consommation.

Article L. 462-2

L'autorité est obligatoirement consulté par le gouvernement sur tout projet de texte réglementaire instituant un régime nouveau ayant directement pour effet :
1° De soumettre l'exercice d'une profession ou l'accès à un marché à des restrictions quantitatives.
2° D'établir des droits exclusifs dans certaines zones.
3° D'imposer des pratiques uniformes en matière de prix ou de conditions de vente.

Article L. 462-4

L'autorité peut être consulté par le ministre chargé de l'économie sur tout projet de concentration ou toute concentration de nature à porter atteinte à la concurrence dans les conditions prévues au titre III ci-dessus.

Article L. 621-2

Le tribunal compétent est le tribunal de commerce si le débiteur est commerçant ou est immatriculé au répertoire des métiers. Le tribunal de grande instance est compétent dans les autres cas. S'il se révèle que la procédure ouverte doit être étendue à une ou plusieurs autres personnes, le tribunal initialement saisi reste compétent.
Un décret en Conseil d'État détermine dans chaque département le tribunal ou les tribunaux appelés à connaître des procédures de redressement judiciaire applicables aux personnes autres que celles mentionnées au deuxième alinéa de l'article L. 620-2, ainsi que le ressort dans lequel ces tribunaux exercent les attributions qui leur sont dévolues.

Article L. 653-2

La faillite personnelle emporte interdiction de diriger, gérer, administrer ou contrôler, directement ou indirectement, toute entreprise commerciale ou artisanale, toute exploitation agricole et toute personne morale ayant une activité économique.
Elle entraîne également les interdictions et déchéances applicables aux personnes qui étaient déclarées en état de faillite au sens donné à ce terme antérieurement au 1er janvier 1968.

III - Code de la consommation

Article L.113-3

(Loi n° 2001-1168 du 11 décembre 2001 art. 13 IV 1° Journal Officiel du 12 décembre 2001)
Tout vendeur de produit ou tout prestataire de services doit, par voie de marquage, d'étiquetage, d'affichage ou par tout autre procédé approprié, informer le consommateur sur les prix, les limitations éventuelles de la responsabilité contractuelle et les conditions particulières de la vente, selon des modalités fixées par arrêtés du ministre chargé de l'économie, après consultation du Conseil national de la consommation.
Cette disposition s'applique à toutes les activités visées au dernier alinéa de l'article L. 113-2.

IV - Code de commerce relatif aux tribunaux de commerce

Article L. 721-1

Les tribunaux de commerce sont des juridictions du premier degré, composées de juges élus et d'un greffier. Leur compétence est déterminée par le présent code et les codes et lois particuliers.
Les tribunaux de commerce sont soumis aux dispositions, communes à toutes les juridictions, du livre 1er du code de l'organisation judiciaire.

Article L. 721-3

Les tribunaux de commerce connaissent :
1° Des contestations relatives aux engagements entre commerçants, entre établissements de crédit ou entre eux.
2° Des contestations relatives aux sociétés commerciales.
3° De celles relatives aux actes de commerce entre toutes personnes.
Toutefois, les parties peuvent, au moment où elles contractent, convenir de soumettre à l'arbitrage les contestations ci-dessus énumérées.

V - Code de procédure civile

854 – La demande en justice est formée par assignation, par la remise au greffe d'une requête conjointe ou par la présentation volontaire des parties devant le tribunal.

862 – Le juge rapporteur peut entendre les parties.

Il peut les inviter à fournir les explications qu'il estime nécessaires à la solution du litige et les mettre en demeure de produire, dans le délai qu'il détermine, tous documents ou justifications propres à éclairer le tribunal, faute de quoi il peut passer outre et renvoyer l'affaire devant la formation de jugement qui tirera toute conséquence de l'abstention de la partie ou de son refus.

869 – Le juge rapporteur peut, si les parties ne s'y opposent pas, tenir seul l'audience pour entendre les plaidoiries. Il en rend compte au tribunal dans son délibéré.

Dans les autres cas, il renvoie l'affaire devant le tribunal dès que l'état de l'instruction le permet.

Article 1466

(D.n. 81-500, 12 mai 1981, art.5)

Si, devant l'arbitre, l'une des parties conteste dans son principe, ou son étendue le pouvoir juridictionnel de l'arbitre, il appartient à celui-ci de statuer sur la validité ou les limites de son investiture.

Annexe 2 Jurisprudence

Civ., 22 avril 1909 : « L'artisan se distingue du commerçant en ce que ses revenus professionnels proviennent essentiellement de son travail manuel et qu'il ne spécule ni sur les matières premières, ni sur le travail d'autrui ».

T. Com. de la Seine, 12 mars 1912 : « L'achat pour revendre avec bénéfice n'a le caractère commercial que s'il est exécuté avec une finalité lucrative ».

Com., 13 mai 1970 : « Un acte commercial par nature a un caractère civil s'il n'est que l'accessoire d'une activité ou d'un acte civil, tel étant le cas de spectacles publics organisés par un comité des fêtes caritatif ».

Com., 2 – 1971 : « N'a pas la qualité d'artisan, mais celle de commerçant un fabricant de pâtes alimentaires n'employant pas de main-d'œuvre, mais utilisant des machines importantes ».

Civ. I, 23 mai 1977 : « En revanche, les règles de preuve du droit civil s'appliquent à un commerçant, dès lors que le prêt que celui-ci a consenti à un autre commerçant est étranger à l'exercice de son commerce ».

Com., 17 mars 1981 : Paracommercialité.

« Malgré l'objet religieux d'une association, les juges ont pu décider que son activité est commerciale dès lors qu'elle approvisionne les fidèles en alimentation casher et qu'ainsi elle exerce par profession habituelle des actes réputés de commerce par l'art. L. 121-1 code de commerce ».

T. Com. de Paris, 18 avril 1991 : « La société civile immobilière qui rénove des immeubles en vue de la vente a une activité commerciale, malgré sa forme civile ».

Poitiers, 23 novembre 1992 : « L'inscription au registre des métiers d'un artisan n'est qu'une formalité purement administrative qui ne permet pas d'exclure la qualité de commerçant ».

Com., 19 janvier 1993 : « L. 110-3 n'est applicable que lorsque le commerçant a agi dans l'exercice ou pour l'intérêt de son commerce ».

Com., 21 mai 1996 : « Le fait que l'épouse d'un commerçant déclarée comme "conjoint collaborateur" au RCS souscrive un emprunt professionnel en son nom personnel ne permet pas d'en déduire (automatiquement) qu'elle exerce une activité commerciale ».

Com., 13 mai 1997 : « Au sens de l'article L. 110-1, l'acte accompli par un non-commerçant devient un acte de commerce lorsqu'il est passé dans le but d'exercer un commerce et qu'il est indispensable à l'exercice de celui-ci ».

Annexe 3
Cas pratiques

1) Un commerçant achète un chalet afin de partir aux sports d'hiver avec sa famille. Est-ce un acte de commerce ?
2) Un artisan décide d'automatiser sa production. Pour cela, il achète des machines et embauche cinquante salariés. Bénéficie-t-il du statut d'artisan ?
3) Un commerçant exploite son fonds de commerce dans une galerie marchande. Exploite-t-il sa propre clientèle ?
4) À quelles conditions la femme d'un commerçant aidant son mari peut-elle bénéficier du statut de commerçant ?
5) À quelles conditions les créanciers impayés d'un commerçant peuvent-ils poursuivre son épouse ?
6) Un bijoutier exploitant son fonds de commerce Place Vendôme à Paris (place des joailliers de luxe) souhaite abandonner son activité pour devenir ferrailleur. Son bailleur peut-il s'y opposer ?
7) Un libraire souhaite vendre des disques :
– son bailleur peut-il s'y opposer ? Si oui, comment et dans quel(s) délai(s) ?
– quand et à quelles conditions le bailleur peut-il augmenter le loyer ?
8) M. C a conclu un bail commercial pour une durée de 9 ans. Trois ans plus tard, son bailleur souhaite augmenter le loyer de 50 %. En a-t-il le droit ? Justifiez votre réponse.
9) Un commerçant a conclu un bail pour une durée de 2 ans. Peut-il bénéficier du droit au renouvellement au terme des deux ans ?
10) Un coiffeur décide de vendre des bijoux. Rapidement cette seconde activité représente 60 % de son chiffre d'affaires. Quel est son statut ? Quel tribunal doivent saisir ses créanciers impayés ?

Le droit commercial et les sociétés

PARTIE 2

TITRE I – Règles communes aux sociétés

chapitre 1 Caractéristiques remarquables des sociétés

Section I - Le contrat de société
Section II - La personnalité morale

chapitre 2 La mise en œuvre de la société

Section I - Les formalités de constitution
Section II - La reprise par la société immatriculée des actes passés par les fondateurs pendant la période de constitution

chapitre 3 L'interruption de la société

Section I - La sanction des irrégularités de constitution
Section II - Dissolution de la société

TITRE II – Règles spécifiques aux sociétés

chapitre 1 Les sociétés de personnes

Section I - La société en participation (art. 1871 à 1873 code civil)
Section II - La société créée de fait
Section III - La société civile
Section IV - La société en nom collectif

chapitre 2 Les sociétés de capitaux

Section I - La Société anonyme
Section II - La société par actions simplifiée
Section III - La société européenne

chapitre 3 La société à responsabilité limitée

Section I - Constitution de la société
Section II - Droits et obligations des associés
Section III - Direction de la société
Section IV - Dissolution de la société
Section V - La société unipersonnelle

chapitre **4**

Le groupe de sociétés

Introduction

Intérêt des sociétés

Échappatoire à l'acceptation en droit français de la théorie de l'unicité du patrimoine, la société peut offrir l'intérêt d'accéder à une quasi-technique d'affectation patrimonial [1]. Le créancier ne pourra agir qu'à l'encontre du patrimoine social sans pouvoir atteindre celui des associés, au moins dans le principe et pour les sociétés dont les associés n'engagent leur responsabilité qu'à hauteur de leurs apports. Cette limitation du droit d'action des créanciers intéresse en premier chef les commerçants. Ils y voient un moyen de protéger leurs biens personnels. La maximisation de cette volonté de protection patrimoniale, tout en restant maître de l'affaire, paraît atteinte avec la notion de société unipersonnelle. Dans cette configuration juridique, la société synthétise l'avantage pour l'associé unique d'être seul maître à bord, avec celui d'épargner son patrimoine personnel en cas de difficultés économiques.

Mais en soi, cet argument de droit n'explique pas totalement l'extraordinaire développement des sociétés dans le domaine du commerce. Si le commerçant n'agissait que motivé par l'unique souci de toujours mieux mettre à l'abri des vicissitudes son patrimoine, la vie des affaires en serait pénalisée. Il faut comprendre que le commerçant est avant tout une personne qui croit dans un produit ou dans une idée. Son objectif majeur est le développement économique. Là intervient le véritable intérêt des sociétés qui a suscité leur succès. Elles seules autorisent le regroupement des forces de travail, intellectuelles, morales et financières nécessaires à la réussite. Ce n'est que fortune faite, que les personnes s'inquiètent des moyens autorisant la pérennité du bien-être matériel acquis.

Législation des sociétés

Comme souvent en matière commerciale, l'historique de l'évolution du droit des sociétés se lit dans l'évolution de la société qui le porte. Force est de constater que ce n'est qu'avec la fin du XIXe siècle qu'apparaît véritablement le droit des sociétés. Le formidable essor industriel de ce moment exigeait des outils juridiques adaptés à ses besoins. Les sociétés en furent du nombre. Mais les règles que nous connaissons actuellement s'élaborèrent sur de longues décennies :

– Le code civil de 1804 remanié par la loi du 4 janvier 1978, elle-même complétée des décrets du 3 juillet 1978, détermine les principes généraux du droit applicables aux sociétés, quelles soient civiles ou commerciales. Ce sont les articles 1832 et suivants qui décrivent ces principes.

– Le code de commerce contient les règles spécifiques aux sociétés commerciales. À l'origine du code, en 1807, celui-ci ne contenait qu'une réglementation assez sommaire du droit des sociétés. Il faut attendre les importantes lois du 24 juillet 1867 sur les sociétés par actions et du 7 mars 1925 sur les sociétés à responsabilité limitée pour que le code se densifie. L'accélération du développement économique à la fin du XIXe et tout au long du XXe siècle entraîna une obsolescence rapide des articles du code de commerce. La mise à niveau du

1. Le commerçant, personne physique, peut laisser exploiter son fonds de commerce par une société commerciale. Ce faisant, il acquiert la qualité d'associé et échappe, en principe, à l'éventuelle déconfiture de la société. Cette relative protection patrimoniale, qu'il ne possède pas en tant que commerçant personne physique (voir cependant l'EIRL), permet d'affirmer que la société autorise une sorte de technique d'affectation patrimoniale.

code intervint avec la loi du 24 juillet 1966 [1]. Si elle comporte plus de 500 articles, l'article 34 de la Constitution a contraint le législateur de l'époque à ne légiférer qu'à propos d'articles s'intéressants « aux principes fondamentaux des obligations commerciales ». Au-delà, le domaine de compétence appartient au règlement [2]. Ceci explique que la loi du 24 juillet 1966 est complétée du décret du 23 mars 1967 qui règle les détails d'application n'appartenant pas au domaine de la loi. Cette importante loi de juillet 1966 a depuis été amendée de multiples fois, particulièrement au moment de la loi dite NRE (nouvelle régulation économique) de mai 2001, et plus récemment par l'ordonnance portant sur la simplification et la réforme du droit des sociétés (31 juillet 2014).

– Le droit des communautés européennes influence également largement la réglementation de nos sociétés. Son article 54 tend à supprimer les restrictions à la liberté d'établissement et l'article 220 exhorte les pays membres à une reconnaissance mutuelle des formes de société pratiquées par eux, à assurer la permanence de la personnalité morale en cas de transfert du siège social dans un autre pays de la communauté, à favoriser la libre fusion de sociétés de législations différentes.

Nature juridique de la société

L'article 1832 al. 1 du code civil affirme que la société « est instituée par le concours de deux ou plusieurs personnes ». Ce principe traditionnel du droit français permet d'affirmer la nature conventionnelle de la société. Contrat qui donnera naissance, après réalisation de certaines formalités, à la personnalité morale [3]. L'affirmation n'est pourtant plus certaine, deux observations participant de concert à son atténuation.

– Premièrement, la loi du 11 juillet 1985 a introduit dans notre droit la constitution de SARL ou de sociétés civiles agricoles constituées d'un unique associé, la loi du 12 juillet 1999 ajoutant la Société par actions simplifiée unipersonnelle (SASU). Notre droit positif ignorant le contrat avec soi-même, de telles sociétés ne peuvent en aucun cas revendiquer une nature contractuelle. Tout au plus s'agit-il d'un engagement unilatéral de volonté. Peu gênante concernant l'acquisition de la personnalité morale qui n'est finalement que le résultat d'un acte administratif non corrélé à la nature juridique du groupement bénéficiaire ; la disposition introduite par ces lois perturbe gravement l'ordonnancement du droit des sociétés fondé sur le contrat. En effet, aujourd'hui, à côté des sociétés instituées par la volonté de deux ou plusieurs personnes (contrats), existent les sociétés instituées par la volonté d'une seule (absence de contrat). Mais si cet état porte atteinte à la logique et la cohérence chères au droit, il est très certainement représentatif d'une nouvelle évolution du concept des sociétés.

– Deuxièmement, la loi fixant impérativement les mentions contenues dans la rédaction des statuts et le mode de fonctionnement des sociétés, excepté s'agissant des SAS, on a pu affirmer que la volonté des associés ne revêtait qu'une fonction marginale. D'autant que le concept de contrat implique en principe que toute modification de sa forme ou de son contenu soit effectuée à l'unanimité des associés. Or, dans certaines sociétés, une modification des statuts est

1. La loi du 24 juillet 1966 était composée de trois titres. Aujourd'hui, le code de commerce dans sa partie législative comporte huit livres, eux-mêmes subdivisés en titres.
2. Conséquence de l'écriture de l'article 34 de la constitution, le code de commerce contient une partie législative et une partie réglementaire, ce qui ne manque pas de poser des problèmes en matière de partage des compétences.
3. Voir : partie 2, titre I, chap. 1, § 2, §§2.

réalisée à l'aide d'une simple majorité qualifiée. Dans ces circonstances, la théorie de la société institution plutôt que contrat a de quoi séduire. L'institution organisant une subordination des intérêts privés à l'intérêt général, ceci justifierait la modification légale des statuts par une partie des associés [1] et l'abandon de la règle de l'unanimité.

Malgré ces critiques, il faut affirmer que l'idée de société-contrat reste le principe fédérateur. D'autant qu'un nombre considérable de règles des sociétés y puisent leur justification [2] et qu'un acte juridique unilatéral répond aux principes généraux des contrats, diminués de ceux nécessitant la pluralité. Observons également que la société par actions simplifiée instituée par la loi du 3 janvier 1994 [3] repose sur la volonté individuelle et que la jurisprudence des sociétés de capitaux se montre largement favorable aux pactes d'actionnaires, ceux-ci symbolisant l'affranchissement des contraintes statutaires prévues par la loi au profit de la liberté des associés.

Pour conclure sur ce thème, on ajoutera qu'à l'origine de tout groupement, il existe nécessairement un consentement individuel mis en évidence par l'envie de créer une société et par le choix de sa forme [4]. Qu'ensuite, ces choix effectués, la volonté individuelle cède face aux dispositifs obligatoires prévus par la loi, ceci n'impacte en rien la nature profonde de la société : elle reste essentiellement un contrat.

Classification des sociétés

Face à la diversité des activités professionnelles et sociales, le monde des sociétés ne pouvait qu'être hétérogène, conséquence de sa nécessaire adaptation à la variété des situations. Comme pour les poupées russes, ouvrir une classification en appelle une autre. La première d'entre elles serait la distinction entre sociétés civiles et sociétés commerciales. Une autre caractérisation consisterait à les classer en société de personnes ou de capitaux. À l'intérieur de ces groupes il faut identifier les sociétés dotées de la personnalité morale de celles qui en sont dépourvues.

Dans le clan des sociétés commerciales, le choix peut se porter sur une structure simple (société de personnes), intermédiaire (SARL), ou complexe (société anonyme), cette classification déterminant la faculté ou non de recourir à l'épargne publique [5].

Choix de la forme sociale

Le choix d'une forme sociale proposée par le législateur est guidé en premier lieu par le but choisi par les associés et les moyens qu'ils investiront. À un objectif modeste correspondra le choix pour une société en nom collectif, une entreprise unipersonnelle à responsabilité limitée, ou une société à responsabilité limitée. Une ambition supérieure détermine logiquement l'option pour la société anonyme.

Mais le choix de la forme sociale en fonction du but n'est pas le seul paramètre de la décision. L'intérêt proposé par chacune des structures de société possible est un élément important de cette décision. Ainsi les associés, au-delà de la visée économique, peuvent vouloir limiter leur risque, organiser une collaboration inter-entreprise [6], lever des capitaux, voire profiter d'avantages fiscaux. Ce

---

1. Voir AGE : partie 2, titre II, chap. 2, § 1, §§1-B2.
2. Surtout dans les sociétés de personnes.
3. Voir : partie 2, titre II, chap. 2, § 2.
4. SNC – SARL – SAS…
5. Faculté réservée uniquement aux SA cotées en bourse (appel aux investisseurs).

dernier point mérite une explication parce qu'à lui seul il symbolise l'éventail des choix.

On a affirmé qu'en fonction d'un objectif économique modeste, les associés opteront pour une forme de société la plus souple et simple possible. La société en nom collectif correspond à ces critères. Ainsi, il semblait peu probable que des sociétés réalisant des millions d'euros de chiffre d'affaires s'intéressent à cette structure. Erreur ! L'affirmation ne tient pas compte de l'intérêt des règles fiscales. Si en droit des sociétés la société en nom collectif est dotée de la personnalité morale, le droit fiscal ne retient pas cette caractéristique en matière d'imposition des résultats. En application de cette règle, le résultat bénéficiaire ou déficitaire n'est pas imposé chez la société mais chez la personne des associés [1]. L'intérêt fiscal de la société en nom collectif se dessine alors. Imaginons que deux importantes sociétés anonymes œuvrant dans le domaine de la recherche décident de joindre leurs efforts au travers d'une filiale commune. Il est évident que compte tenu des coûts d'investissement nécessaires dans ce secteur d'activité, les premières années d'exploitation de la filiale commune seront lourdement déficitaires. Si les deux sociétés anonymes associées ont donné à la filiale la forme d'une société de capitaux (SARL ou SA), les pertes de cette dernière n'affecteront que ses propres résultats [2]. Mais dans l'hypothèse où les deux sociétés associées ont choisi pour leur filiale la forme de la société en nom collectif, du fait de la transparence fiscale, les résultats de la filiale sont imposés chez les associés. Conséquence, dans notre exemple, les pertes lourdes de la filiale commune sont enregistrées dans la comptabilité de chacun des deux associés au prorata de leur participation et diminuent à proportion leur propre résultat imposable. L'économie d'impôt qui en résulte peut être gigantesque et permettre d'amortir en partie les investissements consentis dans la filiale. Ici, la règle fiscale est une source indirecte de financement.

Exemple :

- bénéfice imposable de la SA « X » avant impôt sur les sociétés : 10 millions €
- bénéfice imposable de la SA « Y » avant impôt sur les sociétés : 12 millions €
- déficit de leur filiale commune à 50 % SNC « Z » : 6 millions €.

• le bénéfice imposable de « X » devient après imputation :
10 – (6 × 50 %) = 7 millions €

• le bénéfice imposable de « Y » devient après imputation :
12 – (6 × 50 %) = 9 millions €

• En tenant compte d'un impôt sur les sociétés à 33 1/3 % l'économie fiscale qui en résulte est de :
– pour « X » : (10 millions € – 7 millions €) 33 1/3 % = 999 900 €
– pour « Y » : (12 millions € – 9 millions €) 33 1/3 % = 999 900 €

• Conséquence : les 6 millions € de perte de la filiale autorisent les deux sociétés associées à « amortir » leur investissement de presque deux millions € (999 900 + 999 900).

Différences de forme, d'intérêt, de puissance, de but, les sociétés répondent à tous les besoins avec souplesse. Excepté, peut-être, la société anonyme dont l'extraordinaire pesanteur formelle s'applique aussi bien à la société anonyme de proximité qu'à la société anonyme à vocation internationale.

---

6. « Joint-venture » (terminologie anglo-saxonne).
1. Effet de la « transparence fiscale ».
2. Ce qui semble *a priori* logique.

Il est amusant de constater que chaque type de société a naturellement trouvé sa fonction sociale et économique en épousant, presque parfaitement, un groupe bien déterminé des acteurs du monde des affaires. Preuve de cette parfaite et nécessaire adéquation entre droit et économie, une caricature de chacune des société peut être tentée :

La société en participation :

– la société de l'anonymat et du secret absolu des affaires.

La société civile :

– la société feutrée du patrimoine familial, des cabinets d'affaires et de l'immobilier.

La société en nom collectif :

– la société des « beurre-œuf-fromage », celle qui fleure bon le marché dominical… celle des commerçants actifs et irremplaçables.

La société à responsabilité limitée :

– la société populaire, celle du petit peuple des affaires.

La société anonyme :

– la reine des sociétés, celle de la froideur et de la puissance financière.

TITRE I – Règles communes aux sociétés

La fonction d'une société en nom collectif n'a pas la même vocation que celle d'une société anonyme. À l'aune de cette évidence, le législateur n'a pas souhaité appliquer un arsenal de règles similaires à chacune des sociétés du droit français. En revanche, la diversité des fonctions n'interdit pas un socle de règles communes à l'ensemble des sociétés. Ce n'est qu'au-delà de ces règles communes que chaque société affirme son originalité, voire sa complexité.

apitre 1

Caractéristiques remarquables des sociétés

La société est un groupement de personnes. Mais la notion de groupement s'applique également à d'autres entités, tel le groupement d'intérêt économique et l'association. Pour isoler et définir un groupement-société des autres groupements, le législateur a établi des critères de caractérisation. Conséquence, si à l'identique des autres groupements la société prend sa source dans un contrat, ce contrat, ou engagement unilatéral, doit répondre, en sus, à des conditions spécifiques pour recevoir l'appellation « contrat de société ». Outre cette originalité du contrat, pratiquement toutes les sociétés sont dotées de la personnalité morale. Spécificité du contrat et personnalité morale définissent les éléments remarquables des sociétés.

Section I - Le contrat de société

Aux termes de l'article 1832 code civil, « *la société est instituée par deux ou plusieurs personnes qui conviennent par un contrat d'affecter à une entreprise commune des biens ou leur industrie en vue de partager le bénéfice ou de profiter de l'économie qui pourra en résulter…, les associés s'engagent à contribuer aux pertes* ».

Au sens de l'article, il ne fait aucun doute que la société est un contrat. L'alinéa 2 du même article affirmant que la société « *peut-être instituée, dans les cas prévus par la loi, par l'acte de volonté d'une seule personne* » (société unipersonnelle) est dérogatoire. Dans ces circonstances, au lieu et place de la mise en cause (par l'acceptation de l'associé unique) du dogme société-contrat (qui normalement exige la pluralité), il eût peut-être été moins dommageable de réexaminer le sacro-saint principe de l'unicité patrimoniale, que rien n'impose véritablement en droit français (pour preuve : le statut EIRL), et ainsi d'appliquer la notion de patrimoine d'affectation au bénéfice de l'entreprise unipersonnelle ; solution qui aurait le mérite de maintenir intact et homogène le concept de société-contrat [1]. Observation certainement réaliste s'agissant des très souvent modestes objectifs économiques d'une EURL, mais objectivement inapplicable à ceux d'une SASU (société par actions simplifiée unipersonnelle). Puisque la société est globalement un contrat, à ce titre elle doit répondre aux conditions générales des contrats [2], à savoir : consentement des parties, capacité des parties, objet certain et cause licite. Mais alors rien ne permet de distinguer un contrat, d'un contrat de société. Ce ne sont pas les qualités de la volonté, du consentement et de la capacité qui permettront d'identifier la réalité d'un acte de société. Au-delà des conditions générales des contrats, la convention de société ne sera mise en évidence qu'à la condition de relever la présence d'éléments de caractérisation, éléments qui permettront d'affirmer que l'acte examiné est non seulement un contrat, mais surtout un contrat de société. L'article 1832 du code civil décrit ces éléments de caractérisation, ils sont au nombre de trois :

– réalisation d'apports,
– dans le but de réaliser des bénéfices ou des économies (éventuellement supporter les pertes),
– avec la volonté de s'associer (*affectio societatis*).

À l'évidence, en complément de ces éléments de caractérisation, il convient d'observer que la société étant un contrat, cela ajoute pour les associés l'obligation de valablement s'engager et consentir.

§ 1. *Les apports*

L'article 1832 C. civ. évoque l'affectation par les associés à une entreprise commune de leurs biens ou de leur industrie. Cette règle résulte de la solution du droit français appliquée à la qualité de personne. La société pouvant être titulaire de droits et d'obligations au travers de la personnalité morale, comme toute personne sujet de droits, elle a capacité à posséder un patrimoine. Le patrimoine de départ, celui qui précède l'exploitation, est composé par les apports des associés. Sans apport, la société n'est pas valablement constituée. Solution identique lorsqu'un des associés [3] ne réalise pas les apports auxquels il s'est engagé dans l'acte de constitution [4]. Obligation des apports et obligation

1. Voir cependant le statut de l'EIRL.
2. Cette évidence a son importance. Elle marquera de son empreinte les hypothèses de sanction des irrégularités de constitution des sociétés.
3. La qualité d'associé est réservée à celui qui effectue des apports. Ceci le distingue des prêteurs (les obligataires) et ceux qui ne font que travailler dans l'entreprise (les salariés).
4. Il est certain que lorsqu'aucun des associés n'a valablement réalisé son apport, la société n'a pas la possibilité de se constituer. En revanche, la solution est moins sûre quand un seul des associés (ou quelques-uns d'entre eux) est dans cette situation. Faut-il sanctionner toute la société, ou uniquement l'associé fautif ? La jurisprudence, appuyée en cela par la doctrine, semble privilégier le maintien en vie de la société si l'associé défaillant est remplacé par un autre, au contraire, sanctionner, si l'apport non effectué était déterminant (fonds de commerce par exemple).

d'effectuer l'apport promis constituent pour chacun des associés une double obligation légale. En outre, la somme de la valeur des apports conditionne le montant du capital, ce dernier donnant l'indication aux tiers à la fois de la faculté de la société à rembourser ses dettes et la limitation du risque supporté par l'associé [1]. L'opération d'apport détermine donc une étape extrêmement importante de la constitution d'une société. Le droit positif distingue trois catégories d'apports, toutes pouvant ne pas avoir la même importance :

– les apports en numéraire,
– les apports en nature,
– les apports en industrie.

Quelle que soit la nature de l'apport, en l'effectuant l'associé conclut un contrat onéreux, translatif, à caractère aléatoire. Onéreux en raison des biens transférés, translatif puisque la propriété ou la jouissance est transmise à la société, enfin aléatoire car l'associé n'est pas sûr de récupérer, au travers des droits sociaux, une valeur identique à celle de l'apport.

A. L'apport en numéraire

Il s'agit là de la forme la plus courante d'apport. Au terme de l'article L. 228-7 du code de commerce, l'associé transmet à la société une certaine somme d'argent en contrepartie de droits sociaux. La dépossession durable et réelle de l'associé de son apport au profit de la société constitue une condition sine qua non de l'opération d'apport. Cette exigence est facilement vérifiable avec les apports en numéraire. Il existe pourtant des situations voisines qui méritent exploration.

L'apport en compte courant

L'associé met à la disposition de la société une somme d'argent qu'il peut récupérer à tout instant, ou à des moments définis par la convention de compte-courant. La nature juridique de l'opération ne fait aucun doute : il s'agit d'un prêt exclusif de la notion d'apport. Pourtant, la confusion surgit en ce sens qu'en analyse financière les comptes courants d'associés sont assimilés à des capitaux permanents qui, à proportion, gonflent la capacité d'endettement de la société. La confusion avec la fonction du capital est patente. Ceci a conduit la jurisprudence de la Cour de cassation à rappeler fermement la qualification de prêt à cette opération [2] et, par voie de conséquence, lui interdit la notion d'apport.

L'apport limité dans le temps

Quel qu'en soit le mécanisme [3], lorsque l'associé récupère les fonds apportés à la société dans un laps de temps postérieur mais trop proche de la date d'immatriculation, la jurisprudence refuse à l'opération le caractère d'apport réel et sérieux en la qualifiant d'apport fictif.

En fonction de la forme de la société, il est également nécessaire de distinguer en matière d'apport la souscription de la libération. La souscription est l'engagement de réaliser un apport, la libération correspondant au versement de l'apport. Ainsi dans la société anonyme seule la moitié de la valeur nominale des titres représentatifs d'apports en numéraire a l'obligation d'être libérée dès la souscription. Le solde devant être liquidé dans un délai ne pouvant dépasser cinq ans [4].

---

1. Les apports déterminent la limite de l'engagement pécuniaire de l'associé vis-à-vis de la société. Vis-à-vis des tiers il ne sera pas tenu au-delà (en principe), excepté dans les sociétés de personnes.
2. Cass. com., 18 novembre 1986, rev. Sociétés, 1987, 581 note I. Urbain-Parléani.
3. Retrait direct des fonds par l'associé, ou apport effectué au moyen d'une facilité bancaire prenant fin après la période de constitution et conduisant à la restitution des mêmes fonds.

B. Les apports en nature

Les apports en nature couvrent une large gamme de possibilités. Il peut s'agir de biens immobiliers ou mobiliers corporels et incorporels : immeubles – fonds de commerce – brevets – créances… etc. Outre le fait que l'apporteur doit être propriétaire du bien apporté, l'article 1843-3 al. 2 du code civil exige une mise à disposition effective au profit de la société. L'objet et l'évaluation de l'apport en nature concentrent l'essentiel des règles juridiques relatives à ce type de convention.

1. L'objet de l'apport en nature

L'objet de l'apport peut être un droit de propriété, un démembrement du droit de propriété [1], ou, *in fine*, un droit de jouissance.

a. Droit de propriété

Si le transfert en pleine propriété d'un bien en nature du patrimoine de l'associé en direction du patrimoine de la société se rapproche du contrat de vente, il n'en est pas un. La différence réside dans le double fait qu'il n'y a pas paiement d'un prix mais remise de droits sociaux, ce qui ne permet pas de fixer une valorisation définitive à l'acte d'apport. De plus, quand bien même l'apporteur perd son droit de propriété sur le bien apporté, l'article 1844-9 du code civil l'autorise à reprendre son bien en nature en cas de dissolution de la société, sous certaines conditions [2]. Résiduellement, l'apporteur est tenu des mêmes garanties que le vendeur en vertu de l'article 1843-3 du code civil : garantie contre l'éviction et les vices cachés.

b. Démembrement du droit de propriété

Ce qui n'est pas interdit est autorisé. La loi ayant fait silence sur le point de savoir si l'apport d'un droit réel tel que l'usufruit ou la nue-propriété était autorisé, la pratique l'a admis. Seule limite, celle de l'article 619 du code civil qui impose un délai maximum de trente ans à l'usufruit quand il n'est pas accordé à des particuliers.

c. L' apport en jouissance

Différence fondamentale avec l'apport en propriété, l'apporteur du droit de jouissance reste propriétaire du bien. Par convention, il permet à la société d'utiliser pendant une durée déterminée [3] le bien en question. Sa situation se rapprocherait de celle du bailleur, puisque juridiquement l'apport en jouissance a un caractère successif [4]. À défaut d'être un droit réel [5], ce type d'apport n'autorise la société qu'à la détention d'un droit personnel [6] contre l'apporteur.

---

4. Article L. 225-3 c. com.
1. Usufruit (*usus – fructus*), nue-propriété (*abusus*).
2. Article 1844-9, al. 3, cass. civ. : après paiement des dettes et remboursement du capital social, le partage de l'actif est effectué entre les associés dans les mêmes proportions que leur participation… À défaut, tout bien apporté qui se retrouve en nature dans la masse partagée est attribué, sur sa demande et à charge de soulte, à l'associé qui en avait fait l'apport. Cette faculté s'exerce avant tout autre droit à une attribution préférentielle.
3. En général celle de la société, mais ce n'est pas une obligation. Attention toutefois dans cette dernière hypothèse, que l'apport ne soit pas considéré comme fictif du fait d'une trop brève durée.
4. Absence de transfert de propriété du bien et utilisation temporaire (la location – le contrat de travail – sont des contrats à exécution successive).
5. Droit qui porte directement sur une chose (s'oppose au droit personnel).
6. Un droit personnel, qui appartient à la catégorie des droits subjectifs, permet d'exiger d'une personne une certaine prestation.

2. L'évaluation de l'apport en nature

La valeur donnée à un apport en nature ayant pour contrepartie l'attribution à proportion de droits sociaux et la difficulté à fixer avec certitude cette valeur posent problème. Contrairement à l'apport en numéraire qui fait référence à une valeur connue de tous et non discutable [1], le bien objet de l'apport en nature ne possède pas de valeur intangible. Son évaluation peut laisser place à un arbitraire dangereux pour les autres associés, la société, et les tiers. En effet, l'associé apporteur en nature peut être tenté d'abuser de sa position pour surévaluer le montant de son apport. Afin de lutter contre ces tentations, le législateur a imposé le recours à un commissaire aux apports, recours qui, malheureusement, supporte des exceptions, même contenues.
Ainsi, au terme de l'article L. 223-9 alinéa 4 du code de commerce, dans les SARL « lorsqu'il n'y a pas eu de commissaire aux apports [2] ou lorsque la valeur retenue est différente de celle proposée par le commissaire aux apports, les associés sont solidairement responsables pendant cinq ans, à l'égard des tiers, de la valeur attribuée aux apports en nature lors de la constitution de la société ». Autre regret, les articles L. 223-9 alinéa 1 et L. 225-8 alinéa 1 du même code ne prévoient finalement l'intervention d'un commissaire aux apports que dans la SARL et les sociétés par actions, les autres formes de sociétés étant passées sous silence. Ajoutons que la présence de ce professionnel n'apporte pas toujours la sécurité absolue en matière de valorisation, du fait de la large palette de méthodes d'évaluation utilisables. Aucune d'entre elles n'étant imposée par la loi, seule la transparence [3] de la méthode (ou des méthodes) utilisée est exigée par la jurisprudence.

C. L' apport en industrie

Le mot industrie puise son sens dans la langue latine [4]. L'associé apporte son travail, son savoir-faire. Cet apport de travail doit être fait en dehors d'une relation de contrat de travail, sous peine de ne pouvoir donner la qualité d'associé à celui qui l'exécute. La fonction d'associé est en effet incompatible avec l'état de subordination qui caractérise les liens de la convention de travail. Compte tenu que ce type d'apport est naturellement insaisissable [5], il ne peut ni participer au montant du capital social, ni être pratiqué dans les sociétés dont le risque des associés est limité à leur apport, excepté dans les SARL [6] (art. L. 223-7 al. 2) et les sociétés par actions simplifés (art. L. 227-1 al. 4).

Puisque l'apport en industrie ne contribue pas à la formation du capital, l'apporteur ne reçoit pas en contrepartie des droits sociaux identiques à ceux des autres apporteurs. Ces droits sociaux qui ne représentent pas une quote-part du capital permettent pourtant d'assister aux assemblées générales et de percevoir une part des bénéfices, leur titulaire étant un associé à part entière. Sauf clause contraire, lorsque les statuts font silence à propos du droit à recevoir les bénéfices, aux termes de l'article 1844-1 du code civil « *la part de l'associé qui n'a apporté que son industrie est égale à celle de l'associé qui a le moins apporté* » [7].

1. Excepté si une opération de change doit intervenir, par exemple dans le cas d'un associé étranger.
2. L'art. L. 223-9 al. 2 ne rend le CAA obligatoire dans les SARL qu'au-delà des seuils fixés par la loi : l'apport dépasse 30 000 € et la valeur totale des apports excède la moitié du capital social.
3. Par exemple en rendant publique les méthodes de calcul des divers biens.
4. Du latin *industria* : activité. L'apport en industrie est l'apport d'une activité.
5. Et pour cause ! Rappelons que l'objet de cet apport est intrinsèquement lié à une personne physique.
6. Voir également l'exception des sociétés anonymes à participation ouvrière.
7. Sous-entendu : en numéraire ou en nature.

Résultat de ces particularismes et aussi de l'extrême difficulté à déterminer sa valeur, l'apport en industrie est relativement peu utilisé, exception faite des sociétés civiles professionnelles où l'apport en industrie d'un des associés peut avoir pour effet d'attirer une importante clientèle. Dans cette hypothèse, l'apport est représenté par des parts d'intérêt, ceci pour le distinguer des parts sociales représentatives d'apports en capital.

D. La personne des apporteurs

Dans les sociétés, la personne des apporteurs prend le nom d'associé. L'unicité de l'appellation cache en réalité une multitude de situations.

Associés fondateurs

Généralement les fondateurs sont associés. Ce sont les personnes à l'origine de la société. Dans les sociétés civiles, en nom collectif et à responsabilité limitée, la signature des statuts donne cette qualité. Dans la société anonyme, surtout quand il y a offre au public, tous les associés ne participent pas à l'identique à la création de la société et encore moins à la signature matérielle des statuts. Recevront le titre de fondateurs ceux d'entre eux qui prendront les premières décisions et/ou participeront à la formation de la société.

Par extension, toute personne, même non associée, qui œuvre à la mise en action d'une société est susceptible de se voir attribuer cette qualité.

C'est au moment des recours en responsabilité que la distinction entre associé-fondateur et associé prend toute son importance.

Nature des associés

Les associés peuvent être des personnes physiques ou morales, civiles ou commerçantes. L'observation de cas de mixité associés civils / associés commerçants au sein de la même société dépend de sa forme sociale. Ainsi, avec la société en nom collectif, qu'ils soient personnes physiques ou morales, quelle que soit leur nature juridique, tous les associés prennent la qualité de commerçant par affirmation de la loi. En revanche, la société civile, la société à responsabilité limitée et les sociétés de capitaux autorisent la conjonction sans limite de toutes les diversités de nature d'associés.

La rédaction de l'article 1832-1 du code civil issue de la loi du 10 juillet 1982 légalise désormais les sociétés entre époux. Les époux peuvent donc être associés, y compris dans une société en nom collectif (article 50 loi du 23 décembre 1985).

Nombre d'associés

La pluralité d'associés correspond à la thèse de la société-contrat. Au minimum de deux associés, la loi oppose parfois une exigence supérieure. À titre d'exemple, la société anonyme impose un minimum de sept associés, alors que la société en nom collectif et la société à responsabilité limitée se satisfont de deux associés. Ce sont les fonctions respectives de ces sociétés qui dictent ces seuils.

Depuis la loi du 11 juillet 1985 instituant la société unipersonnelle, la pluralité n'est plus la règle intangible. L'apporteur d'une société unipersonnelle reçoit malgré tout le titre d'associé unique. Appellation surprenante, mais contradiction mineure comparée au trouble apporté par la loi instituant une telle forme de société.

§ 2. *Le partage des résultats*

Si en droit il ne peut y avoir contrat de société sans recherche du bénéfice ou d'économies, il faut comprendre que l'obligation de tendre vers les bénéfices

n'est que juridique. Il est évident que les associés constituent toujours une société dans le but d'obtenir un profit pécuniaire ou matériel. Pour les cas où la société ne dégagerait que des pertes, la faculté de réaliser des bénéfices ou des économies existe toujours juridiquement, la société pouvant l'atteindre à tout instant. Plus important encore, non seulement la société est constituée en vue de faire des bénéfices ou économies, mais également pour les partager. L'affirmation de l'article 1832 al. 1 du code civil permet de distinguer les sociétés des autres groupements, notamment des associations. Ainsi, fondamentalement, est-il strictement interdit à l'association de faire des bénéfices [1] ? Non. En revanche, elle ne doit pas les partager entre ses membres sous peine d'une probable requalification en société [2].
Avant la loi du 4 janvier 1978, la société était constituée pour réaliser des bénéfices et les partager entre associés. La loi du 4 janvier 1978 y ajoute la notion d'économie, ceci afin de rendre cohérent le classement des sociétés, puisque le législateur avait désigné comme tels des groupements qui n'ont pas pour fonction de partager les bénéfices [3]. Depuis, l'article 1832 al. 1 et 3 code civil contient trois notions toutes sujettes à partage :
– le bénéfice,
– les économies,
– les pertes.

A. Le bénéfice

Malgré l'apport de la notion d'économie fait par la loi du 4 janvier 1978, la recherche du bénéfice reste le plus grand dénominateur commun aux sociétés. La loi le détermine à l'article L. 123-13 du code de commerce par le résultat de la différence entre les produits de la classe 7 du Plan comptable général et les charges de la classe 6 du même plan augmentées des amortissements et provisions. En complément de cette méthode trop technique, la jurisprudence déjà ancienne mais bénéfique de l'arrêt du 11 mars 1914 de la Cour de cassation siégeant en chambres réunies le décrit comme « un gain pécuniaire ou matériel qui ajoute à la fortune des associés » [4]. Concernant la notion de bénéfice, cette jurisprudence est toujours d'actualité.
Si ce n'était les errements postérieurs du législateur, la double vérification de cette définition jurisprudentielle et du partage qui en résultait, permettait de distinguer les sociétés des autres groupements. C'est parce qu'ultérieurement à la décision de la Cour suprême de 1914, le législateur a qualifié de société des groupements qui ne répondaient pas à ces caractéristiques, que le trouble s'est installé [5]. Pour le combattre et rendre de nouveau cohérente l'analyse juridique

---

1. Mais la recherche de bénéfices ne doit pas être son but essentiel, il n'est que source de financement.
2. Rappel : il n'est pas nécessaire de requalifier l'association en société commerciale pour lui appliquer les règles du droit commercial toutes les fois que cela est rendu nécessaire par son comportement. La requalification serait la concrétisation d'un stade ultime de déviance sans retour possible au statut initial. Voir également l'important texte fiscal à propos de la commercialité des associations (B. O-4H-5-98).
3. Par exemple : les sociétés d'assurances mutuelles (voir code des assurances).
4. Arrêt caisse rurale de Manigod – cass. Ch. Réunis – 11 mars 1914 – DP 1914 – I 257.
5. Exemple : les sociétés coopératives – sociétés d'assurances mutuelles – sociétés civiles professionnelles de moyens. Tous ces groupements qualifiés de société bien antérieurement à la loi du 4.01.1978 n'avaient pas pour but de partager des bénéfices ni même d'en réaliser. Regrettable approximation juridique malheureusement réitérée, semble-t-il, par le législateur avec le texte de loi DDOSEC du 17 juillet 2001 créant la société coopérative d'intérêt collectif dite SCIC (M. Michalauskas *in* Dalloz, *Revue des Sociétés*, avr.-juin 2002, p. 247).

du contrat de société, il fallait introduire un autre élément en complément de la recherche du bénéfice.

B. Les économies

Le législateur est intervenu le 4 janvier 1978 en ajoutant à l'article 1832 al. 1 du code civil le critère d'économie. Désormais, l'article affirme que la société est instituée… en vue de partager le bénéfice ou de profiter de l'économie qui pourra en résulter. *A priori* la nouvelle rédaction semble positive. Elle permet de justifier que soient dénommés société des groupements qui, à l'instar des coopératives ou des sociétés civiles de moyens, n'ont pas pour objectif de réaliser et partager des bénéfices, mais de permettre aux associés, en se réunissant, de profiter des économies de fonctionnement qui en découleront [1]. En réalité, l'apport de la loi comporte sa part d'incertitude. En voulant gommer une incohérence de présentation interne à l'ordre des sociétés, il a engendré un effondrement de la barrière logique entre les sociétés, les associations et les groupements d'intérêt économique.

Avant la loi du 4 janvier 1978 la distinction entre ces trois entités avait le mérite de la clarté. D'un côté les sociétés constituées en vue de faire des bénéfices et de les partager, de l'autre les associations dont le but est non lucratif et les groupements d'intérêt économique qui n'ont pas pour finalité de réaliser des bénéfices. Or, avec la notion d'économie qui intrinsèquement possède un sens extrêmement large, la distinction établie fond comme neige au soleil. Nombre d'associations et de groupements d'intérêt économique font profiter leurs membres d'une économie. Faut-il en tirer les conséquences de la loi et les requalifier en société ? La solution serait catastrophique au plan social et telle n'était pas la volonté du législateur. Un droit en harmonie avec les attentes de ses utilisateurs doit proposer des groupements désintéressés ou non, qui échappent à l'emprise du droit des sociétés. Assertion d'autant plus importante que l'efficacité du bénévolat et de l'œuvre humanitaire est à cette condition, surtout aujourd'hui où ces actions rencontrent un succès irrésistible et finalement encourageant au sens des valeurs morales.

Afin de parer aux excès de requalification que l'on pressent et maintenir une distinction nécessaire entre les groupements qualifiés de société et les autres, il est prudent d'adhérer à la doctrine affirmant « que le bon sens s'insurge contre de pareilles conséquences. Pour les éviter on pourrait soutenir que ne deviendront des sociétés que les personnes morales ayant pour objet principal la réalisation d'une économie. Au contraire conserveront leur nature originaire, les groupements pour qui la réalisation d'une économie n'a qu'un caractère accessoire par rapport à une activité économique (GIE), ou non lucrative (association) » [2].

C. Les pertes

Les articles 1832 al. 3 et 1844-1 du code civil rappellent que chacun des associés peut être amené à supporter les pertes enregistrées par la société. Élément important de connaissance : il ne faut pas confondre perte et déficit. Le déficit d'exploitation résulte d'un déséquilibre entre l'actif (les richesses) de la société et son passif (les dettes). Il est constaté au moment de l'établissement du bilan.

---

1. Des médecins qui se groupent pour acheter en commun un coûteux matériel médical constitueront une société civile professionnelle de moyens. Les professionnels qui se groupent au sein d'une coopérative profitent également d'économies sur le fonctionnement et les approvisionnements.
2. Y. Guyon, *Droit des Affaires*, t. 1, 12e édition, n° 116.

S'agissant de l'exploitation courante de la société aucun texte n'oblige l'associé à renouveler des apports aux fins de combler un déficit. Pourtant, si le déficit perdure et que la société interrompt son exploitation pour quelque raison que ce soit (prévue ou imprévue), le déficit devenant irrémédiable, il prend alors la nature de perte définitive. C'est à ce moment qu'entrent en fonction les exigences des articles 1832 al. 3 et 1844-1 du code civil.

L'obligation aux pertes

L'obligation aux pertes est un rapport externe, celui des associés avec les créanciers de la société. Son étendue et sa force varient en fonction de la forme de la société. Elle sera indéfinie et solidaire dans les sociétés de personnes à objet commercial, indéfinie et conjointe dans les mêmes sociétés mais à objet civil. La responsabilité indéfinie et solidaire signifie qu'un seul associé peut être obligé d'acquitter l'intégralité de la dette sociale, charge à lui de se retourner ensuite contre ses co-associés afin de partager. La responsabilité indéfinie et conjointe implique que les créanciers doivent diviser leur action en autant d'associés participant à la société, ceux-ci assumant les dettes au prorata de leurs parts dans le capital. Dans les sociétés dites de capitaux et assimilées (SARL), l'associé n'est tenu à aucune obligation aux dettes, son risque se limitant à la perte de son apport. L'obligation aux pertes est d'ordre public, des dispositions statuaires ne sauraient y déroger.

La contribution aux pertes

L'obligation aux pertes assurée, intervient la notion de contribution aux pertes. Il s'agit d'un rapport interne, celui des associés entre eux vis-à-vis de la dette sociale. Ce rapport n'étant pas d'ordre public, des clauses statutaires peuvent organiser un mode original de contribution de chacun d'eux aux pertes. Les conventions de contribution supportent des limitations jurisprudentielles identiques à celles concernant la notion de partage. Dans la loi, la notion de contribution aux pertes n'existe pas en matière de sociétés de capitaux, seul un acte contractuel pourrait la mettre en œuvre.

D. Le partage

La notion de partage n'appelle pas de commentaire particulier. En principe, la répartition des bénéfices [1] s'effectue au prorata de la participation de chacun des associés dans le capital. Mais ce n'est pas une obligation d'ordre public. Des clauses statutaires peuvent organiser une ventilation différente. Seule contrainte, le droit positif n'accepte pas que des associés se réservent une part importante (la part du lion) des bénéfices au détriment des autres associés. Cette solution s'inspire de la rédaction de l'article 1844-1 du code civil qui prohibe « la stipulation attribuant à un associé la totalité du profit procuré par la société ou l'exonérant de la totalité des pertes, celle excluant un associé totalement du profit ou mettant à sa charge la totalité des pertes ». Par extension, l'interdit des clauses « léonines » frappe toutes répartitions injustement inégalitaires [2], sans jamais provoquer la nullité de la société, puisque dans le pire des cas ces clauses sont réputées non écrites.

§ 3. *L' affectio societatis*

Le troisième élément nécessaire à la caractérisation du contrat de société reste le plus mystérieux. On pourrait presque affirmer que l'emploi d'une expression latine traduit la perplexité des juristes à définir clairement la notion. L'utilisa-

1. Ou des pertes.
2. À apprécier en fonction des faits.

tion d'une langue savante pour la nommer permettrait tout à la fois d'affirmer son exigence et d'éviter d'en décrire avec précision le contenu. L'expression se suffirait à elle-même et son opacité permettrait d'accepter une adaptation au cas par cas. Évidemment une telle supposition est intenable, le droit exigeant que toutes ses composantes soient décortiquées, analysées.

À ce titre, l'examen des articles 1832 et suivants du code civil n'éclaire pas la définition de l'*affectio societatis*. Tout au plus relève-t-on que la loi exige l'affectation des apports à une entreprise commune et que toute société se doit de répondre à l'intérêt commun des associés [1]. Complétée de la jurisprudence, la doctrine a voulu tirer de ces affirmations éparses une conception unitaire de la volonté de s'associer (*affectio societatis*), classiquement exprimée par l'intention d'œuvrer en commun à la réalisation d'un but intéressé sur un pied d'égalité, quelle que soit la participation dans le capital de chacun des associés. On retrouve dans la formule les notions de volonté, d'intention et d'égalité nécessaires à l'accomplissement de l'acte de société, ainsi que l'aspect recherche et partage des bénéfices avec le but intéressé.

En réalité l'*affectio societatis* fait preuve d'une grande souplesse de définition ayant pour fonction essentielle de distinguer les sociétés des autres groupements ainsi que les personnes faisant partie d'une société de celles n'en faisant pas partie. Pour y parvenir tous les éléments distinctifs ou fédérateurs sont bons à prendre. Sous cet éclairage, on comprend mieux l'état de la jurisprudence qui, au gré des faits, découvre l'existence de l'*affectio societatis* dans la collaboration volontaire de plusieurs personnes, l'immixtion dans la gestion, l'absence de subordination, un risque patrimonial partagé, une convergence d'actes... L'*affectio societatis* sert à la fois à démontrer l'existence du contrat de société et à vérifier sa mise en œuvre. Sauf exception [2], il est l'expression d'une intention pleine, entière et lucide.

★

★ ★

À cet instant de sa formation, la société non encore immatriculée ne peut se voir appliquer les règles propres aux sociétés devenues autonomes juridiquement, du fait de l'acquisition de la personnalité morale. En particulier, l'hypothèse d'annulation du pacte social (les statuts) ne peut être gérée ni par l'article 1844-10 du code civil, ni par l'article L. 235-1 du code de commerce. N'étant alors qu'un contrat (même de « société ») soumis au droit commun, l'article 1842 al. 2 du code civil commande d'utiliser les règles de nullité des contrats et obligations. Ceci induit que la prescription de l'action en nullité n'est pas de trois ans, mais de cinq ans en matière de nullité relative comme de nullité absolue (art. 1304 C. civ.).

Section II - La personnalité morale

Conformément aux principes du droit français, seules les personnes ont qualité à devenir sujet de droits et d'obligations, sésame permettant d'être titulaire d'un patrimoine. La notion de personne se partage en deux grandes catégories : les

1. Article 1832 et 1833 c. civ.
2. Les sociétés créées de fait.

personnes physiques et les personnes morales. Appréhender les personnes physiques n'offre aucune difficulté. Au contraire, cerner la notion de personnalité morale n'est pas aisé. Que signifie ce terme ? On peut imaginer que la personnalité morale est une catégorie résiduelle, celle des êtres non dotés d'une enveloppe physique. Pour utiliser des éléments simples rattachés à notre culture philosophique et religieuse, l'homme est composé d'une enveloppe charnelle (la partie visible) et d'une âme habitant le corps. Le corps disparu, reste l'âme qui perpétue la personne parfois avec une telle vigueur, qu'elle intègre le monde du réel. La société serait cela. Privée de perception corporelle, elle disposerait d'une âme accréditant une existence autonome lui permettant d'imposer une présence morale, celle de la force de l'esprit dictant la conduite à tenir. « L'esprit maison », vieille expression du monde du travail, traduirait ce sentiment, la société étant plus que la somme des volontés des associés. Mais justifier l'emploi d'un vocabulaire ne signifie pas le justifier en droit positif. Le droit éprouve les plus grandes peines à assimiler le concept de personnalité morale. Comment traduire scientifiquement ce qui touche à l'ésotérisme [1] ?

§ 1. *L'analyse du concept de personnalité morale*

L'analyse doctrinale de la personnalité morale s'articule autour de deux théories : celles de la fiction et de la réalité. Le législateur et la jurisprudence ayant alternativement consacré l'une et l'autre.

A. Analyse doctrinale

1. Théorie de la fiction

Pour certains, la personnalité morale serait une fiction, car seul l'homme est naturellement doté d'un corps et d'une capacité autonome à décider et agir. Ce ne serait que par le truchement d'un texte de loi, qu'« anti-naturellement » la personne morale acquiérerait les mêmes pouvoirs.

2. Théorie de la réalité

Pour d'autres, la personne est caractérisée par l'expression de la volonté. La théorie de la fiction n'expliquerait pas le concept « d'esprit maison », pas plus qu'elle n'expliquerait ce qu'est la « raison d'État ». Dans ce dernier cas, nulle loi n'intervient pour lui donner le jour. Pourtant, combien d'actes positifs ou négatifs commis par l'État ont été justifiés par ce principe non écrit ? D'où viendrait cette autonomie juridique reconnue implicitement par tous ? Il faut admettre que naturellement un groupe de personnes dégage une volonté dépassant la somme des volontés individuelles des composantes du groupe, la réalité serait là.

Avec les théories de la fiction et de la réalité, la difficulté vient peut-être de ce que les êtres matérialistes que nous sommes veulent à tout prix opposer personnes physiques et personnes morales, sous-entendu : si l'on perçoit effectivement ce qu'est une personne physique, il faudrait parvenir au même degré de perception et de précision avec la personne morale. L'erreur serait dans cette volonté-là. Doté d'une spiritualité sans faille, aurions-nous semblable doute ?

En réalité, il faut abandonner l'approche du concept de personnalité morale sous l'angle de la référence à la personne physique et accepter le principe que

1. Qualification donnée, dans les écoles des anciens philosophes, à leurs doctrines secrètes.

les êtres humains et les sociétés sont des personnes de droit par affirmation du législateur sans qu'il en ressorte de distinction possible. Être juridiquement des personnes leur permet de devenir titulaire de droits, d'obligations et de détenir un pouvoir sur les choses. Marginalement, puisqu'il faut bien les identifier et non pas les opposer, les premières citées sont naturellement qualifiées de physique, alors que les secondes sont, tout aussi naturellement, qualifiées de morale. Leurs différences juridiques ne résideraient pas dans le qualificatif physique ou moral : celui-ci ne serait qu'un distinctif identitaire source de spécificités, notamment quand il s'agit de déterminer le moment d'acquisition de l'état juridique de « personne » (respectivement : la naissance à condition d'être né vivant et viable – l'immatriculation au RCS à condition de respecter le légalisme de la formation). Dans ces circonstances, l'état de la jurisprudence optant parfois en faveur de la théorie de la fiction, parfois en faveur de la réalité, ne serait qu'anecdotique et affaire de purs faits dénués de conséquences juridiques véritables.

*

* *

Pour conclure sur ces thèmes de fiction ou réalité, on se satisfera d'affirmer cette certitude : en droit français, la personnalité morale est la conséquence d'une démarche administrative concrétisée par l'immatriculation au registre du commerce et des sociétés (RCS). *A priori* cet acte consacre la naissance d'un être doté d'une personnalité propre. Pourtant, l'incertitude commence avec l'interrogation suivante : cet être peut-il préexister à l'immatriculation ou naît-il *stricto sensus* de l'immatriculation ?

Selon la réponse, la théorie de la réalité ou de la fiction marquera des points. S'agissant de l'enfant, il y a longtemps que le droit positif, inspiré par la science, lui accorde les effets de la personnalité avant sa naissance quand il y va de son intérêt. Existe-t-il semblable disposition pour les sociétés, ceci valorisant la thèse de la réalité ? Peut-être que les articles L. 210-6 al. 2 du code de commerce et 1843 du code civil sont une piste à suivre. Ils organisent une reprise rétroactive par la société immatriculée des actes passés en son nom par les fondateurs pendant la période constitutive. Période où, à l'instar de l'enfant, elle n'est pas encore officiellement née. Elle serait ainsi potentiellement (comme l'enfant) sujet de droits et d'obligations au titre de cette période. Reste que la rédaction de l'article L. 210-6 affirmant que les sociétés commerciales n'obtiennent la personnalité morale qu'à compter de leur immatriculation au registre du commerce est incontournable.

B. Position législative et jurisprudentielle

1. Position législative

Le législateur a principalement consacré la thèse de la fiction. Qu'il s'agisse des sociétés commerciales, civiles, des groupements d'intérêt économique, ou des associations, tous n'obtiennent la personnalité morale qu'après une immatriculation au registre du commerce ou un enregistrement auprès de la préfecture, formalité administrative imposée par la loi [1]. Rares et marginaux sont les textes optant pour le concept de réalité.

1. Articles L. 210-6 (code du commerce). Article 1842 code civil – art. 3 ordonnance du 23 septembre 1967 code de commerce – articles 2 et 5 L. du 1er juillet 1901.

2. Position jurisprudentielle

Les arrêts les plus célèbres retiennent l'analyse de la réalité. Ainsi l'arrêt de la Cour de cassation du 28 janvier 1954 admet la personnalité morale des comités d'établissement à propos de laquelle la loi ne disait rien. « *Attendu que la personnalité civile n'est pas une création de la loi ; qu'elle appartient, en principe, à tout groupement pourvu d'une expression collective pour la défense d'intérêts licites ; dignes, par suite, d'être juridiquement reconnus et protégés* ». L'arrêt poursuit en affirmant que l'État reconnaît implicitement l'existence de la personnalité civile en faveur d'organismes créés par la loi elle-même. Solution identique en 1990 à propos du comité de groupe, et en 1991 en faveur des comités d'hygiène et de sécurité [1]. Au-delà des juridictions de l'ordre judiciaire, les juridictions administratives ont tendance à reconnaître à la société en formation une « personnalité embryonnaire » [2].

§ 2. *Acquisition et effets de la personnalité morale*

A. Acquisition

L'article 1842 du code civil et l'article L. 210-6 alinéa premier du code de commerce n'accordent à la société la personnalité morale qu'à compter de l'immatriculation au registre du commerce. Sans cette formalité, les sociétés n'en sont pas dotées. De ce point de vue, la capacité d'une société à être titulaire de droits et d'obligations résulte bien d'un acte administratif.

B. Effets

Principal effet de la personnalité morale, au jour de son acquisition la société devient titulaire de droits et obligations, avec pour conséquence essentielle la détention d'un patrimoine propre. Ce patrimoine appartient à la société et non aux associés. Quel que soit le nombre de droits sociaux que ceux-ci détiennent, même largement majoritaires, ils ne possèdent qu'un pouvoir de direction, jamais un pouvoir de possession directe sur les biens de la société. Ceci explique la notion d'abus de bien social. Dans l'absolu, lorsqu'un dirigeant utilise un bien de la société à des fins personnelles, il y a abus de bien social [3] : appeler sa famille à partir d'un poste téléphonique de la société – se servir dans un but privé d'un véhicule appartenant à l'entreprise… Heureusement, des règles précises régissent cette matière et évitent les excès [4].

Outre la possession d'un patrimoine, dotée de la capacité juridique, la société peut effectuer tous les actes de la vie des affaires : conclure des contrats [5], ester en justice, s'associer avec d'autres entreprises… ainsi que supporter une responsabilité pénale [6]. Cette capacité à exercer des droits impose que des organes de représentation soient constitués pour mettre la société en contact avec les tiers. Sa nature morale impose cette solution.

---

1. Cass. civ. 2, 28 janvier 1954 JCP 1954, II 7958. Cass. soc., 23 janvier 1990. Rev. soc., 1990, 444. Cass. soc., 17 avril 1991, Rev. soc., 1992, 53.
2. CE 13.5.1992, n° 89858 – CE 23.1.2006, n° 284788.
3. En principe, peu importe la valeur du bien détourné. Sur ce thème, lire : Revue des sociétés 2011, p. 448 – B. Bouloc.
4. Article L. 242-6, L. 242-30, L. 241-3 du code de commerce (voir également le code pénal).
5. Embauche – achats – ventes – emprunts – etc.
6. À compter du 1er mars 1994, le code pénal en application de la loi du 22 juillet 1992 pose le principe de la responsabilité pénale des personnes morales pour les cas prévus par la loi (art. 121 – 2 nouv. c. pén.) : poursuites – contrôle judiciaire – amendes et autres sanctions (dissolution – interdiction – confiscation de biens…) – casier judiciaire.

chapitre 2 La mise en œuvre de la société

Section I - Les formalités de constitution

§ 1. *Projet de société*

§ 2. *Les statuts*

§ 3. *Publicité*

§ 4. *Enregistrement*

§ 5. *Dépôt des actes*

§ 6. *Immatriculation au registre du commerce*

Section II - La reprise par la société immatriculée des actes passés par les fondateurs pendant la période de constitution

§ 1. *Le principe*

§ 2. *L'exception : la reprise par la société des actes des fondateurs*

La société étant dotée de pouvoirs et de privilèges exorbitants, la logique commandait que la mise en œuvre de la société réponde à des normes sévères. C'est en pensant aux tiers en relation dans le temps avec la société que le législateur a bâti des règles draconiennes. Le respect scrupuleux du formalisme de constitution est pour les sociétés un passage obligé vers l'accès au monde des affaires.

Pourtant, à la question de savoir à quel moment la société est constituée, le droit n'apporte pas de réponse tranchée. *À priori*, la solution semblerait hésiter entre la signature des statuts qui marque l'instant où l'ensemble des associés donne son consentement en acceptant le contrat de société, et le moment de l'acquisition de la personnalité morale avec l'immatriculation au registre du commerce et des sociétés. Si aucun texte ne permet d'exprimer une certitude, la lecture de l'article 1842 du code civil peut se révéler salutaire. Dans le premier alinéa de l'article, le terme de société est réservé à « *la jouissance de la personnalité morale à compter de l'immatriculation* » ; en revanche, dans son deuxième alinéa, en l'absence d'immatriculation le vocable employé est celui de « contrat de société ». Cette distinction autoriserait d'affirmer que la notion de société en tant que telle est attachée à la personne morale, et non au contrat qui ne serait que « de société ». Solution intéressante dans l'hypothèse suivante : une SA est constituée, les statuts rédigés et signés, mais la société n'est pas immatriculée alors que

son exploitation commence. En cas de déconfiture, quelles règles de droit appliquer ? Celles de la SA, forme voulue par les associés ? Ou ne retenir que la notion de « contrat de société » niant ainsi la qualité de société, les statuts, et a fortiori la forme choisie ? À l'évidence, cette dernière règle prévaut, d'autant qu'elle s'inscrit dans la double logique de la solution retenue en matière d'annulation du pacte social en l'absence d'acquisition de la personnalité morale [1], et de la solution prétorienne des sociétés créées de fait [2].
Sur une thématique plus pragmatique, mettre en œuvre une société amène à distinguer deux problématiques : les formalités de constitution et le sort des actes engagés par les fondateurs pendant cette période.

Section I - Les formalités de constitution

§ 1. *Projet de société*

Surtout utilisé pour les sociétés dans lesquelles l'*intuitus personae* n'existe pas ou peu, le projet de société a pour fonction de décrire les buts et les moyens à mettre en œuvre, ainsi que les étapes pour y parvenir. Il permet de consigner les évolutions et les discussions entre futurs associés. Compte tenu de son caractère informel, il n'emporte aucune obligation à la charge des parties. Le projet de société peut se transformer en promesse de société à compter du moment où les différentes parties formalisent leur accord sur la forme, l'objet et les apports à réaliser vers la future société. L'inexécution de la promesse de société entraîne le versement de dommages et intérêts.
Pour les sociétés cotées en bourse ou faisant une offre au public, la publication du projet de société sous contrôle de l'AMF est une des obligations à remplir. Obligations complétées par le formalisme « prospectus ».

§ 2. *Les statuts*

L'article 1835 code civil impose que les statuts soient rédigés. L'obligation de l'écrit l'est non pas à titre de preuve [3] ou de validité, mais à titre de « formalité [4] » et de sécurité. Le document est d'importance, il fige pour la durée de la vie de la société ses objectifs, les moyens apportés, les règles de la vie sociale, le partage des bénéfices [5]. Si toutes ces informations sont capitales pour les tiers, la réalité juridique prégnante est que les statuts formalisent la notion de contrat de société ; contrat définitivement entériné avec la signature des statuts par tous les associés, manifestation de l'échange de leur consentement. En complément de l'obligation de traduire par écrits les statuts, l'article 1835 du code civil et l'article L. 210-2 du code de commerce exigent la transcription de mentions obligatoires :

Les apports

Ils révèlent le montant et la nature des engagements des associés. Les fonds résultant des apports auront été auparavant libérés, puis bloqués dans un délai maximum de huit jours sur un compte bancaire ouvert au nom de la société en formation. Le récépissé de dépôt fourni par le banquier fait partie des pièces à communiquer au greffe du tribunal.

1. Voir Partie 2 – Titre I – Chapitre 1 – Section 1 – conclusion.
2. La frontière entre sociétés en formation et créées de fait. Revue des sociétés – mars 2010 – n° 1 p. 26 – B. Donduro.
3. La preuve par tous moyens, principe du droit commercial, reste en cette matière la règle.
4. Entre autre, l'enregistrement et l'immatriculation de la société exige la prodution de statuts écrits.
5. Les statuts ne sont pas en eux-mêmes des dispositions impératives sanctionnées par nullité (Revue des sociétés – septembre 2010 – p. 376).

La forme sociale
Elle permet aux tiers de connaître le mode de fonctionnement légal de la société et le périmètre d'engagement des associés [1]. (SNC – SARL – SA – SAS...).
La durée
Jamais supérieure à 99 ans, elle fixe la durée de vie de la société.
L' objet social
En l'absence de définition légale, on se satisfera d'affirmer qu'il informe les tiers de l'activité de la société. Du fait des règles de responsabilité et d'engagement, il doit être suffisamment précis pour indiquer aux tiers si l'acte qu'ils ont conclu avec la société entre ou non dans le cadre normal de son activité, mais également assez souple pour permettre les adaptations nécessaires aux évolutions économiques sans passer par la pesanteur des processus de modification des statuts [2]. Immatriculée, la société ne peut pas agir en dehors des limites de son objet social [3].
L'appellation
La dénomination sociale indique le nom de la société qui figurera sur tous les documents écrits émanant de la société [4].
Le siège social
Il détermine l'adresse juridique de la société, lieu légal de contact.

Généralement, le siège social est installé dans un local dont la société a la jouissance en tant que propriétaire ou locataire. Autre possibilité, le représentant légal est habilité à installer (sans limite de temps) la société à son domicile, sous condition de respecter les règles propres à celui-ci et celles du code de la construction et de l'habitation (L. 123-10). Seules les personnes morales peuvent occuper en commun un local respectant des critères d'équipement et de service (L. 123-11).
Le capital
Il indique les moyens financiers de la société et, en théorie, sa capacité à rembourser ses créanciers.
Les modalités de fonctionnement
Si elles sont globalement déterminées par la forme sociale retenue, les associés peuvent ponctuellement organiser des règles dérogatoires ou originales, lorsque celles prévues par le législateur ne sont pas d'ordre public [5], ou lorsqu'un libre choix est proposé, particulièrement avec la SAS [6].

En plus des mentions obligatoires, les associés peuvent choisir d'introduire d'autres renseignements en annexe des statuts. Il peut s'agir du nom et qualité des premiers dirigeants, de certains contrats conclus par les fondateurs avant la rédaction des statuts... Quelle que soit la forme sociale choisie, la loi n'impose pas à l'écrit une forme authentique ou sous seing privé [7]. L'option est laissée à l'appréciation des associés.

§ 3. *Publicité*

La constitution de la société doit être portée à la connaissance de tous par l'intermédiaire d'une publicité insérée dans un journal d'annonces légales régional du lieu du siège social.

---

1. Droits et obligations des sociétés.
2. Toute modification de l'activité de la société entraîne une modification de l'objet social, qui ne peut légalement se réaliser qu'au travers d'une procédure de modification des statuts, de la seule compétence de l'assemblée générale extraordinaire.
3. L'objet social définit l'activité de la société, alors que l'objet du contrat de société porte sur la mise en commun des biens et le partage du profit résultat de l'activité.
4. Exemple : les factures.
5. Exemple : partage des bénéfices et des pertes.
6. SA à conseil de surveillance ou conseil d'administration ; SAS....
7. Les statuts notariés sont obligatoires en cas d'apport d'un immeuble.

§ 4. *Enregistrement*

Il s'agit d'une mesure fiscale. L'acte de société est présenté à l'administration dans le double but d'acquitter un impôt appelé droit d'enregistrement [1] et d'obtenir date certaine en vertu de l'article 1328 du code civil.

§ 5. *Dépôt des actes*

Les actes de constitution doivent être déposés au greffe du tribunal de commerce dont dépend le siège social. Les pièces déposées par les fondateurs pouvant être communiquées sur leur demande aux tiers. Marginalement, le dépôt des pièces permet un contrôle de la régularité de la constitution par le greffier, celui-ci remettant un récépissé de procès-verbal de dépôt au fondateur. Munis de ce récépissé, après immatriculation, les dirigeants procéderont au déblocage des fonds déposés en banque.

§ 6. *Immatriculation au registre du commerce*

Non seulement l'immatriculation de la société au registre du commerce dont dépend son siège social participe aux mesures de publicité, mais surtout elle confère la personnalité morale. L'activité de la société ne pouvant démarrer avant cette formalité, aucun délai légal n'est imposé aux associés-fondateurs pour y procéder, excepté dans les sociétés par actions où l'article L. 225-11 du code de commerce autorise les souscripteurs à retirer leurs fonds par voie de justice, lorsque la société n'est pas constituée dans le délai de six mois à compter du dépôt du projet de statuts au greffe. Après vérification positive des pièces nécessaires à la constitution, l'immatriculation sera faite dans les cinq jours suivant la demande. Parallèlement le dossier d'immatriculation est envoyé à l'INSEE pour attribution d'un numéro national d'identité [2]. Dans un délai de huit jours suivant l'immatriculation, le greffier effectue une dernière publicité dans le Bulletin officiel des annonces civiles ou commerciales [3]. Les informations portées à la connaissance des tiers sont identiques à celles publiées dans le journal d'annonces légales régional.
Ces formalités effectuées, la société est autorisée à entreprendre l'exploitation de son objet social.

Section II - La reprise par la société immatriculée des actes passés par les fondateurs pendant la période de constitution

La naissance à la capacité juridique de la société intervenant avec l'immatriculation au registre du commerce et des sociétés, dernière étape de la constitution, la période de constitution consacre une société en devenir dénuée de droits et obligations. Pourtant cette même période voit la conclusion de contrats néces-

---

1. La loi fiscale propose cependant des exonérations. Ainsi, dans un souci d'incitation, les apports en numéraire réalisés au moment de la constitution de la société sont exonérés de droit d'enregistrement.
2. Numéro SIREN – SIRET et code NAF.
3. BODAC.

saires à la vie de la future société. Ainsi en est-il de la location des locaux commerciaux assurant le rôle de siège social, élément obligatoire de la rédaction des statuts. Comment alors concilier période d'inexistence de la capacité et quasi-obligation de contracter ? Solution de substitution, ce sont les fondateurs qui vont s'obliger au titre de ces contrats. Mais une fois la société immatriculée, seront-ils toujours tenus, ou celle-ci pourra-t-elle en assurer l'exécution ? La matière est réglée par les articles 1843 du code civil et L. 210-6 alinéa 2 du code de commerce. « *Les personnes qui ont agi au nom d'une société en formation avant l'immatriculation sont tenues des obligations nées des actes ainsi accomplis, avec solidarité si la société est commerciale, sans solidarité dans les autres cas. La société régulièrement immatriculée peut reprendre les engagements souscrits, qui sont alors réputés avoir été dès l'origine contractés par celle-ci* ».

§ 1. *Le principe*

La sécurité des tiers commandait d'organiser le principe de la responsabilité personnelle du fondateur signataire du contrat. La société n'étant pas connue de l'autre partie, cette dernière en ignorant les buts et les moyens fixés n'est pas à même de mesurer les conséquences de son engagement, ainsi que la sécurité financière d'un groupement pour le moment virtuel. En revanche, elle a tout loisir de s'assurer de la solvabilité de son co-contractant fondateur. Pour ces raisons, tout contrat signé pendant la période de constitution engage seul le fondateur vis-à-vis du tiers.

La sécurité contractuelle de celui-ci est à ce prix, d'autant que le fondateur est apte à évaluer les risques qu'il prend.

Le principe de responsabilité personnelle énoncé dans les articles 1843 code civil et L. 210-6 du code de commerce est augmenté de la solidarité entre fondateurs [1] dans l'hypothèse où la société est commerciale, ceci afin de mieux garantir financièrement le tiers. Cette solution de la loi mérite explication. Logiquement, les fondateurs n'intervenant pas à l'acte ne devraient pas supporter de responsabilité. Cette logique est-elle amendée en cas de défaut de reprise de l'acte par la société immatriculée, depuis que la période de constitution d'une société commerciale fait de la solidarité [2] entre fondateurs une norme légale ? Non, cette solidarité vise « ceux qui ont passé l'acte ou ont donné mandat de le passer sans s'étendre aux personnes qui lui sont restées étrangères même si elles ont pu par ailleurs acquérir la qualité de fondateur ».

Autre hypothèse de partage de responsabilité entre fondateurs, ce serait pour celui qui a signé le contrat de démontrer qu'il a agi de concert avec d'autres associés [3], lui seul matérialisant l'engagement de ce groupe d'associés.

§ 2. *L'exception : la reprise par la société des actes des fondateurs*

Le principe pris en faveur des tiers pouvait en réalité leur faire supporter de graves risques. En particulier, la surface financière des fondateurs est souvent moindre que celle de la société. Sans compter qu'il n'était peut-être pas très

1. Sous condition que les fondateurs aient tous participé à l'acte considéré.
2. Obligation conjointe si la société est civile.
3. Ou démontrer une société créée de fait. La situation serait réalisée en cas de commencement de l'exécution de l'objet social avant immatriculation. Jugé que l'embauche de personnel n'est pas caractéristique d'un début d'activité. Idem en cas d'acquisition de matériel et outillage.

logique qu'une fois immatriculée la société puisse bénéficier d'un contrat dont elle ne serait pas la débitrice principale. La conjugaison de ces raisons objectives a amené le législateur à organiser une atténuation du principe. Sous condition que le fondateur ait indiqué au tiers par écrit dans le contrat qu'il agissait pour le compte d'une société en formation, la reprise valablement faite de la convention par la société immatriculée le dégagera de sa responsabilité. *A contrario*, un acte passé par le fondateur omettant la mention « société en formation » entraîne l'inopposabilité au tiers de l'éventuelle reprise de l'acte faite par la société immatriculée, même valablement effectuée.
Chronologiquement, trois voies s'offrent à la reprise des actes :

A. À la signature des statuts

Lorsque les associés se réunissent en vue de signer les statuts, les fondateurs ayant souscrit des conventions peuvent les porter en annexe [1]. La ratification du pacte social par tous les associés entraînera une reprise quasi automatique des actes passés par les fondateurs au jour de l'acquisition de la personnalité morale par la société. Un refus impliquerait l'éclatement du pacte social.
Si les associés prétendent vouloir conserver la faculté de maîtriser l'acceptation des actes passés par les fondateurs jusqu'à l'assemblée générale suivant l'immatriculation, il leur faut refuser de porter les contrats en annexe des statuts.

B. En vertu d'un mandat

Pour les actes conclus entre la signature des statuts et l'immatriculation de la société [2] au registre du commerce, le fondateur peut agir en raison d'un mandat reçu des autres associés. Aux conditions que le mandat soit à personne déterminée [3], non général dans ses termes [4] et qu'il ait été scrupuleusement respecté dans ses objectifs, la personnalité morale acquise par la société devrait emporter reprise du contrat passé par le fondateur, puisque tous les associés fondateurs mandants sont solidairement tenus du contrat (quelle raison auraient-ils de s'opposer à la reprise ?) C'est au fondateur d'apporter la preuve de l'existence et du contenu du mandat, quand bien même une certaine souplesse, s'agissant de l'étendue du mandat, est acceptée par le juge.

C. Après immatriculation

La société ayant acquis la personnalité morale, devenue sujet de droits et d'obligations, elle peut reprendre les actes passés en son nom par les fondateurs pendant la période de constitution. Cette reprise est valablement décidée par le collectif des associés à la majorité [5] et à condition qu'elle ne soit pas tacite ou implicite. Une reprise est dite tacite ou implicite lorsque l'on voudrait la déduire d'une simple exécution du contrat par la société, ou de l'approbation de la comptabilité par les associés. En conséquence, la reprise doit être expresse, acte par acte.

---

1. Revue des sociétés – sept. 2012 – p. 503 – S. Prévost.
2. Que la société soit une SNC, SARL, SA sans offre au public (R 210-6 al. 3), SA avec offre au public (R 210-7 al. 4).
3. Il doit indiquer clairement le nom du fondateur chargé de réaliser le mandat (mandataire). Celui-ci ne peut déléguer son pouvoir sous peine d'annuler les effets de la reprise à propos de sa responsabilité.
4. Chaque mandat doit désigner une opération à effectuer et non pas donner pouvoir aux fins « de réaliser les actes nécessaires à la bonne constitution de la société ». En revanche un mandat peut décrire plusieurs actes à passer.
5. Les statuts peuvent prévoir un renforcement de la majorité, voire réclamer l'unanimité.

*

* *

La reprise des actes valablement faite par la société immatriculée a pour effet principal de dégager les fondateurs de toute responsabilité puisque « les engagements souscrits sont alors réputés avoir été, dès l'origine, contractés par celle-ci ». La reprise s'accompagne donc de la rétroactivité.

Chapitre 3

L'interruption de la société

La société en activité peut être interrompue pour différentes causes. Ces causes sont de deux ordres : la sanction des irrégularités de constitution et les motifs de dissolution. La sanction des irrégularités de constitution frappe de nullité une société *a priori* valablement immatriculée, fonctionnant régulièrement, mais qui est rattrapée par une erreur ou un oubli commis au moment de sa création. Annulation logique puisque la faute considérée concerne en principe le contrat de société. Au contraire, la dissolution atteint une société ne souffrant d'aucune irrégularité de constitution (ni les règles de formation, ni le contrat de la société ne présentent de défaut), ayant fonctionné paisiblement, mais qui pour des raisons fixées par la loi choisit ou doit interrompre son exploitation.

Section I - La sanction des irrégularités de constitution

La sanction d'une irrégularité de constitution, touchant à l'essence même du contrat ou de la formation de la société, devrait déboucher en principe sur le prononcé d'une nullité pure et dure. Pourtant cette solution n'a pas eu les faveurs du législateur, l'esprit de l'article L. 235-1 du code de commerce étant d'influencer l'organisation d'une meilleure protection des tiers. Solution mise en application dans le cas précis des sanctions des irrégularités de constitution, puisque si la nullité atteint légitimement patrimonialement les associés, elle atteint également les tiers en leur imposant une disparition qui peut avoir de graves conséquences pour leurs créances. Résultat, le code interprète strictement les cas de nullité pour irrégularité de constitution et organise largement les moyens de réparer la faute, ce afin d'épargner les tiers, particulièrement les plus faibles d'entre eux, à savoir les salariés... quand bien même ces derniers n'étaient pas au centre des préoccupations du législateur de 1966. Complément nécessaire de ce régime a minima d'annulation, l'article 1844-10 alinéa 2 du code civil prévoit que toute clause statutaire irrégulière mais non frappée de nullité est réputée non écrite.

§ 1. *Les cas de nullité*

En matière de sanction, le législateur a édicté un régime légal restrictif, solution à laquelle il convient d'ajouter les règles générales régissant la nullité des contrats, puisque la société en est un.

Mais avant d'étudier le régime de la nullité des sociétés, il paraît nécessaire d'aborder la problématique suivante. Malgré l'ordonnance du 20 décembre 1969 ayant pour objet d'harmoniser les cas de nullité des sociétés (tel que le concevait notre droit positif d'alors) avec la directive communautaire du 9 mars 1968 (article 11), force est de constater qu'aujourd'hui encore, les cas de nullité visés par notre droit positif restent quelque peu différents des cas de nullité visés par l'article 11 de la directive précitée. Sous cet éclairage, comment appréhender l'étude des nullités des sociétés ? Se prévaloir des seules règles du droit national [1] ? Au contraire, accepter la primauté de la directive communautaire ? Les partisans de la première solution feront remarquer qu'en matière de fraude, la Cour de cassation applique toujours l'universalité du principe de la nullité des actes commis sous l'empire de la fraude, que la directive n'accepterait pas pour les SARL et sociétés par actions. Pourtant, le sens de l'histoire et de l'évolution des droits plaident en faveur de la seconde hypothèse. Non seulement l'histoire semble aller inéluctablement dans le sens de l'affirmation du fait européen, mais la jurisprudence de la Cour de justice des Communautés européennes paraît imposer à notre droit positif les termes de l'article 11 de la directive [2]. Au regard du principe de précaution, cette jurisprudence et la doctrine qui en découle [3] influencent notre étude de la nullité des sociétés. D'autant que le régime de nullité des sociétés, tel qu'écrit dans les codes civil et de commerce, n'est atteint qu'à la marge lorsqu'on intègre les données du droit positif européen, aujourd'hui synthétisées par la directive CE 2009/101 (art. 12) du 16 septembre 2009.

A. Le principe gouvernant les causes de nullité

Pas de nullité sans texte. L'annulation d'une société ne peut résulter que de la violation de dispositions prises par la loi, dispositions répertoriées dans le code civil et le code de commerce.

1. Puisqu'au terme de l'art. 249 al.3 du Traité de Rome, la directive laisse aux États membres la forme et les moyens d'atteindre le résultat demandé (au contraire du règlement qui est impératif).
2. CJCE 13-11-1990 Bull Joly 1991, 190 – Rev. Soc., 1991-532 note Chaput.
3. Voir mémento F. Lefèvre, Sociétés commerciales, n° 89.130 et s.

1. Le code civil

L'article 1844-10 affirme que « la nullité de la société ne peut résulter que de la violation des dispositions des articles 1832, 1832-1 alinéa 1er et 1833 ». Ce sont les trois seules hypothèses de sanction du droit commun des sociétés.

L'article 1832

Le non-respect des éléments spécifiques au contrat de société entraîne l'annulation du contrat. La sanction s'applique lorsque l'une des conditions du contrat fait défaut : absence d'apports – absence de recherche ou de partage des bénéfices – défaut d'*affectio societatis* [1] (intérêt commun) – associés inférieurs à deux (sauf cas prévus par la loi).

Pourtant ce régime de nullité résultat de la violation des règles spécifiques du contrat de société doit être amendé. S'il concerne les sociétés de personnes (ex. : SNC) et les sociétés en commandite simple, il doit être écarté ou minoré s'agissant des SARL et sociétés par actions (SA – SAS – société en commandite par actions).

L'amendement résulte de ce que nous évoquions précédemment, à savoir l'adaptation au droit interne des dispositions de l'article 11 de la directive CEE n° 68/151 du 9 mars 1968 et de l'article 12 de la directive de septembre 2009 ; dispositions applicables aux seules SARL et sociétés par actions.

Au terme de ce texte, les États membres de la CEE ne peuvent prévoir la nullité d'une société (SARL ou par actions) que dans les cas suivants :

– défaut d'acte constitutif ou l'inobservation, soit des formalités de contrôle préventif, soit de la forme authentique ;
– caractère illicite ou contraire à l'ordre public de l'objet de la société ;
– l'absence, dans l'acte constitutif ou dans les statuts, de toute indication au sujet soit de la dénomination de la société, soit des apports, soit du montant du capital souscrit, soit de l'objet social ;
– l'inobservation des dispositions de la législation nationale relative à la libération minimale du capital social ;
– l'incapacité de tous les associés fondateurs ;
– le fait que le nombre des associés fondateurs est inférieur à deux.

Ces dispositions s'imposant aux droits des États membres, il en résulte que le code de commerce ou le code civil ne peuvent, s'agissant toujours des SARL et sociétés par actions, organiser valablement d'autres cas de nullité que ceux prévus dans la directive. Mais les dispositions des articles 11 et 12 des deux directives CEE ne sont pas obligatoirement et intégralement applicables dans les droits nationaux. En conséquences, les cas prévus par les articles 11 et 12 des directives, mais non transcrits dans notre positif, sont écartés. Il reste à constater que des exigences de l'article 1832 du code civil applicables aux SARL et sociétés par actions, seul sera cause de nullité le nombre d'associés fondateurs inférieurs à deux, cette hypothèse de nullité étant commune aux articles des directives et à notre droit positif.

Encore que ce cas de nullité ne s'applique pas aux SARL et SAS, puisque notre droit connaît la SARL et la SAS unipersonnelle (respectivement EURL et SASU) : de fait, seules seront concernées la SA et la société en commandite par actions.

L'article 1833

La société doit avoir un objet social licite, conforme à l'ordre public et aux bonnes mœurs, et se constituer dans l'intérêt commun des associés. Cette dernière exigence est déjà contenue dans l'article 1832. On observera que la

---

1. La jurisprudence n'a jamais sanctionné d'une nullité pour défaut d'*affectio societatis* (au moment du contrat ou après immatriculation) une société immatriculée.

nullité résultat d'un objet illicite ou contraire aux bonnes mœurs s'applique aux sociétés de personnes, ainsi qu'aux SARL et sociétés par actions, puisque pour ces dernières ce cas de nullité est visé par l'article 11 de la directive CEE.

2. Le code de commerce

L'article L. 235-1 du code de commerce dispose que « *la nullité d'une société ou d'un acte modifiant les statuts ne peut résulter que d'une disposition expresse du présent livre* » [1]. La loi prévoit de sanctionner les sociétés commerciales dans deux situations.

L'article L. 235-1 alinéa 1

L'alinéa premier de l'article, complété par la jurisprudence [2], prévoit la nullité de la société à responsabilité limitée et de la société anonyme lorsque le vice du consentement ou l'incapacité atteint tous les associés fondateurs, ce qui, concrètement, semble impossible à vérifier. Le même alinéa précise inutilement que la nullité des sociétés commerciales ne peut résulter du non-respect de l'interdit de l'article 1844-1 s'appliquant aux clauses léonines, puisque ce dernier article du code civil indique précisément que de telles clauses sont réputées non écrites !

L'article L. 235-2

L'absence d'accomplissement des formalités de publicité dans les sociétés en nom collectif et en commandite simple entraîne la nullité de la société. Toutefois « *le tribunal a la faculté de ne pas prononcer la nullité encourue, si aucune fraude n'est constatée* » ; de plus, l'article L. 210-7 permet de régulariser l'acte manquant.

Hormis les cas spécifiquement prévus par le code civil et le code de commerce, toutes les autres dispositions de ces codes, mêmes impératives, n'impliquent pas la nullité en cas de violation. Les hypothèses de nullité des sociétés organisées expressément par la loi relèvent donc de l'exception.

B. Extension des causes de nullité

Que ce soit l'article 1844-10 du code civil ou l'article L. 235-1 du code de commerce, tous deux ajoutent aux cas de nullité des sociétés qu'ils désignent, les causes traditionnelles de nullité des contrats [3]. Incontestablement, cette disposition élargit le domaine de la nullité des sociétés, heureusement dans des proportions restreintes. Compte tenu des cas de nullité des sociétés déjà retenues par la loi, le régime de la nullité des contrats ajouterait les hypothèses de défaut d'objet du contrat de la société au sens de l'article 1126 du code civil, d'absence de cause ou cause illicite de ce même contrat au sens de son objet social, défaut ou vice du consentement, incapacité d'un ou plusieurs associés. Solution exacte en ce qui concerne les sociétés de personnes et en commandite simple, inexacte concernant les SARL et sociétés par actions. En effet, ces dernières tombent à nouveau sous le joug de l'article 11 de la directive CEE qui limite les cas de nullité dédiés aux sociétés concernées par sa rédaction (l'article 11 vise l'objet social qui décrit l'activité, et non pas l'objet du contrat source d'extension des causes de nullité) : il ne resterait d'efficient concernant la SARL et la SA, que l'incapacité frappant tous les associés fondateurs.

Au delà du régime de nullité des articles 1844-10 du code civil et L. 135-1 al. 1, L. 235-2 du code de commerce, ne pas omettre le cas prétorien de nullité pour fraude applicable en principe qu'aux sociétés de personnes et commandite simple pour les raisons vérifiées ci-dessus : « *fraus omnia corrumpit* » que l'on peut traduire

---

1. Livre du code de commerce.
2. Cass. Com. 20-6-1989 : Bull. Civ. IV.
3. Au sens du droit commun et au sens du contrat de société (ex : ne pas respecter la pluralité d'associés).

par « la fraude corrompt toute chose ». Selon la dernière jurisprudence de la haute cour, il faudrait comprendre que l'hypothèse n'exigerait pas que tous les associés aient eu connaissance de la fraude [1]. Anrérieurement à cette solution, sa jurisprudence exigeait que tous les associés aient participé à la fraude. [2] La spécificité et spécialisation des chambres qui se sont prononcées, explique-t-elle la différence de solution ? Il reste qu'en droit des sociétés, la nullité pour fraude permettrait de dépasser le régime (trop ?) restrictif de la nullité, et ainsi anéantir des artifices juridiques de circonstance qui, sans cela, échapperaient à la sanction.

§ 2. *Mise en œuvre de la nullité*

Non seulement le législateur a voulu limiter les cas de nullité, mais il a également souhaité contrarier leur mise en œuvre. À cette fin, il a organisé un régime original des sanctions pour irrégularité de constitution.

La réparation

Exceptée la nullité encourue sur le fondement d'un objet social illicite, la loi ouvre largement la faculté de régulariser l'acte fautif. L'article 1844-11 code civil dispose que « *l'action en nullité est éteinte lorsque la cause de nullité a cessé d'exister le jour où le tribunal statue sur le fond en première instance* » [3].

L'article 1844-13 code civil ajoutant que le tribunal doit attendre deux mois avant de statuer, délai qu'il a le pouvoir d'augmenter (art. L. 235-4 code de commerce). Pour le cas où la régularisation est enclenchée au jour de l'instance, le tribunal doit accorder le délai nécessaire à son aboutissement. Plus favorable encore, dans les circonstances où les très restrictifs cas de nullité pour vice du consentement ou incapacité seraient vérifiés, sous condition qu'une régularisation peut intervenir, l'article 1844-12 du code civil autorise toute personne y ayant un intérêt à mettre en demeure l'associé titulaire de l'action, soit de régulariser, soit d'agir en nullité dans un délai de six mois à peine de forclusion [4]. Dans l'hypothèse où l'associé agirait en nullité, la société ou un autre associé peut soumettre au tribunal saisi « *toute mesure susceptible de supprimer l'intérêt de l'associé-demandeur, notamment par le rachat de ses droits sociaux* » [5]. On ne peut imaginer mesures plus tolérantes et attentionnées.

Éviter la nullité en organisant la réparation oblige à fixer les règles de l'action en réparation, tant dans son domaine, qu'en désignant les personnes pouvant agir. L'action en réparation s'applique aux mentions statutaires défaillantes, ainsi qu'aux formalités de constitution oubliées ou irrégulièrement accomplies. L'action appartient à tout intéressé y compris ceux qui n'ont pas encore subi de dommage, ainsi qu'au ministère public. Le délai pour agir est de trois ans à compter du jour de l'immatriculation de la société concernée au registre du commerce.

La prescription

Les articles 1844-14 code civil et L. 235-9 du code de commerce prescrivent les actions en nullité par un délai de trois ans du jour où la nullité est encourue. La brièveté du délai s'explique par le souci du législateur de ne pas permettre la remise en cause trop loin dans le temps des situations auxquelles les tiers et associés de bonne foi ont pu légitimement croire. Il reste que la prescription ne joue pas en cas de nullité pour objet illicite, fraude et lorsque la loi répute certaines clauses non écrites (ex. : clause léonine). Solution identique à propos

---

1. Cass. 1re civ., 7 octobre 1998 : D 1998, p. 563
2. Cass. Com. 28-1-1992. RJDA 4-92 n° 350.
3. L'article L. 235-3 du code de commerce propose la même règle.
4. Art. 1844-2 al. 1 code civil.
5. L. 235-6 al. 2 code de commerce.

de l'exception de nullité qui est perpétuelle (ex. : une partie agira en justice sans limite de temps si on lui demande d'exécuter un acte à l'origine irrégulier).

Effets de la nullité

La nullité prononcée, la société qui jusque-là avait valablement fonctionné est qualifiée de « société devenue de fait » [1]. De cette qualification le droit en déduit deux conséquences originales :

– Absence de rétroactivité, contrairement aux règles de droit commun (art. 1844-15 code civil)

– La société annulée est liquidée conformément aux dispositions de ses statuts [2] excepté dans les hypothèses d'objet social illicite et de vice du consentement [3].

L'article 1844-16 code civil ajoute que « *ni la société ni les associés ne peuvent se prévaloir d'une nullité à l'égard des tiers de bonne foi* » (L. 235-12 code de commerce). Cependant, la nullité, conséquence d'une incapacité ou d'un vice du consentement, est opposable aux tiers par l'incapable ou les associés dont le consentement a été surpris par erreur, dol ou violence.

§ 3. *La régularisation préventive*

Les articles 1839 du code civil et L. 210-7 du code de commerce prévoient que tout intéressé est recevable à demander en justice que soit ordonnée la régularisation de la constitution de la société si les statuts ne contiennent pas toutes les énonciations exigées par la loi ou si une formalité de constitution a été omise. Le ministère public étant autorisé à agir aux mêmes fins.

L'action en régularisation, qui vise *a priori* à assainir les sociétés porteuses d'actes manqués mais non sanctionnées par la nullité, entraîne l'interrogation de la doctrine. Celle-ci se demande s'il faut comprendre que l'action en régularisation concerne toutes les irrégularités ou uniquement celles non sanctionnées par la nullité de la société ?

Dans la première hypothèse, il y aurait coexistence entre l'action en régularisation préventive de nullité des articles 1839 et L. 210-7 et la réparation effectuée en opposition à une demande de nullité des articles 1844-12 et L. 235-4. Dans la seconde hypothèse, la régularisation des articles 1839 et L. 210-7 ne s'appliquerait qu'aux irrégularités non sanctionnées par la nullité.

Adoptons la solution préconisée par Y. Guyon, qui, dans son ouvrage « Droit des Affaires » (tome 1 – 11e édition au n° 162), opte pour la première hypothèse « car tout doit être fait pour éviter l'annulation d'une société ».

§ 4. *Responsabilité des fondateurs*

L'équilibre des textes appliqués à la nullité des sociétés puise sa justification dans un renforcement de la responsabilité des fondateurs, véritables responsables de la sanction prononcée. Quand ils sont à l'origine de cette sanction, ils doivent réparer le préjudice supporté par les tiers et les autres associés. L'action se prescrit par trois ans à compter du jour où la décision d'annulation est passée en force de chose jugée [4]. Même dans le cas où la nullité a été réparée, la virtualité de la nullité a pu effrayer des banquiers, voire des clients potentiels. C'est ce dommage que doivent également supporter les fondateurs. Enfin « *les fondateurs sont solidairement responsables du préjudice causé soit par le défaut d'une*

1. Ou « de fait ». Surtout à ne pas confondre avec la société créée de fait.
2. Article L. 235-10 code de commerce.
3. Le contrat de société (donc les statuts) n'existerait pas.
4. Article 1844-17 code civil et art. L. 235-13 code de commerce.

mention obligatoire dans les statuts, soit par l'omission ou l'accomplissement irrégulier d'une formalité prescrite pour la constitution de la société » [1]. Pour ces derniers manquements, la prescription est de dix ans.

La mise en cause des fondateurs serait incomplète sans la menace d'une responsabilité pénale. Le législateur l'a organisée indépendamment des motifs de la responsabilité civile. La sanction pénale intervient lorsque certaines dispositions légales de constitution des sociétés sont éludées, ce, quels qu'en soient les motifs. Il peut s'agir d'une fraude à la valeur des apports, d'une souscription fictive au capital d'une société anonyme, d'une émission d'actions au profit d'une société anonyme irrégulièrement constituée... La matière compétente pour ces diverses infractions étant le droit pénal, plus particulièrement le droit pénal des affaires.

Section II - Dissolution de la société

Alors que la nullité prend toujours sa source dans la période de constitution et résulte du non-respect d'une exigence de la loi, la dissolution intervient pour une cause inhérente à la nature contractuelle de la société, ou à son fonctionnement. Cette cause peut être le résultat de la volonté des fondateurs, cause exprimée parfois dès la rédaction de l'acte social, ou purement fortuite. La distinction apparente entre nullité et dissolution accepte pourtant une atténuation. Ces deux solutions du droit positif ont pour finalité commune l'interruption de la société, puisque l'annulation emprunte ses effets à la dissolution judiciaire.

Avec la rédaction de l'article 1844-7 du code civil, le législateur identifie huit situations impliquant la dissolution de toutes les formes de sociétés. Il est possible de distinguer celles entraînant automatiquement la dissolution, de celles provoquant la dissolution par décision des associés ou de justice après analyse des circonstances. Le régime de la dissolution intègre également le fait que le contrat de société a donné naissance à une personnalité morale dotée d'un patrimoine.

§ 1. *Dissolution automatique*

L'article 1844-7 prévoit une série d'événements provoquant instantanément la dissolution de la société. Leur survenance ne laisse en principe pas de place à l'interprétation. Dans l'hypothèse où un tribunal serait saisi sur demande d'un associé, sa seule marge de manœuvre consisterait à vérifier la réalité de l'événement. La constatation effectuée, il ne pourrait que prononcer la dissolution. Pourtant, cet automatisme dépourvu de parade ne correspondait certainement pas au souci du législateur d'assurer une meilleure protection des tiers et des associés, surtout en présence de sociétés économiquement viables. En partie pour cette raison, certains des cas de dissolution de plein droit se voient proposés des solutions de réparation.

A. Le terme de la société

Les statuts mentionnent obligatoirement la durée de vie de la société. La durée expirée, la société prend fin sauf « *prorogation effectuée conformément à l'article 1844-6 du code civil* » [2]. La prorogation de la société doit être décidée à l'unanimité des associés, ou, quand les statuts le permettent, à la majorité qualifiée prévue par la loi en cas de modification de ceux-ci. Une telle décision mérite

1. Article 1840 code civil et L. 210-8 code de commerce.
2. Article 1844-7-1° du code civil.

réflexion et anticipation. La loi impose donc qu'un an au moins avant la date d'expiration de la société, les associés doivent être consultés à l'effet de décider si la société doit être prorogée.

B. La réalisation ou l'extinction de son objet

Lorsque le but que s'était fixé la société est atteint, sa raison d'être disparaît. Ainsi s'explique la dissolution par réalisation ou extinction de l'objet social [1]. Excepté le cas où l'unique activité prévue aux statuts disparaît ou devient illicite par application d'une loi nouvelle, la plupart des objets sont rédigés de façon à rendre l'activité inépuisable [2] et ainsi éviter la mise en œuvre de ce cas de dissolution [3].

C. Liquidation judiciaire

Le jugement ordonnant la liquidation judiciaire ou la cession totale des actifs entraîne dissolution immédiate de la société [4]. Aucune solution de réparation n'est possible. En revanche, la cession des actifs sociaux dans le cadre d'un plan de redressement judiciaire n'implique plus la disparition de la société depuis la loi du 26-7-2005 (art. 189).

D. La nullité de la société

L'annulation du contrat de société provoque la fin (dissolution) de la société [5]. L'application des effets de la dissolution à la société rendue nulle s'explique par l'absence de rétroactivité de la sanction. Il fallait gérer juridiquement une nullité privée de remonter dans le temps. Les conséquences de la dissolution convenaient à la solution. Il suffisait d'indiquer dans un texte de loi que la nullité déclenchait les effets de la dissolution, pour obtenir le résultat escompté (art. 1844-15 code civil). À l'instar de la liquidation judiciaire, la dissolution engagée pour motif d'annulation ne permet plus aucune réparation de l'acte irrégulier ou manquant.

Puisque la société annulée est liquidée conformément à ses statuts (L. 235-10) et sans rétroactivité, elle est qualifiée de « société de fait ».

E. Clauses statutaires

L'alinéa 8 de l'article 1844-7 du code civil permet aux associés de prévoir statutairement des clauses créatives de dissolution. De telles clauses sont rarissimes, les associés n'ayant aucun intérêt à ajouter à la loi des stipulations motivant une dissolution. Surtout si l'entreprise se révèle prospère. En toute hypothèse, liberté est donnée aux associés de les prévoir, liberté leur est acquise de les supprimer à tout instant… sous condition que cette liberté respecte l'ordre public et le code de commerce.

§ 2. *Dissolution provoquée*

En dehors des cas de dissolution automatique, le même article 1844-7° du code civil prévoit d'autres possibilités de dissolution. Leur caractère commun est

1. Article 1844-7-2° du code civil.
2. À un objet déterminé, les rédacteurs des statuts peuvent ajouter une formule aussi générale que : « et plus généralement toutes activités connexes autorisées par la loi française ».
3. Si une part, même infime, de l'objet subsiste, la dissolution ne peut être prononcée (en ce sens : T. com. de la Seine, 22 juin 1959, journ. soc., 1959, 193).
4. Article 1844-7-7° du code civil.
5. Article 1844-7-3° du code civil.

l'absence totale de dissolution de plein droit. Elles ont pour origine, soit une décision volontaire des associés, soit une décision de justice.

A. Dissolution par les associés

L'article 1844-7-4° du code civil autorise la dissolution anticipée de la société par décision des associés. La société étant un contrat, sa création nécessite l'accord de tous les associés, excepté les cas où l'assemblée constitutive est obligatoire. On aurait pu imaginer qu'en cas de *mutus dissensus*, la résiliation [1] ou la résolution [2] du contrat nécessitent la même unanimité. Or il n'en est rien. L'article L. 225-246 du code de commerce autorise la dissolution anticipée de la société par l'assemblée générale extraordinaire aux conditions de majorité et quorum de cette assemblée. Seuls les associés ont compétence pour décider, à l'exclusion de toutes autres personnes, fussent-elles dirigeantes. Le motif de la dissolution est laissé à leur libre arbitre, mais il ne doit être ni frauduleux, ni constituer un abus de majorité.

B. Dissolution par décision de justice

1. Dissolution pour justes motifs [3]

« *La société prend fin par dissolution anticipée prononcée par le tribunal à la demande d'un associé pour justes motifs, notamment en cas d'inexécution de ses obligations par un associé, ou de mésentente entre associés paralysant le fonctionnement de la société* » [4]. Le premier des justes motifs cité par la loi ne déclenche pas de remarque particulière. En revanche, le second requiert une explication. Afin d'éviter les excès, le législateur demande au juge de vérifier que la mésentente entraîne une grave paralysie de la société. La paralysie farouchement exigée par la jurisprudence sera caractérisée par une absence de fonctionnement n'autorisant pas la nomination des organes sociaux, par un blocage de la vie sociale au moment d'une situation financière grave… Il semble que la prospérité de la société renforce la conviction des juges à ne pas dissoudre [5]. *A contrario*, une situation désespérée le permettrait, ainsi qu'une exploitation de l'objet social perpétuellement déficitaire, sans espoir de retour à meilleure fortune. En tout état de cause, l'appréciation du juste motif étant laissée à l'initiative des juges du fond [6], ceux-ci ne prononceront pas la dissolution tant qu'il existe des moyens de parvenir à une solution raisonnable.
L'action devant la justice est réservée aux associés, à l'exception de l'éventuel associé fautif.

2. Réunion des droits sociaux en une seule main

La réunion de tous les droits sociaux entre les mains d'un seul associé n'est plus une cause de dissolution automatique. Excepté la société unipersonnelle, le

---

1. Suppression pour l'avenir d'un contrat (cause : inexécution par l'une des parties de ses obligations).
2. Effacement rétroactif des obligations d'un contrat (cause : inexécution par l'une des parties de ses prestations).
3. Article 1844-7-5° du code civil.
4. Revue des sociétés – oct. 2011 – p. 566. Dans un cas d'espèce, la Cour de cassation a confirmé la dissolution d'une société non paralysée dans son fonctionnement mais victime d'un grave abus de majorité : cass. com. 18-5-1982 note Le Cannu. L'emploi par l'article 1844-7-5° c. civ. de l'adverbe « notamment », au moment de préciser les cas de dissolution, autorise cette solution.
5. Cass. com. 27 avril 1971 : Bull. IV, n° 116 ; cour d'appel de Douai, 3 juillet 1970, JCP 1971, II, 16626. Voir cependant en sens contraire, un cas de dissolution d'une société profitable : CA Paris 27-6-2003, n° 02-11435, RJDA 12.2003, sommaire 1183.
6. Revue des sociétés, avril 2015, p. 223, note B. Saintourens.

contrat de société exigeant la pluralité d'associés, la présence d'un seul associé devrait entraîner la dissolution-liquidation de la société. Ce n'est pas la solution retenue par l'article 1844-5 du code civil. À l'absence de dissolution automatique, la loi ajoute au bénéfice de l'associé devenu unique un délai d'un an pour régulariser. Passé ce délai, tout intéressé peut (ce n'est qu'une éventualité : si personne n'agit, la société perdurera) demander la dissolution, mais le tribunal a la faculté d'accorder à la société un nouveau délai de six mois pour réparer la situation. Il lui est interdit de prononcer la dissolution si, au jour où il statue sur le fond, cette régularisation a eu lieu.

L'associé unique peut à tout instant dissoudre la société par déclaration au greffe du tribunal de commerce [1]. La dissolution entraîne la transmission universelle du patrimoine de la société à l'associé personne morale devenu unique, sans qu'il y ait lieu à liquidation [2]. Inversement, quand l'associé unique est une personne physique, il faut procéder à la liquidation selon le régime de droit commun des sociétés, puisque les dispositions de l'article 1844-5 alinéa 3 du code civil ne lui sont plus applicables depuis la loi du 15 mai 2001 (1844-5 al. 4 code civil).

À compter de la publication de la dissolution, les créanciers disposent d'un délai de trente jours pour faire opposition [3].

3. Sanctions pénales

Avec le nouveau code pénal entré en vigueur le 1er mars 1994, le législateur a mis fin au principe de l'irresponsabilité pénale des sociétés.

Désormais, les personnes morales sont pénalement condamnables dans les cas prévus par la loi, au titre des infractions commises par leurs organes ou représentants.

Les sanctions infligées peuvent aller jusqu'à la dissolution de la société par le tribunal pénal.

§ 3. *Conséquences de la dissolution*

Le prononcé de la dissolution ouvre une période capitale : celle de la liquidation. Avant de l'étudier, une précision. Si le motif de la dissolution est de plein droit, sur décision des associés ou de justice, pour juste motif, alors les règles de la liquidation prévues aux articles 1844-8 et 9 du code civil ainsi qu'aux articles L. 237-1 et suivants du code de commerce sont opérantes. Au contraire, elles ne s'appliquent pas à la liquidation judiciaire d'une société en procédure collective. Si le vocabulaire et l'esprit de l'opération sont identiques, les situations économiques sont radicalement différentes et nécessitent pour chacun des deux types de liquidation un droit approprié : souple dans un cas, contraignant et protecteur dans l'autre.

Ainsi, excepté le jugement du tribunal prononçant une liquidation judiciaire pour motifs économiques que nous n'aborderons pas, les autres cas de dissolution de la société n'ayant jamais pour origine une cessation de paiement, la liquidation qui s'ensuit laisse une certaine liberté aux associés, sous la double condition de respecter le droit des tiers et que les associées puissent s'entendre.

---

1. Décret 3 juillet 1978, article 8.
2. Article 1844-5 al. 3 du code civil appliquable seulement à l'associé unique personne morale.
3. Le juge rejette l'opposition, ou ordonne le remboursement des créances ou la constitution de garanties. L'action des créanciers de la société est motivée par le résultat de la transmission universelle du patrimoine de la société à l'associé unique qui les fait entrer en compétition avec les créanciers personnels de l'associé unique.

A. La publicité

Tout intéressé doit pouvoir prendre connaissance de la dissolution. À cette fin la loi impose plusieurs mesures de publicité, la dissolution n'ayant d'effet à l'égard des tiers qu'après sa publication [1]. Globalement les règles d'information correspondent à celles gouvernant la création de la société :

– publicité de la dissolution par insertion dans un journal d'annonces légales régional ;
– dépôt au greffe du tribunal de deux originaux de l'acte de dissolution ;
– dans le délai d'un mois suivant la décision de dissolution, l'indication de celle-ci doit être portée sur le registre du commerce et des sociétés ;
– le greffier effectue une publicité au BODAC ;
– enfin la raison ou la dénomination sociale de la société est suivie de la mention « société en liquidation ». Cette mention accompagnée du nom du liquidateur doit figurer sur tous les écrits émanant de la société.

B. La liquidation

Excepté les cas de dissolution de la société par fusion-absorption et détention par un associé unique de tous les droits sociaux, la dissolution entraîne la liquidation. Celle-ci est inéluctable, les associés ne pouvant pas s'y opposer une fois la dissolution prononcée. La seule parade permise par la loi étant d'entamer une opération de fusion, cette manœuvre légale mettant fin définitivement à la liquidation. Les règles de la liquidation s'intéressent principalement au sort de la personnalité morale et au partage du patrimoine.

1. La personnalité morale

La personnalité morale de la société subsiste pour les besoins de la liquidation jusqu'à la publication de la clôture de celle-ci [2]. Ce principe est dicté par un souci d'efficacité. Il permet à la société d'obtenir, au besoin par la contrainte, le paiement d'une créance et aux créanciers d'agir devant la justice contre la société en liquidation pour la reconnaissance d'un droit. Mais ce maintien de la personnalité morale est strictement limité aux opérations de liquidation. Aucun contrat nouveau ne peut être conclu [3], seuls ceux en cours voient leur exécution poursuivie quand il en va de l'intérêt de la société [4]. La publication de la clôture [5] de liquidation dans un journal d'annonces légales met définitivement fin à la survie de personnalité morale. La publicité de la clôture ouvre un délai d'un mois pour procéder à la radiation de la société au registre du commerce. Pourtant le principe de la disparition de la personnalité morale n'est pas absolu. La jurisprudence admet que la personnalité morale resurgit chaque fois qu'après la radiation au registre du commerce un actif non liquidé se révèle, un litige naît [6]…

Afin d'éviter que la période de liquidation ne s'éternise, tout intéressé peut saisir le tribunal quand la clôture de la liquidation n'est pas intervenue dans un délai de trois ans à compter de la dissolution. Pour renforcer cette incitation, l'article 43 du décret du 30 mai 1984 ajoute qu'« est radiée d'office toute personne morale au terme d'un délai de trois ans après la date de la mention de sa dissolution ».

1. Article 1844-8 al. 1 du code civil.
2. Article 1844-8 al. 3 du code civil et L. 237-2 code de commerce.
3. En revanche les opérations nouvelles en relation avec les besoins de la liquidation sont acceptées.
4. Ces contrats induisant une forte rentabilité ou des pénalités de rupture exorbitantes.
5. La clôture est de la compétence de l'assemblée extraordinaire des associés ou d'une décision de justice.
6. Sauf prescription.

2. Le partage du patrimoine

Le partage du patrimoine [1] est soumis à un ordonnancement précis, réglé par les articles 1844-8 et 9 du code civil.

– La dissolution a pour premier effet de faire perdre aux dirigeants et organes sociaux leur pouvoir de direction et de décision. Les opérations de partage nécessitent donc la nomination d'un liquidateur. Celui-ci est nommé conformément aux dispositions des statuts. Dans le silence de ceux-ci, il est nommé par les associés ou par décision de justice. Sa révocation intervient dans les mêmes conditions. Nomination et révocation ne sont opposables aux tiers que sous condition de publication dans un journal d'annonces légales dans le délai d'un mois à compter de la décision. La nomination porte sur un ou plusieurs liquidateurs choisis à volonté par les associés. La fonction peut être exercée par les associés ou un professionnel. À défaut pour les associés de procéder à la nomination, tout intéressé peut en faire la demande auprès du président du tribunal [2].

Le liquidateur endosse les pouvoirs de décision et de représentation de la société antérieurement dévolus aux dirigeants.

– La fonction principale du liquidateur est de recouvrer les créances de la société et de céder ses actifs. Bien qu'il n'y soit pas obligé, le liquidateur peut établir un état liquidatif permettant d'avoir une photographie aussi exacte que possible de l'étendue des ressources potentielles et des dettes de la société. Ce document dresse également un classement des créanciers en distinguant ceux munis d'une sûreté, des chirographaires. La conjonction des articles L. 238-2 et L. 237-23 oblige le liquidateur à convoquer une assemblée dans les six mois de sa nomination, et à produire un état d'avancement de la liquidation.

Après avoir récupéré tous les fonds, le liquidateur désintéresse les créanciers. En cas d'actif supérieur au passif, les associés récupèrent leurs apports à proportion de leur participation dans le capital [3]. S'il reste un solde positif après ces mouvements, les associés se partagent le bénéfice d'exploitation appelé boni de liquidation, dans les mêmes proportions que leur participation aux bénéfices alors que l'article L. 237-29 du code de commerce fait référence à la participation dans le capital social.

À la fin de ces opérations, le liquidateur établit les comptes définitifs de la liquidation. Ces comptes sont soumis aux associés qui les approuvent ou non. L'approbation permet de décider de la clôture de la liquidation et de sa publication.

§ 4. *Le recours des tiers*

La radiation de la société au registre du commerce faite, la société ayant cessé d'exister, les tiers peuvent agir directement contre les associés s'ils estiment que la part attribuée à ceux-ci doit être réexaminée.

Les délais d'action sont de cinq ans contre les associés (L. 237-13 code de commerce) et de trois ans contre le liquidateur (L. 237-12). Le délai court à compter de la publication de la dissolution pour les associés et à compter des faits reprochés pour le liquidateur. Contre un associé-liquidateur, la durée du délai est fonction de la motivation de l'action judiciaire. Motivée contre la personne de l'associé, le délai sera de cinq ans. Motivée contre la personne du liquidateur, le délai sera de trois ans.

---

1. Les éléments de son actif.
2. Tribunal de commerce pour les sociétés commerciales. Tribunal de grande instance pour les sociétés civiles.
3. Sauf clause organisant une récupération différente.

TITRE II – Règles spécifiques aux sociétés

Le choix de s'associer et la rédaction du contrat de société imposent aux associés de se soumettre à un ensemble de règles communes qui s'appliquent quelle que soit la forme de la société. Mais l'application des règles communes aux sociétés s'arrête là où commence la désignation de la forme sociale. Selon que les associés optent pour une société de personnes ou une société de capitaux, un ensemble de règles spécifiques à chaque type de société s'adjoindra aux règles communes. Ces règles spécifiques déterminent le fonctionnement de chacune des sociétés organisées par le droit français. Elles seront plus ou moins complexes selon les objectifs de ces groupements.

Bien que sujette à critiques [1], la classification traditionnelle des sociétés distingue principalement les sociétés de personnes des sociétés de capitaux, la société à responsabilité limitée œuvrant à la marge de ces deux ensembles de groupements. L'étude suivra le cycle de fonctionnement des sociétés, à savoir : constitution – droits et obligations des associés – direction de la société – dissolution de la société. Seront uniquement abordées les règles s'ajoutant aux règles communes à toutes les sociétés. [1]

1. Y. Guyon, in *Droit des affaires*, t. 1, n° 215 et s. 12e édition.

hapitre 1

Les sociétés de personnes

Section I - La société en participation (art. 1871 à 1873 code civil)

§ 1. *Constitution*

§ 2. *Droits et obligations des associés*

§ 3. *Direction de la société*

§ 4. *Dissolution de la société*

Section II - La société créée de fait

Section III - La société civile

§ 1. *Constitution*

§ 2. *Droits et obligations des associés*

§ 3. *Direction de la société*

§ 4. *Dissolution de la société*

Section IV - La société en nom collectif

§ 1. *Constitution*

§ 2. *Droits et obligations des associés*

§ 3. *Direction de la société*

§ 4. *Dissolution de la société*

Les sociétés de personnes sont dominées par l'*intuitus personae*. Qu'est-ce que cela signifie ? Que les associés se connaissent ? Oui et non. Oui, car dans la majorité des cas, effectivement et de fait, les associés personne physique ou morale ont une connaissance personnelle les uns des autres (mais cette situation factuelle est également vérifiable dans certaines sociétés anonymes). Non, puisque la loi ne fait aucunement référence à une telle obligation.

En réalité, il faut comprendre que l'*intuitus personae* est protéiforme. Il s'agit concomitamment que les associés peuvent se connaître, que l'engagement de

l'un détermine l'engagement de l'autre et surtout, qu'au moment de la conclusion du contrat de société, les qualités intrinsèques des associés sont prises en considération au détriment de la part de capital apporté. *A contrario*, dans les sociétés de capitaux (ex : la société anonyme), le contrat de société est conclu *intuitus pecuniae*, à savoir, la considération de la part de capital apporté supplante la qualité de la personne qui l'apporte.
À l'évidence, la prépondérance des qualités de la personne des associés au détriment de la part de capital apporté explique à elle seule les règles essentielles de ce type de société : le montant du capital n'est pas fixé par la loi, les associés sont responsables sur leur patrimoine des dettes sociales, la cession des droits sociaux n'est pas libre... Assurément, dans les sociétés de personnes, la personne de l'associé est bien la pièce maîtresse de la société, constat entériné par le droit fiscal qui taxe les profits d'une société de personne, non pas dans la société, mais chez les associés (art. 8 CGI).

Section I - La société en participation (art. 1871 à 1873 code civil)

§ 1. *Constitution*

L'élément fondamental et original de cette société réside dans l'article 1871 du code civil qui dispose que les associés peuvent convenir que la société ne sera point immatriculée, la société est dite alors « société en participation ». Dans ces conditions elle n'obtient pas la personnalité morale, n'est pas soumise à publicité et peut être prouvée par tous moyens. Le caractère occulte (au sens juridique) de cette société constitue son premier intérêt, puisque l'absence de publicité et d'immatriculation permettent d'organiser des montages industriels, financiers, entre entreprises – sociétés – groupe de sociétés qui, sans cet anonymat et la souplesse qui en découle, ne verraient pas le jour. Au-delà, il semble que la production cinématographique a utilisé ce type de société pour le financement de films [1].
Corollaire de l'absence de personnalité morale, la plus totale souplesse de constitution est offerte aux associés. Ils conviennent librement de l'objet, du fonctionnement et des conditions de la sociétés en participation.
S'agissant d'une société, les associés doivent réaliser des apports. Mais la participation étant dépourvue de la personnalité morale, elle ne peut en devenir propriétaire. Résultat, sauf volonté contraire des associés, chaque apport reste la propriété de l'associé. C'est la solution qu'il faut tirer de l'article 1872 al. 1 du code civil : elle prive la société en participation de la constitution d'un capital public et opposable aux tiers.
Dépourvue de capacité juridique, elle est exonérée de la formalité de l'immatriculation au registre du commerce et des publicités nécessaires à cet acte. L'absence de capacité juridique la prive d'agir en justice, de conclure des contrats de travail, et même d'être tenue responsable des actes conclus par le ou les gérants.

§ 2. *Droits et obligations des associés*

Leurs rapports sont placés sous le régime de l'article 1871-1 du code civil : « *à moins qu'une organisation différente n'ait été prévue, les rapports entre associés sont*

1. Certains financiers ne souhaitant pas voir leur nom associé à la production de tel ou tel film. Ce type de société sert aussi à gérer les conventions de croupiers (un associé partage ses bénéfices avec un tiers à l'insu des autres associés).

régis, en tant que de raison, soit par les dispositions applicables aux sociétés civiles, si la société a un caractère civil, soit, si elle a un caractère commercial, par celles applicables aux sociétés en nom collectif ». Le caractère civil ou commercial dépend de la nature de l'activité de la société. Dans l'hypothèse d'une commercialité de la participation, l'application des règles de la société en nom collectif n'atteint pas la personne des associés : ils ne sont pas qualifiés de commerçants.

L'objectif premier de l'associé étant la recherche du bénéfice, les stipulations du contrat de société en organiseront le partage. Le rapport avec la dette est indirect. Fondamentalement, la société étant occulte, les tiers ignorent les associés et ne peuvent ainsi les poursuivre, excepté lorsque ceux-ci agissent au vu et au su de tous volontairement. Ils sont alors tenus de leurs engagements dans les mêmes termes que les associés d'une société de personnes [1].

Enfin, les associés peuvent céder leurs parts dans les conditions fixées par les statuts, l'unanimité n'étant pas la norme impérative. [2]

À l'instar de toutes les sociétés, les statuts peuvent aussi prévoir l'organisation d'une assemblée générale annuelle, précédée de l'envoi des informations légales adaptées aux circonstances.

§ 3. *Direction de la société*

La règle veut que chaque associé contracte en son nom personnel et s'engage seul à l'égard des tiers [3]. En réalité, l'acte de société désigne un gérant [4] chargé d'entrer en relation avec l'extérieur. Pour les tiers, il agit en entrepreneur autonome et supporte seul une éventuelle responsabilité. Conséquence de ce régime, le gérant reçoit l'intégralité des bénéfices qu'il répartit au sein de la société en conformité avec le pacte social, le régime fiscal de ces sommes étant fixé par l'article 8 alinéa 2-2° du CGI. Contrepartie de ce fonctionnement de la participation, le dirigeant supporte l'éventuel passif né de l'exploitation, charge à lui de se retourner contre ses associés anonymes pour leur faire supporter leur part du passif.

§ 4. *Dissolution de la société*

La société prend fin dans les mêmes conditions que celles communes aux sociétés. Quand elle est créée sans limitation de temps, sa dissolution peut résulter de la volonté d'un seul associé, ce, à tout moment.

N'ayant pas de patrimoine, la liquidation ne présente pas de difficulté. Le gérant désintéresse les créanciers et, si la situation financière le permet, rembourse chaque associé du montant de son apport augmenté d'un éventuel boni de liquidation.

Section II - La société créée de fait

Élément de terminologie important, il ne faut pas confondre en droit « société créée de fait » et « société de fait » [5]. Alors qu'une société de fait [6] est la société qui a été constituée, immatriculée, dotée de la personnalité morale, exploitée

1. Avec ou sans solidarité selon la nature commerciale ou civile de la société.
2. Revue des sociétés – février 2013 – p. 89 – B. Dondero.
3. Article 1872-1 du code civil.
4. La pluralité est possible. Le statut juridique du gérant embrasse toute la palette de possibilités offerte par la loi : entrepeneur individuel – sous forme de société…
5. Ou société devenue de fait.
6. Voir : nullité des sociétés.

puis frappée de nullité, la société créée de fait surgit du néant juridique afin de résoudre un conflit porté devant un tribunal [1].

Son originalité est là. Cette technique prétorienne a principalement pour fonction de régler le sort des prétentions de personnes qui n'ont jamais constitué de société, mais qui, de fait, œuvrent en commun. N'ayant pas codifié leurs rapports, la réalisation d'un gain, le partage d'un bien, sont autant de sources de déchirements. Utilisée pour régler les relations internes à un groupe de personnes, la société créée de fait est également utile aux tiers quand ils veulent recouvrer une créance contre un débiteur, alors qu'ils l'estiment à la charge d'une pluralité d'individus, l'un étant plus solvable que le débiteur déclaré.

La circonstance du concubinage produit les exemples les plus fréquents de recours à la démonstration d'une société créée de fait. N'étant pas mariés, les concubins ne se préoccupent pratiquement jamais de définir leurs rapports patrimoniaux. Dans l'hypothèse de l'achat d'un appartement, avec engagement solidaire dans le contrat de prêt, paiement partagé des mensualités du crédit et des charges inhérentes à l'immeuble… mais où un seul des concubins a signé l'acte notarié d'acquisition, en cas de séparation, l'autre concubin n'a aucun droit patrimonial sur le bien payé en commun. En plaidant l'existence d'une société créée de fait entre concubins, l'immeuble sera liquidé et le partage de la plus-value immobilière obtenu.

Originale de par sa fonction, la société créée de fait l'est davantage dans son analyse juridique. D'une part, ce n'est qu'à l'occasion d'une action en justice d'un demandeur devant un tribunal que le juge vérifie dans les preuves fournies la réalité des éléments de caractérisation d'un contrat de société pour le moment ignoré ; d'autre part, en cas de vérification positive de l'existence d'une telle société, le même tribunal prononce immédiatement sa dissolution-liquidation.

La preuve de la société créée de fait exige la réalisation d'apports, la recherche et le partage des bénéfices et/ou d'économies, ainsi que la présence de l'*affectio societatis*. Les éléments de l'article 1832 du code civil réunis, démonstration est faite de l'existence d'une société créée de fait. N'ayant jamais été immatriculée, elle ne peut jouir de la personnalité morale. Une certaine jurisprudence admet que les tiers puissent prouver la société créée de fait à l'aide de la théorie de l'apparence [2]. Cette théorie privilégie le comportement global d'individus qui ont pu laisser croire au tiers qu'ils étaient associés. La recherche des éléments du contrat de société serait alors non nécessaire.

On sait qu'une fois la société prouvée, sa liquidation intervient instantanément. Aux termes de l'article 1873 du code civil, les dispositions relatives aux sociétés en participation sont alors applicables aux sociétés créées de fait. Au moment de la dissolution-liquidation, la société créée de fait s'analyse comme une société en participation.

À ce stade de la révélation d'une société créée de fait, il reste à vérifier sa nature civile ou commerciale, celle-ci déterminant, non seulement l'application des règles de la société civile, ou celles de la société en nom collectif (voir art. 1871-1 c. civ.), mais surtout le régime d'engagement et de responsabilité des associés (conjointe ou solidaire).

---

1. Attention : les décisions de justice utilisent parfois le terme « société de fait » alors qu'il faudrait employer « société créée de fait ». La confusion n'est pas admissible.
2. Cass. civ. 1, 13 novembre 1980 : D 1981 – 541, note Calais-Auloy, « *l'apparence d'une société de fait (sic) s'apprécie globalement indépendamment de l'existence apparente de chacun de ses éléments* ».

Section III - La société civile

Sont civiles toutes les sociétés auxquelles la loi n'attribue pas un autre caractère à raison de leur forme, de leur nature, ou de leur objet [1]. On pourrait écrire : toutes les sociétés qui ne sont pas commerciales à raison de leur forme, nature d'activité, ou objet, sont civiles. Effectivement, *a contrario*, ce qui n'est pas commercial est civil.

Ces sociétés revêtent divers intérêts. Elles servent à gérer un patrimoine immobilier familial, à grouper les membres d'une profession libérale [2], à maximiser la rentabilité économique et fiscale de l'immobilier d'entreprise... Loin d'être un statut de seconde zone, la société civile connaît un succès affirmé pris en compte par le législateur avec la modernisation des règles apportée par la loi du 4 janvier 1978. Désormais le droit positif de la société civile est codifié aux articles 1845 à 1870-1 du code civil.

§ 1. *Constitution*

La constitution de la société civile ne déroge pas aux règles communes de formation des sociétés. Même dotée d'un objet civil, la société civile doit s'immatriculer au registre du commerce [3]. On remarquera que l'apport en industrie est accepté [4], qu'en raison du régime de responsabilité des associés aucun capital minimum n'est exigé, qu'aucune capacité particulière n'est demandée aux associés. L'*intuitus personae* domine les rapports sociaux, ceci justifiant la place importante accordée à la volonté des associés.

§ 2. *Droits et obligations des associés*

Outre l'obligation de libérer les apports promis, la principale obligation supportée par les associés est une obligation indéfinie et conjointe au passif : « *à l'égard des tiers, les associés répondent indéfiniment des dettes sociales à proportion de leur part dans le capital social à la date de l'exigibilité ou au jour de la cessation des paiements* » [5]. C'est le régime de cette obligation qui explique l'absence de capital minimum, les tiers pouvant se retourner directement contre les associés. Toutefois les tiers ne sont autorisés à agir contre les associés qu'après avoir préalablement et vainement poursuivi la personne morale [6].

Le créancier doit faire condamner en justice la société civile à payer sa dette et démontrer qu'elle ne le peut pas. Ce n'est qu'ensuite que l'associé sera mis en cause.

L'associé mis en demeure d'acquitter la dette sociale supporte une obligation conjointe, il ne répond des dettes qu'à proportion de sa part dans le capital social. Cette règle de l'article 1857 du code civil oblige le créancier à diviser ses recours en autant d'associés qu'en compte la société.

Les droits des associés sont comparables à ceux pratiqués dans d'autres sociétés. Les associés désignent le ou les dirigeants, approuvent les bilans et

1. Article 1845 al. 2 du code civil.
2. Société civile professionnelle de médecins, architectes...
3. Rappel : contrairement aux personnes physiques, l'immatriculation d'une société au registre du commerce n'implique aucune présomption de commercialité.
4. Son intérêt est essentiel dans les sociétés civiles professionnelles.
5. Article 1857 al. 1 du code civil.
6. Article 1858 du code civil.

décident des modifications à apporter au pacte social. Toutes ces décisions sont prises à l'unanimité, toutefois l'article 1852 du code civil laisse la faculté aux dispositions statutaires de prévoir une majorité qualifiée différente.

L'assurance d'une parfaite transparence de la vie sociale et de la gestion réside dans la qualité de l'information transmise aux associés. Ceux-ci ont le droit d'obtenir, au moins une fois par an, communication des livres et des documents sociaux et de poser par écrit des questions sur la gestion sociale [1]. La réponse écrite doit être formulée dans le délai d'un mois. L'article 1856 du code civil ajoute que les gérants doivent, au moins une fois dans l'année, rendre compte de leur gestion aux associés. Un rapport écrit est rédigé, il comporte l'indication des bénéfices réalisés et des pertes présentes ou à venir.

Munis de ces documents, les associés se réunissent en assemblée pour approuver les résultats et prendre les décisions collectives, celles qui excèdent les pouvoirs de gestion reconnus aux gérants. Mais les statuts peuvent aussi prévoir qu'elles résulteront d'une consultation écrite, voire du consentement de tous les associés exprimé dans un acte [2].

L'examen des droits des associés ne serait pas complet sans vérifier les conditions de cession des parts sociales par l'associé. Compte tenu de la forte présence de l'*intuitus personae* cette cession ne peut être libre, l'agrément de tous les associés est nécessaire. Cependant les statuts peuvent convenir que l'agrément soit obtenu par décision d'une majorité qualifiée, ou par simple accord des gérants [3]. En revanche, sauf dispositions statutaires contraires, les cessions consenties à des descendants ou ascendants du cédant ne sont pas soumises à agrément.

En cas de refus d'agrément, le législateur a souhaité que l'associé-cédant ne reste pas sans solution. Si aucun associé ne se porte acquéreur de ses parts, la société peut les faire acquérir par un autre tiers [4], ou les acquérir elle-même et procéder, à proportion, à une diminution du capital [5].

Lorsque l'agrément nécessaire à la cession est dénié et qu'aucune offre de rachat n'est proposée à l'associé-cédant, passé le délai de six mois, l'agrément est réputé acquis.

Pour qu'elle soit opposable à la société [6], toute modification intervenant dans la composition des associés doit être signifiée par acte d'huissier effectué au lieu du siège social. Son opposabilité au tiers n'est effective qu'après sa mention au registre du commerce. L'associé dispose d'un droit de retrait, cette faculté ne devant pas porter préjudice aux droits des tiers. Son exercice nécessite l'accord des autres associés pris dans les conditions prévues par les statuts ou, à défaut, après autorisation donnée à l'unanimité. Le retrait peut aussi être accordé par une décision de justice intervenant sur justes motifs. L'évaluation des justes motifs est laissée à l'appréciation des juges du fond.

L'article 1870 du code civil prévoit que la société n'est pas dissoute par le décès d'un associé.

Toutes ces mesures contribuent à une bonne protection des associés, surtout pour ceux d'entre eux n'appartenant pas au groupe majoritaire.

---

1. Article 1855 du code civil.
2. Articles 1853 et 1854 du code civil.
3. Article 1861 du code civil.
4. Que celui qui prétendait acquérir les droits de l'associé-cédant.
5. Article 1862 du code civil.
6. Articles 1865 et 1690 du code civil.

§ 3. *Direction de la société*

La société est dirigée par une ou plusieurs personnes, associées ou non, nommées par les statuts, par un acte distinct, ou par une décision des associés représentant, sauf disposition statutaire contraire, plus de la moitié des parts sociales [1]. Le gérant peut être une personne physique ou une personne morale. À défaut pour les statuts ou l'acte de nomination de préciser la durée de sa mission, elle est réputée calquée sur la durée de vie de la société.
Dans ses rapports avec les associés et la société, les pouvoirs du gérant sont précisés par les statuts. Dans le silence de ceux-ci, le gérant agit toutes les fois que l'intérêt social l'exige. Un gérant qui ne respecterait pas les clauses limitant ses pouvoirs, pourrait être valablement révoqué et même obligé à réparer le dommage causé.
Dans ses rapports avec les tiers, le gérant engage la société par les actes entrant dans l'objet social. Les clauses statutaires limitant les pouvoirs du gérant sont inopposables aux tiers. Il reste aux tiers à vérifier que le gérant intervient bien dans le cadre de l'objet social lorsque la société s'engage contractuellement avec eux.
Le gérant cesse ses fonctions au terme défini dans l'acte de nomination. Mais il peut être révoqué. Sauf disposition contraire des statuts, la révocation intervient sur décision des associés représentant plus de la moitié des parts sociales. Cette sanction peut aussi être prise par voie de justice sur le fondement de la cause légitime, à la demande de tout associé. Dans le silence des statuts, la révocation du gérant, associé ou non, n'entraîne pas la dissolution de la société.
La présence d'un commissaire aux comptes n'est pas obligatoire, excepté sur décision des associés ou lorsque deux des trois conditions suivantes sont réunies : chiffre d'affaires hors taxes supérieur à 3,1 millions d'euros, au moins 50 salariés, bilan supérieur à 1,55 million d'euros (art. L. 612-1). En cas de décision prise par les associés de nommer un commissaire aux comptes alors que la loi ne les y obligeait pas, le commissaire aux comptes interviendra selon des normes spécifiques (art. L823-12-1 c.co).

§ 4. *Dissolution de la société*

Au-delà des cas de dissolution visés à l'article 1844-7 du code civil, la société civile prend fin par la dissolution anticipée que peut prononcer le tribunal à la demande de tout intéressé lorsqu'elle est dépourvue de gérant depuis plus d'un an [2].
La loi accorde aussi aux statuts la faculté de prévoir certaines clauses de dissolution, solution justifiée par la forte empreinte de l'*intuitus personae* dans ces sociétés. Ces clauses de dissolution peuvent prendre en considération des faits personnels à l'associé telles sa déconfiture, sa faillite personnelle, sa liquidation de biens, son règlement judiciaire [3], son décès [4], mais aussi un événement comme celui de la révocation du gérant [5].

1. Article 1846 du code civil.
2. Article 1846-1 du code civil.
3. Article 1860 du code civil.
4. Article 1870 al. 2 du code civil.
5. Article 1851 al. 3 du code civil.

Section IV - La société en nom collectif

Incontestablement l'originalité remarquable de la société en nom collectif réside dans le contenu de l'article L. 221-1 du code de commerce. Aux termes de cet article, « les associés en nom collectif ont tous la qualité de commerçant et répondent indéfiniment et solidairement des dettes sociales » [1]. L'exploitation de cette forme de société est toujours commerciale [2].
La société en nom collectif est l'archétype de la société de personnes et représente l'expression la plus simple de l'activité commerciale sous forme de groupement de personnes. Elle puise son origine dans le droit romain et le Moyen Âge [3].
Sa surface financière est généralement modeste et réunit souvent un petit nombre d'associés. Malgré les risques patrimoniaux encourus par les associés, la société en nom collectif est encore aujourd'hui relativement prospère. La simplicité de son fonctionnement et, parfois, le jeu des règles fiscales, l'expliquent peut-être.

§ 1. *Constitution*

La constitution de la société en nom collectif n'offre pas la possibilité d'observer des règles de création vraiment originales. Majoritairement, elle reprend les règles communes à toutes les sociétés. Les associés, au nombre minimum de deux, étant commerçants et soumis à toutes les obligations qui en découlent, la capacité à exercer cette activité est requise dès la constitution. La responsabilité indéfinie et solidaire propre au commerçant influence la règle de constitution du capital : aucun capital minimum n'est exigé et il peut être composé d'apports en numéraire, nature ou industrie, ces derniers ne permettant pas l'attribution de parts du capital (c. civ. art. 1843-2). L'apport en nature porté dans l'acte social signé par tous les associés ne peut plus voir sa valeur remise en cause par la suite.
Depuis la loi du 11 juillet 1985 (aujourd'hui : L. 221-2 et suivants) la société en nom collectif est affectée d'une dénomination sociale [4]. Désormais la dénomination incorpore le nom d'un ou plusieurs associés et doit être précédée ou suivie de l'indication « société en nom collectif ».

§ 2. *Droits et obligations des associés*

Contrairement aux sociétés dites de capitaux, la caractéristique fondamentale de la société en nom collectif veut que la protection du patrimoine des associés n'est pas absolue. Ils sont tenus à titre personnel de tous les engagements de la société. La nature indéfinie et solidaire de cette responsabilité oblige à distinguer l'obligation aux dettes, de la contribution aux dettes.
– L'obligation aux dettes (art. L. 221-1) concerne la gestion de la dette entre les associés et les tiers. Pour cette raison, ce rapport est qualifié de rapport externe. Au titre de la responsabilité indéfinie, les associés assument l'intégralité du passif social constitué des dettes générées par l'exploitation normale de l'objet de la société. Dans ces circonstances, après avoir vainement mis en demeure la société d'acquitter [5] sa dette, le créancier se retourne contre les associés. La

1. L'associé ne peut pas adopter le statut d'EIRL.
2. Article L. 210-1 du code de commerce.
3. Georges Ripert et René Roblot, *Traité de droit commercial*, n° 822, t. 1, 16e édition.
4. Antérieurement à la loi, la société comportait une raison sociale comprenant le nom des associés suivis de « et compagnie ».
5. Il est indifférent que la société ne puisse pas ou ne veuille pas acquitter la dette. Au créancier incombe la preuve du caractère social de la créance (Revue des sociétés, oct. 2012, p. 577, O. Dexant.

simple mise en demeure infructueuse de la société suffit à les poursuivre [1]. La solidarité implique que les tiers peuvent agir contre un seul des associés (le plus solvable). La solidarité dans les sociétés en nom collectif est du fait de la loi, aucune clause statutaire opposable aux tiers ne peut y déroger. Elle est également parfaite, l'associé poursuivi ne pouvant opposer aux créanciers le bénéfice de la discussion [2]. La solidarité signifie que les associés sont solidaires entre eux et avec la société. Ceci explique le régime des poursuites offert aux tiers.

– La contribution aux dettes concerne uniquement la gestion de la dette entre les associés. C'est ce qui en fait un rapport strictement interne à la société. L'associé ayant supporté le poids de la dette, se retourne ensuite contre ses associés pour les appeler à contribuer au fardeau. Généralement répartie en proportion de la participation de chacun au capital, s'agissant d'un rapport interne n'intéressant pas les tiers, la contribution à la dette peut être organisée par des clauses statutaires à condition qu'elles ne soient pas léonines.

Les parts représentatives des droits sociaux ont un caractère exclusivement personnel.

Formée en considération de la personne, la société en nom collectif n'accepte pas une libre modification de la composition de ses associés. La loi [3] exige que la cession de parts souhaitée par un associé ne soit réalisée qu'avec le consentement de tous les associés, toute clause contraire étant réputée non écrite. L'agrément à obtenir s'adresse à tout acquéreur de parts, qu'il soit tiers, déjà associé, voire héritier.

Le refus d'agrément opposé à l'associé-cédant ne fait peser aucune obligation de rachat sur les autres associés ou sur la société. Contrairement aux sociétés civiles, l'associé de la société en nom collectif est véritablement prisonnier de ses titres, d'autant que le droit de retrait en faveur de l'associé n'est pas non plus prévu.

Lorsque l'agrément est accordé, reste à gérer l'organisation de la responsabilité de l'éventuel passif social entre l'associé-cédant et le nouvel associé-cessionnaire.

La règle veut que le cédant reste tenu du passif existant au jour de l'acte de cession, le cessionnaire répondant vis-à-vis des créanciers, non seulement du passif né après son arrivée, mais également de celui existant au moment de son arrivée. La sécurité des tiers est à ce prix. Ne connaissant que le dernier associé arrivé, ils agiront contre lui. Charge à celui-ci de se retourner contre son vendeur pour la part de passif existant au jour de la cession.

La cession ne serait pas complète sans sa signification. Aux termes de l'article L. 221-14, « *la cession des parts doit être constatée par écrit. Elle est rendue opposable à la société dans les formes prévues à l'article 1690* [4] *du code civil. Toutefois, la signification peut être remplacée par le dépôt d'un original de l'acte de cession au siège social contre remise par le gérant d'une attestation de dépôt* ». Elle n'est opposable aux tiers qu'après accomplissement de ces formalités et après publicité au registre du commerce et des sociétés.

---

1. Solution plus souple que pour les sociétés civiles.
2. Discussion : le bénéfice de la discussion est le droit pour la personne poursuivie par le créancier de lui demander de poursuivre au préalable d'autres biens appartenant au débiteur principal.
3. Article L. 221-13 du code de commerce.
4. Au sens de 1690 c. civ, la signification s'effectue par acte d'huissier ou acceptation par la société dans un acte authentique.

Comme dans toutes les sociétés, l'un des droits essentiels des associés est celui de recevoir une information claire et transparente. La nature extrêmement lourde de leur engagement l'exige. L'associé doit être tenu informé de la situation de la société. Deux fois par an les associés non gérants ont le droit d'obtenir communication des livres et documents sociaux et de poser par écrit des questions sur la gestion sociale. La réponse par écrit des gérants à ces questions est obligatoire.

Dans les quinze jours qui précèdent la tenue de l'assemblée, le rapport de gestion, l'inventaire, les comptes annuels et le texte des résolutions proposées sont communiqués aux associés.

Le droit de contrôle et d'information des associés s'exerce également collectivement au cours de l'assemblée. Les statuts peuvent valablement prévoir une prise de décision par écrit de tous les associés. Si cette technique offre l'avantage de la rapidité, elle prive l'associé d'un débat souvent utile. Cependant un associé en demandant expressément la tenue d'une assemblée met instantanément en échec cette disposition statutaire (L. 221-6 al. 2).

Sauf stipulation contraire des statuts, au moment du vote, chaque associé dispose d'une seule voix et les décisions sont prises à l'unanimité, excepté lorsque le pacte social prévoit la règle de la majorité. Cette entorse au principe de l'unanimité n'est toutefois pas possible en matière d'agrément de cession de parts, de révocation du gérant statutaire associé, de transformation en société par actions simplifiées ou d'absorption par une société par actions simplifiées.

La répartition des bénéfices et des pertes suivent les règles constatées dans les autres sociétés.

§ 3. *Direction de la société*

Dans les sociétés marquées par l'*intuitus personae*, le dirigeant prend le nom de gérant. Le gérant, personne physique ou morale, est habilité à diriger la société au quotidien. Il la gère et la représente. Ce sont les associés qui le choisissent, lorsqu'ils s'abstiennent de le faire, tous sont réputés l'être (L. 221-3).

L'examen des règles permet de distinguer trois catégories de gérants :

– le gérant statutaire associé ;
– le gérant non statutaire associé ;
– le gérant non associé statutaire ou pas [1].

Dans ses rapports avec les associés, les pouvoirs du gérant sont réglés par les statuts. À défaut, le gérant accomplit de sa propre initiative tous les actes entrant dans l'intérêt de la société.

Dans ses rapports avec les tiers, le gérant engage la société par les actes entrant dans l'objet social. Les clauses statutaires qui tendraient à limiter ses pouvoirs leurs sont inopposables. Unique limite objective, il ne doit pas agir en dehors de l'activité définie par le contrat de société. Ceci oblige les tiers à vérifier que le gérant agit dans le cadre de l'objet social. Dans la négative, la société ne serait pas engagée. En revanche, l'absence d'engagement de la société ne signifie pas la nullité de l'acte pris par le gérant en dehors de l'objet social : devant les tiers, ce dernier en deviendrait le seul responsable.

Comme dans les sociétés civiles, un commissaire aux comptes doit être obligatoirement nommé lorsque certains critères sont réunis. À défaut d'obligation

1. Le gérant non associé, statutaire ou pas, n'est jamais commerçant. Seule la qualité d'associé confère ce statut.

légale, la volonté des associés suffit (L. 221-9), la mission du commissaire aux comptes étant alors organisée spécifiquement (art. L823-12-1 c.co).
L'hypothèse d'une pluralité de gérants ne change pratiquement rien à cette organisation du pouvoir et à la représentation de la société. Face à une collégialité de gérants pouvant constituer un moyen pour la société de mettre en difficulté les tiers, ceux-ci ignorant le nombre de gérants ainsi que leur éventuelle spécificité en terme de pouvoir, le législateur a tranché : chacun des gérants engage valablement la société.
Le gérant supporte une responsabilité civile sur faute prouvée et une responsabilité pénale.
Les fonctions de gérant prennent fin avec l'arrivée du terme spécifié dans l'acte de nomination, quand il est prévu, ou sur révocation. Le régime de la révocation diffère selon la qualité du gérant :
Gérant statutaire associé
Il ne peut être révoqué qu'à l'unanimité des autres associés. Sauf clause contraire des statuts ou continuation votée dans les mêmes termes que la révocation, celle-ci entraîne la dissolution de la société. Une révocation prononcée en l'absence de juste motif donnera lieu à dommages et intérêts, mais sans réintégration. Une certaine doctrine ajoute : « bien que l'article L. 221-12 ne le précise pas, chaque associé conserve, en outre, le droit de provoquer la révocation judiciaire pour motif légitime » [1].
Gérant non statutaire associé
Il est révocable à l'unanimité des autres associés, sauf clauses des statuts organisant une majorité qualifiée. L'absence de juste motif entraîne l'octroi de dommages et intérêts mais sans réintégration possible.
Gérant non associé, statutaire ou pas
Le gérant non associé peut être révoqué dans les conditions prévues par les statuts ou, à défaut, par une décision des associés prise à la majorité. Si la révocation est décidée sans juste motif, elle peut donner lieu à dommages et intérêts mais pas à réintégration.
Quel que soit le statut du gérant, sa révocation ne devient opposable aux tiers qu'après mention portée au registre du commerce. À défaut de cette inscription, le gérant révoqué continue légalement à valablement engager et représenter la société.

§ 4. *Dissolution de la société*

Outre les cas de dissolution communs à toutes les sociétés, le défaut de publicité au moment de la constitution et la révocation du gérant statutaire associé, la société en nom collectif supporte deux autres motifs de dissolution originaux :
– En raison de l'*intuitus personae* dominant, le décès de l'associé est une cause immédiate de dissolution de plein droit. Excepté si une clause de continuation figure dans les statuts et qu'elle soit antérieure au décès (L. 221-15).
Lorsque la continuation est programmée, d'autres difficultés surgissent. Notamment lorsque les héritiers de l'associé décédé sont mineurs. Dans cette hypothèse l'article L. 221-15 du code de commerce dispose : « *si l'un ou plusieurs des héritiers de l'associé sont mineurs non émancipés, ceux-ci ne répondent des dettes sociales qu'à concurrence des forces* [2] *de la succession de leur auteur. En outre, la société*

1. Ripert et Roblot, Germain, *Droit commercial*, t. 1, n° 842, 16e édition.
2. La valeur de l'actif de la succession.

doit être transformée, dans le délai d'un an, à compter du décès, en société en commandite dont le mineur devient commanditaire. À défaut, elle est dissoute »[1]. La situation est encore plus complexe quand un agrément est nécessaire et qu'il est refusé. L'article L. 211-16 organise la dissolution de la société lorsqu'un jugement de liquidation judiciaire, une mesure d'interdiction ou une mesure d'incapacité frappe un associé, à moins que la continuation ne soit prévue par les statuts ou décidée à l'unanimité par les autres associés.

1. Solution à mettre en perspective avec la denière législation appliquée à la commercialité des mineurs.

Chapitre 2 Les sociétés de capitaux

Section I - La Société anonyme

Longtemps désignée comme la « Reine des sociétés », cette société de capitaux permet de réunir les considérables moyens financiers nécessaires aux activités des affaires. Pourtant la société anonyme n'est pas née avec les besoins des commerçants du siècle dernier. L'ancien droit connaissait déjà les sociétés par actions, par intérêts, et les compagnies créées par charte royale. Toutes pouvaient exercer le commerce sous leur propre nom. Soumises à autorisation mais dotées de la personnalité morale, ces dernières sont souvent restées dans l'histoire. Ainsi en est-il de la Compagnie des Indes orientales, œuvre de Colbert en 1694.

Le code de commerce de 1807 n'apportera pas de progrès décisif en matière de liberté de constitution. Si les sociétés en commandite par actions bénéficient de la liberté de constitution, ce qui contribua à une inflation artificielle de leur nombre, les sociétés anonymes ne profitent toujours pas de ce régime. Il faut attendre la loi du 24 juillet 1867 pour que les sociétés anonymes ne soient plus

tributaires d'une autorisation administrative pour se constituer. À compter de cette date ces sociétés connurent un succès remarquable.
Succès tellement important que le législateur s'inquiéta rapidement de la puissance grandissante des sociétés anonymes. Avec le temps, la pression de la règle ne fit que s'amplifier. Résultat, c'est particulièrement ce type de groupement qui peut faire douter de la liberté des parties au moment de la conclusion du contrat de société. Absence de liberté à l'origine de la remise en cause du concept de société-contrat. Il reste également regrettable que le législateur n'ait pas souhaité adapter les règles de la société anonyme selon qu'il s'agisse de petites ou grandes structures économiques : quelle que soit la surface financière de la société, le droit pratiqué est identique. Critique aujourd'hui dépassée, grâce à l'apport des SAS.
La société est qualifiée d'anonyme et de capitaux car la personne et le nom des associés personne physique ou morale s'effacent au profit des apports qu'ils réalisent. Leur personne a si peu d'importance qu'aucune capacité particulière n'est exigée d'eux. N'endossant pas le statut de commerçant, la capacité de droit commun accordée aux majeurs n'étant pas indispensable et la responsabilité du passif ne dépassant pas le montant des apports, la qualité d'associé est ouverte au mineur par le biais de son représentant.
In fine, l'amoindrissement de la qualité d'associé se traduit par le fait que ce dernier devient tout simplement un actionnaire.
La société anonyme, avec la société en commandite simple et la société par actions simplifiée sont les trois formes de sociétés par actions du droit français. Contrairement aux autres formes de sociétés où domine l'*intuitus personae*, l'absence de cette caractéristique dans ces sociétés influence le mode de transmission de leurs droits sociaux. Hormis l'adhésion à un pacte d'associés, les actions sont toutes négociables, leur titulaire pouvant les vendre sans restriction. La Bourse est par excellence le lieu qui caractérise cette totale liberté de mouvement des titres.
La contrainte et la rigueur des règles sophistiquées de fonctionnement de la société anonyme auraient pu influencer négativement son développement. S'il n'en est rien, c'est que la réalité des affaires a péblicité cet outil complexe. Ainsi, nombre d'entreprises commerciales ont adopté cette forme de société qui reste pourtant très onéreuse dans son application (rémunération des dirigeants – rémunération du ou des commissaires aux comptes – frais de tenue de l'assemblée générale annuelle… etc).

§ 1. *La constitution*

Aux règles déjà évoquées de constitution des sociétés, la société anonyme ajoute des particularismes plus ou moins renforcés selon qu'elle fait ou ne fait pas d'offre au public.

A. Constitution sans offre au public

Lorsque le public des épargnants n'est pas sollicité par la société, le formalisme de sa constitution s'apparente à celui des autres sociétés, agrémenté de quelques différences. Différences qui n'altèrent cependant pas la brièveté de sa période de fondation qui ressemble à la conclusion d'un contrat.
Nombre d'actionnaires
Exceptée la société d'exercice libérale sous forme anonyme qui accepte un minimum de trois associés, l'article L. 225-1 exige pour la société anonyme la réunion d'au moins sept actionnaires sans pour autant faire du non respect de

ce seuil au moment de l'immatriculation une cause de nullité [1]. Aucune limite supérieure au nombre d'actionnaires n'est imposée.

Capital

Le capital minimum de 37 000 € (L. 224-2) est divisé en actions dont le montant nominal éventuellement fixé par les statuts doit être intégralement souscrit par les associés, ceux-ci disposant de la faculté de ne le libérer qu'à hauteur de sa moitié au moment de la constitution. Un délai maximum de cinq ans leur étant octroyé pour verser le solde (L. 225-3). Cette souplesse ne profite pas aux actions représentatives d'apport en nature, celles-ci devant être intégralement libérées dès leur émission (art. L. 225-3 al. 3). Tant que le capital n'est pas entièrement libéré, la société anonyme ne peut procéder à aucune augmentation de capital, ni émettre un emprunt obligataire. Les sommes remises aux fondateurs doivent dans un délai de huit jours être déposées, au choix, sur un compte bancaire ouvert au nom de la société en formation, chez un notaire, à la Caisse des dépôts et consignations.

Statuts

Le statuts peuvent être établis par acte authentique ou sous signature privée. Ils désignent les premiers organes de direction à savoir les administrateurs ou les membres du conseil de surveillance ainsi que les premiers organes de contrôle que sont les commissaires aux comptes.

L'assemblée constitutive n'étant pas obligatoire, l'ensemble des associés doit signer les statuts, soit personnellement, soit par l'intermédiaire d'un mandataire muni d'un pouvoir déterminé (L. 225-15).

B. Constitution avec offre au public

C'est la loi du 24 juillet 1966 qui distingue pour la première fois, avec les mécanismes de constitution, les sociétés faisant appel public à l'épargne de celles ne le faisant pas. À l'origine « sont réputées faire publiquement appel à l'épargne les sociétés dont les titres sont admis aux négociations sur un marché réglementé » [2]. Mais la formule a été élargie, puisque chaque fois que des investisseurs sont sollicités par voie de publicité ou de démarchage, il y a appel public à l'épargne (offre au public). Cette définition est toujours d'actualité.

Aujourd'hui, avec l'ordonnance n°2009-80 du 22 janvier 2009, le droit de « l'appel public à l'épargne » est significativement amendé. Prise en application de la loi dite LME, l'ordonnance vise à harmoniser les règles de notre droit positif avec celles communément pratiquées en Europe.

Conséquence première, à la notion « d'appel public à l'épargne » est substituée celle « d'offre au public ». À travers la modification de l'intitulé, l'objectif poursuivi est de respecter la directive européenne 2007/71/CE. Au principal, l'offre au public concerne les titres financiers et non les instruments financiers. [3]

Mais l'apport le plus fondamental est peut-être contenu dans l'abandon du statut de l'entreprise faisant appel public à l'épargne, puisque le fait de procéder à une offre publique n'implique plus d'obligations spécifiques futures pour la société concernée.

Il reste que lorsque la technique de l'offre au public s'applique à une constitution de société, la loi impose un formalisme plus lourd que la normale, car les

1. Seule l'action en régularisation de l'art. L. 210-7 al. 2 est possible.
2. La Bourse.
3. La directive n° 2010/73/UE du Parlement européen a obligé à modifier le livre II du règlement général de l'AMF. Désormais :
– en deçà de 5 millions d'euros, une offre de titres financiers n'est pas constitutive d'une offre au public ;
– en deçà de 100 000 €, la valeur nominale des titres souscrits par un investisseur ne constitue pas une offre au public.

actionnaires investisseurs peuvent être très nombreux, et doivent être minutieusement informés. Ce formalisme est encore renforcé lorsque les sociétés ont un capital constitué de titres cotés en Bourse.

Information

Conformément à la directive européenne 2003/71/CE [1], le réglement de l'Autorité des marchés financiers impose aux fondateurs de publier une information la plus complète possible, comportant entre autre la conception juridique et financière de la société. Les documents destinés au public sont le projet de statuts (R. 225-2), la notice (R. 225-3) et le prospectus (R. 225-4). Après visa de l'AMF, les opérations auprès du public peuvent commencer.

Capital social

L'article L. 224-2 modifié demande un capital minimum de 37 000 €. Ce sont les statuts qui déterminent, dans les limites fixées par la loi, la fraction du capital souscrit que chaque actionnaire doit libérer immédiatement [2]. Sur présentation des bulletins de souscription, les souscriptions et versements sont constatés par un certificat rédigé par le dépositaire des fonds, conformément à l'article L. 225-6.

L'assemblée constitutive

La signature des statuts par chacun des associés étant impossible, compte tenu de leur nombre, les fondateurs convoquent l'ensemble des souscripteurs en assemblée générale constitutive (L. 225-7).

Après avoir vérifié que sur première convocation le quorum réuni est d'au moins un quart des actions ayant droit de vote, éventuellement du cinquième sur seconde convocation ou seconde convocation prorogée (art. L. 225-9 al. 2), l'assemblée commence par constater la souscription intégrale du capital et sa libération du montant exigible, puis adopte les statuts. Toutes les décisions de cette assemblée exigent une majorité de 2/3 des voix, excepté la modification des statuts qui requière l'unanimité de tous les souscripteurs et pas seulement ceux présents. Enfin l'assemblée procède à la nomination des premiers dirigeants et commissaires aux comptes.

Ce formalisme effectué, la constitution de la société anonyme recourant à l'offre au public s'achèvera avec les mesures de publicité prévues pour toutes les sociétés et par l'immatriculation au registre du commerce et des sociétés.

C. Régime des apports en nature

En cas d'apport en nature ou d'octroi d'avantages particuliers en faveur d'associés ou non, l'article L. 225-8 réclame la nomination d'un ou plusieurs commissaires aux apports désignés à l'unanimité des associés, ou par voie de justice [3].

Le ou les commissaires aux apports apprécient la valeur statutaire donnée aux apports en nature et aux avantages particuliers. Leur rapport est déposé au greffe huit jours avant la tenue de l'assemblée générale constitutive ou trois jours avant la signature des statuts afin de permettre une consultation par tout intéressé. L'intervention des commissaires aux apports permet une décision éclairée de la part des associés réunis en assemblée constitutive (l'apporteur en nature ne prend pas part au vote : art. L. 225-10) ou convoqués pour signer les statuts.

Sauf accord express des apporteurs ou des bénéficiaires d'avantages particuliers, lorsque le rapport des commissaires ne retient pas les valeurs fixées dans

1. Amendée par la directive 2010/73/VE du 24-11-2010. L'objectif de la dernière directive est un assouplissement des conditions rendant obligatoire la directive 2003/71/CE.
2. Au moins 50 % de la valeur nominale des actions de numéraire, mais l'intégralité de la valeur nominale des actions d'apport (L. 225-3).
3. Requête auprès du président du tribunal compétent du lieu du siège social.

les statuts, ou lorsqu'il est décidé de procéder par vote unanime à une réduction de la valeur desdits apports, la société ne peut pas valablement se constituer. Les associés peuvent passer outre les conclusions des experts en maintenant le montant nominal des apports et autres avantages. Ce faisant, ils engagent leur responsabilité civile et éventuellement pénale en cas de fraude.

§ 2. *Droits et obligations des actionnaires*

Les actionnaires sont créanciers de la société puisqu'ils ont perdu la propriété de leurs apports au profit de la société dotée de la personnalité morale. L'article 529 du code civil entérine cette situation de droit en considérant que leurs droits sociaux [1] sont des biens meubles.

A. Obligations des actionnaires

L'obligation principale de l'associé réside dans la libération intégrale de sa souscription au capital de la société. Celle-ci effectuée, il n'est plus le redevable de la société. Lorsque l'apport n'a été libéré que pour une fraction de son montant, la loi accorde un délai de cinq ans pour verser le solde. Dans les limites de ce délai, la société juridiquement considérée comme créancière de ses actionnaires peut à tout instant appeler tout ou partie du non-versé. La dette étant attachée au titre et se transmettant avec lui, le porteur du titre au moment de l'appel sera celui qui devra s'exécuter. En cas de défaillance de sa part, l'article L. 228-28 organise une responsabilité solidaire du souscripteur et des porteurs successifs, quand l'actionnaire souscripteur a dans l'intervalle des cinq ans cédé ses actions.

B. Droits des actionnaires

Les centres d'intérêt des associés se résument à la gestion de leurs actions et à leur participation à la vie sociale de la société au travers de la tenue des assemblées générales ordinaires et extraordinaires. Les droits qui en ressortent s'exercent individuellement ou collectivement.

1. Droits individuels

Qu'il appartienne au groupe des majoritaires ou des minoritaires, l'actionnaire est avant tout le gestionnaire de son patrimoine. Son portefeuille d'actions ne sera optimisé qu'avec l'affirmation et la pérennité de ses droits individuels.

Gestion des titres

Sans tenir compte des différentes catégories de titres [2], la gestion des actions se décline avec la perception des dividendes et la négociation des titres.

Excepté l'existence dans la composition du capital social d'actions à dividende prioritaire ou majoré, la distribution des dividendes par les sociétés anonymes respecte les règles de distribution de bénéfice des sociétés en général. En particulier l'interdit des clauses léonines s'applique. Le droit à percevoir une éventuelle distribution des réserves suit un régime identique à celui des dividendes.

Corollaire de l'absence d'*intuitus personae*, les actions de la société anonyme sont négociables (L. 228-10). La liberté totale de l'actionnaire d'en acheter ou d'en vendre est un droit absolu protégé par la force de l'ordre public. Aucune clause statutaire ne peut le supprimer sans être frappée de nullité. Seules sont tolérées les clauses d'agrément car elles ne font que freiner la circulation des titres sans pouvoir la rendre impossible. Toutefois si l'article L. 228-23 autorise ces dernières, il les prohibe en cas de succession, liquidation de communauté de biens

1. Les actions.
2. Actions de jouissance – actions de propriété – actions à dividende prioritaire sans droit de vote – actions à vote multiple – actions à dividende majoré (G. Ripert et R. Roblot, *Droit commercial*, t. 1, 16e édition, n° 1176 à 1192).

entre époux, de cession à un conjoint, ascendant ou descendant. La loi ajoute qu'une telle clause ne sera valablement stipulée qu'à la condition que les actions soient nominatives et que l'actionnaire ne reste pas prisonnier de ses titres. À cet effet elle impose à la société d'acheter ou de faire acheter les actions proposées à la vente lorsque celle-ci a refusé son agrément. In fine, l'associé cédant possède la faculté de retirer son offre et de rester dans la société. Non prévue par la loi mais acceptée par la jurisprudence, les statuts peuvent organiser une clause de préemption ayant pour fonction d'obliger l'associé cédant à informer les autres associés de son intention de vendre et de leur proposer ses titres en priorité.

Droit de vote

En principe le droit de vote est un droit fondamental et inaltérable de tout associé. De fait, ce droit a subi une érosion en partie proportionnelle à l'ancien (mais aujourd'hui dépassé) désintérêt manifesté par l'associé à l'encontre des assemblées générales, lieu traditionnel d'exercice du droit de vote. Attitude résultant en partie d'un comportement purement spéculatif de l'actionnaire : seule le motivait l'évolution de la valeur financière de ses droits sociaux. Conséquence, si l'article L. 225-122 affirme que chaque action donne droit à au moins une voix, la règle a été plusieurs fois amendée.

– Article L. 225-10 : lorsque l'assemblée délibère sur l'approbation d'un apport en nature, les actions de l'apporteur ne sont pas prises en compte pour le calcul de la majorité.

– Article L. 225-123 : un droit de vote double de celui conféré aux autres actions peut être attribué par les statuts ou une assemblée générale extraordinaire aux actions nominatives totalement libérées.

– Article L. 225-124 : toute action convertie au porteur perd le droit de vote double.

– Article L. 225-126 : les statuts peuvent prévoir la création d'actions à dividende prioritaire sans droit de vote dans les assemblées.

– Article L. 225-125 : les statuts peuvent limiter le nombre de voix dont chaque actionnaire dispose dans les assemblées.

Non prévues par la loi, la jurisprudence a dû se prononcer à propos des conventions de vote. Ces conventions ont pour finalité de régler à l'avance le sens du vote des participants alors que ce droit représente normalement l'expression d'une libre volonté. L'acceptation de telles stipulations dépend de l'atteinte portée au consentement et de l'intérêt de la société. En revanche la jurisprudence ne tolère pas les conventions de renonciation au droit de vote ainsi que les cessions de ce droit non accompagnées du titre qui le supporte.

Plus généralement des pactes d'actionnaires peuvent être conclus afin de réguler l'exercice des droits individuels. Lorsqu'ils concourent à l'intérêt général, leur acceptation par le droit positif ne fait pas de doute.

2. Droits collectifs

Les droits collectifs des associés s'exercent essentiellement au sein des assemblées générales [1]. La loi distingue les assemblées ordinaires des assemblées extraordinaires ; les assemblées spéciales [2] occupant une place à part.

1. Nota : l'ordonnance du 9-12-2010 transpose la directive 2007/36/CE du 11-7-2007 concernant les droits des actionnaires des sociétés cotées. Est essentiellement modifié l'art. L. 225-105. À lire sur ce thème : Véronique Magnier – Revue des sociétés – mai 2011 – p. 267.
2. Ex : Assemblée spéciale des porteurs d'obligations.

a. L' assemblée générale ordinaire

À l'origine chargé du pouvoir de prendre les décisions intéressant le collectif de la société, cet organe le plus important de la société anonyme avait progressivement perdu de son importance du fait du comportement erratique des actionnaires.

Pourtant, la dernière décennie permet de constater un regain de vitalité des assemblées générales, ce, très certainement par la grâce des associations d'associés minoritaires militant pour un contrôle actif de la gestion des sociétés pratiquée par des dirigeants nécessairement majoritaires.

L'assemblée générale ordinaire est réunie au moins une fois par an dans les six mois qui suivent la clôture de l'exercice comptable. Sa compétence peut se définir *a contrario* : tout ce qui n'est pas décision de gestion au quotidien et du pouvoir de l'assemblée générale extraordinaire (voir art. L. 225-100). Ainsi, elle statue sur les comptes annuels éventuellement consolidés, nomme les commissaires aux comptes, désigne ou révoque les organes de direction, décide de la distribution ou de la mise en réserve des bénéfices, autorise l'émission d'obligations, accepte ou non les contrats conclus entre la société et l'un de ses dirigeants, fixe la rémunération et les jetons de présence des administrateurs. En outre, le rapport de gestion (L. 225-100 al.2) présenté pendant son déroulement doit rendre compte des rémunérations et avantages de toute nature versés aux mandataires sociaux ainsi que l'ensemble des mandats et fonctions que ceux-ci exercent dans toute société. Quand la société a des titres admis aux négociations sur un marché réglementé, la loi exige un rapport de gestion plus détaillé (L. 225-100-3).

Le législateur a récemment souhaité renforcer l'assemblée, centre d'expression de tous les associés, en interdisant les clauses statutaires limitant son accès aux petits porteurs. Antérieurement, l'article L. 225-112 abrogé par la loi du 15 mai 2001 permettait aux statuts de conditionner l'entrée à l'assemblée par la détention d'un nombre minimal d'actions, sans que celui-ci puisse être supérieur à dix. Plusieurs actionnaires pouvaient se grouper pour atteindre le minimum requis.

Privé du pouvoir de se convoquer elle même, la décision de tenir l'assemblée générale est réglée par l'article L. 225-103. Selon le cas, le conseil d'administration, le directoire ou le conseil de surveillance assurera cette tâche. À défaut de diligence de la part de ces organes, subsidiairement, la convocation est dévolue aux commissaires aux comptes, à un mandataire désigné en justice à la demande de tout intéressé en cas d'urgence ou d'un ou plusieurs actionnaires disposant d'au moins 5 % du capital social, aux liquidateurs, aux actionnaires majoritaires en capital ou droits de vote après une offre publique d'achat, voire, en matière d'assemblée annuelle d'approbation des comptes, au ministère public et à tout actionnaire (action en référé auprès du président du tribunal compétent). La loi du 15 mai 2001 ajoutant le pouvoir du comité d'entreprise d'obtenir la convocation de l'assemblée par mandataire de justice en cas d'urgence [1].

La forme de la convocation se satisfait du courrier électronique, d'une lettre simple ou recommandée pour les actions nominatives, et d'un avis de convocation publié dans un journal d'annonces légales pour les actions au porteur augmenté d'une publication au BALO, l'émission de ces dernières actions étant réservée aux sociétés faisant appel public à l'épargne. La convocation doit parvenir à l'actionnaire quinze jours [2] avant l'assemblée et en indiquer la date, l'heure, le lieu, ainsi que l'ordre du jour. Ce dernier document est d'une importance capitale pour l'information de l'actionnaire (L. 225-105).

---

1. Ex. : risque de délocalisation, maintenir l'emploi (T. com. Marseille 7-11-2001).
2. Sur deuxième convocation : 10 jours (AG pendant OPA : 6 et 4 jours).

Il contient un condensé des projets de résolution proposés par les dirigeants et soumis au vote de l'assemblée. L'ordre du jour est arrêté par l'auteur de la convocation, mais le législateur a souhaité ouvrir à un ou plusieurs associés détenant au moins 5 % du capital la possibilité de le compléter [1]. Toute délibération prise en dehors de ses termes est frappée de nullité.

Avec l'avis de convocation, une information aussi complète que possible doit être fournie à l'actionnaire. Elle lui permet de se déterminer en toute indépendance et pour ce faire revêt plusieurs formes en fonction des circonstances.

Demande de procuration

La demande de procuration est accompagnée de l'ordre du jour, des projets de résolutions et d'un résumé de la situation de la société.

Informations sur demande

Tout actionnaire peut demander la communication d'informations supplémentaires. L'article L. 225-115 indique que sont visés l'inventaire, les comptes annuels, la liste des dirigeants et des candidats, le rapport des organes de direction, le montant total des rémunérations des cinq ou dix personnes les mieux payées… etc

Informations données au siège social

Les actionnaires se rendant au siège social peuvent y consulter une série de documents concernant la liste des associés, l'étendue des richesses patrimoniales, la totalité des informations permanentes [2], ainsi que l'ensemble des opérations engagées à la frontière de l'objet social [3].

Questions écrites

À compter de la convocation à l'assemblée générale, les actionnaires ont le droit de poser aux dirigeants des questions écrites. Une réponse à chacune d'elles devra être obligatoirement fournie pendant le déroulement des débats (L. 225-108).

Quorum et majorité

La tenue d'une assemblée commence pour l'actionnaire par la signature de la feuille de présence et la mention du nombre de droits de vote qu'il possède et qu'il représente en cas de pouvoir. Ce document a son importance au moment de la vérification du quorum et de la majorité. Ensuite est mis en place le bureau [4]. En principe, il est présidé par le président du conseil d'administration ou de surveillance de la société aidé de deux scrutateurs et d'un secrétaire.

Doté du pouvoir de police de l'assemblée, notamment concernant la validation des droits de vote (pouvoir important), le rôle du bureau est de diriger les débats et de vérifier si le quorum [5] nécessaire à la bonne tenue de l'assemblée est atteint. Pour une assemblée générale ordinaire, l'article L. 225-98 précise que sur première convocation les actionnaires présents ou représentés doivent posséder au moins le cinquième des actions ayant le droit de vote, sur deuxième convocation aucun quorum n'est requis. Dans les sociétés ne faisant pas appel public à l'épargne, les statuts peuvent prévoir un quorum plus élevé.

Ces formalités remplies, les débats peuvent commencer. Après lecture des rapports et la prise de parole par le président, chaque résolution présentée [6] est soumise au vote des associés (impossibilité de vote groupé). La majorité requise

1. Une association d'actionnaires répondant aux conditions de l'article 225-120 dispose du même pouvoir. Voir également L. 225-105 al. 2 qui réduit l'exigence du seuil de 5 % quand le capital est supérieur à 750 000 €.
2. Article L. 225-117 du code du commerce.
3. Opérations de « sponsoring »…
4. Revue des sociétés – oct. 2012 – p. 543 – J.-P. Valuet.
5. Fraction minimum du capital détenu par les actionnaires présents ou représentés à l'assemblée.
6. Résolution : comptes de l'exercice - affectation des résultats. Nomination d'un dirigeant ou commissaire aux comptes…

est la majorité absolue soit 50 % des voix plus une [1]. Les votes nuls, en blanc et les abstentions sont assimilés à un vote contre, puisque la majorité n'est pas calculée en considération des voix exprimées, mais en fonction des voix détenues par les actionnaires présents ou représentés. Le vote effectué, les membres du bureau dressent et signent le procès-verbal de l'assemblée qui sert de preuve de la réalité et de la validité juridique des débats.

À noter que quorum et majorité peuvent évoluer dans une même assemblée générale, en fonction de la nature des propositions soumises au vote des actionnaires. Ainsi, dans le cadre de la procédure d'un contrat réglementé [2] (L. 225-38), les actions du dirigeant concerné ne sont pas prises en compte pour le calcul du quorum et de la majorité (L. 225-40 al. 4). Conséquence, vérifier un quorum et une majorité susceptibles de varier en fonction des circonstances peut poser de vraies difficultés.

b. L' assemblée générale extraordinaire

Aux termes de l'article L. 225-96 « *l'assemblée générale extraordinaire est seule habilitée à modifier les statuts dans toutes leurs dispositions ; toute clause contraire est réputée non écrite. Elle ne peut, toutefois, augmenter les engagements des actionnaires* ». À l'exception du siège social [3], toutes les autres modifications des statuts, qu'il s'agisse du changement d'objet, d'augmentation de capital, de transformation… nécessitent sa réunion. Sa compétence est également acquise en matière de fusion ou de scission (L. 236-2) et de nomination de nouveaux dirigeants à l'occasion de ces opérations (L. 225-18 et L. 226-75). Son accès est ouvert sans restriction à tous les actionnaires quel que soit le nombre d'actions détenues et les décisions prises ne sont opposables aux tiers qu'après des formalités de publicité [4].

Quorum et majorité

Sur première convocation, le quorum exigé est la présence ou la représentation d'au moins 1/4 des actions à droits de vote, sur deuxième convocation il est de 1/5. À défaut de réunir ce dernier quorum, la deuxième assemblée peut être prorogée à une date postérieure de deux mois au plus à celle à laquelle elle avait été convoquée. Les sociétés ne faisant pas d'offre au public peuvent prévoir des clauses statutaires renforçant ces quorums. Dans tous les cas de figures, la majorité absolue est de 2/3 des droits de votes présents ou représentés.

c. Nullité des assemblées

Dans ses alinéas 1 et 2, l'article L. 235-1 du code de commerce distingue le régime de nullité de l'assemblée générale extraordinaire modifiant les statuts de celui des autres organes délibérants dont principalement l'assemblée générale ordinaire et l'assemblée générale extraordinaire quand elle ne mofifie pas les statuts. *In fine*, chacun des deux alinéas propose une nullité commune : celle fondée sur la violation des lois qui régissent les contrats.

Nullité de l'assemblée modifiant les statuts

L'article L. 235-1 al. 1 dispose que « *la nullité d'une société ou d'un acte modifiant les statuts (AGE) ne peut résulter que d'une disposition expresse du présent livre (le code*

1. Ne pas confondre avec 51 % des voix.
2. Voir : partie 2, titre II, chap. 2, § 1, §§4.
3. Sous réserve de ratification par la prochaine assemblée ordinaire, les organes de direction peuvent déplacer le siège social dans le même département ou un département limitrophe. Mais quel organe a compétence pour procéder à la modification statutaire puisque l'AGO ne fait que ratifier, ou refuser, la décision de l'organe de direction compétent ? Ce même organe ? Très certainement…
4. La modification des statuts est soumises à la même publicité qu'au moment de la constitution augmentée de l'enregistrement du PV d'assemblée, d'une insertion dans un journal d'annonces légales et d'un dépôt au greffe de deux exemplaires du PV.

de commerce, livre II) ». Il faut en conclure que tout acte modificatif [1] de l'une des mentions des statuts (capital – forme sociale – durée – objet...) sera sanctionné d'une nullité quasi automatique à la condition qu'un texte du code de commerce l'organise expressément (principe : pas de nullité sans texte). Les hypothèses de sanction se subdivisent entre les cas de nullité obligatoire et les cas de nullité relative, que les quelques exemples non limitatifs suivants explicitent :

cas de nullité obligatoire :

– violation des règles de compétence, quorum, majorité des articles L. 225-96 et L. 225-121 ;

– violation des règles organisant l'ordre du jour des articles L. 225-105 et L. 225-121 ;

– violation des règles de changement de nationalité de l'article L. 225-97 ;

– défaut de rapport du conseil d'administration, ou du directoire, de l'article L. 225-100 al. 2.

Le défaut de convocation des commissaires aux comptes n'est plus un cas de nullité (voir L. 820-4, 1°). Mais les délibérations de l'assemblée générale ordinaire (et non pas extraordinaire) prises à défaut de désignation régulière de commissaires aux comptes, ou sur rapport d'un commissaire irrégulièrement nommé ou maintenu, sont nulles (L. 820-3-1).

cas de nullité facultative : [2]

– violation des règles d'information des actionnaires (L. 225-115). Il faut rechercher les implications du défaut d'information sur la décision votée ;

– non établissement ou grave irrégularité dans la tenue de la feuille de présence de l'article L. 225-114 al. 3 ;

– violation des règles de forme et délai de convocation de l'assemblée (L. 225-104) ;

– non respect du droit de l'actionnaire d'obtenir communication de la liste des actionnaires (L. 225-116).

Au-delà de ces principaux cas de nullité, existent d'autres cas de nullité, notamment aux articles : L. 224-3 al. 3, L. 225-99, L. 225-149-3, L. 228-4 al. 1, L. 228-11, L. 228-93, L. 228-95, L. 228-104, et L. 235-2-1 (violation des dispositions régissant les droits de vote attachés aux actions) ; articles consacrés aux sociétés par actions en général.

Nullité des autres assemblées

L'article L. 235-1 alinéa 2 dispose que la nullité d'actes ou délibérations autres que ceux prévus à l'alinéa 1 ne peut résulter que de la violation d'une disposition impérative du livre II du code de commerce.

Observons que si la formulation concerne, au principal, l'assemblée générale ordinaire, elle concerne également l'assemblée générale extraordinaire ne modifiant pas les statuts et les délibérations des organes de direction. En sus, comparé à l'al. 1, l'al. 2 implique un élargissement du champ de la nullité, puisqu'est sanctionné tout non respect d'une disposition impérative et non plus expresse. Encore faudrait-il percevoir avec précision ce qu'est une disposition impérative. À l'évidence, la notion reprend l'ensemble des dispositions expresses concourant à la nullité des AGE (tous les articles du code précisant que la nullité est la sanction à appliquer), mais dans quelle limite les dépasse-t-elle ? Comment déter-

1. Exceptionnellement, l'acte modificatif ne sera pas le fait d'une AGE, ex : décision du conseil d'administration ou de surveillance de transférer le siège social. Mais il faut appliquer à cette délibération les cas de nullité prévus pour l'AGE.

2. Le juge du fond décide seul si la nullité doit être prononcée (le nombre d'actions détenu par le ou les plaignants n'influence pas la décision).

miner le caractère impératif d'un texte ? En réponse à cette interrogation, l'étude de l'œuvre des juridictions sur ce thème devient alors prépondérante.

En outre, en cantonnant la sanction à la violation d'une disposition impérative du seul code de commerce, l'alinéa 2 de l'article L. 235-1 paraît éliminer du champ de la nullité l'important décret du 23 mars 1967 [1], excepté quand la loi y fait référence (L. 225-121), ou qu'un article du décret est attaché à la loi, ainsi en est-il à propos de l'ordre du jour (L. 225-105 et art. 129 du décret).

Enfin, certaines situations n'impliquent qu'une quasi-absence de nullité :

– défaut de signature du procès-verbal par les membres du bureau ;

– défaut de constitution régulière du bureau (l'organisation du bureau est gérée par le décret et non par la loi. Or la nullité n'est prononcée qu'en cas de violation de la loi) ;

– ne pas procéder à un vote individuel pour l'élection de plusieurs administrateurs ou commissaire aux comptes ;

– non respect d'une décision de justice ordonnant (par exemple) l'établissement du bilan par un expert, à condition que le vote indique le manquement.

Nullité commune aux deux assemblées générales

Les deux alinéas de l'article L. 235-1 appliquent la nullité à une assemblée générale violant les lois qui régissent la nullité des contrats (al. 1), ou qui régissent les contrats (al. 2) ; bien que l'acte de délibération d'une assemblée ne soit pas un contrat [2]. Classiquement, en matière contractuelle, la nullité est prononcée pour défaut d'objet, incapacité, défaut de cause, ou vice du consentement [3].

Sur ces mêmes fondements, la doctrine et la jurisprudence ajoutent que l'abus de majorité peut engendrer une annulation des assemblées, un distinguo devant être, semble-t-il, effectué entre l'assemblée générale extraordinaire, pour laquelle la jurisprudence reste prudente quant au prononcé de la nullité pour ce motif, et l'assemblée générale ordinaire, pour laquelle l'abus de majorité est un cas de nullité largement admis.

La doctrine s'est également interrogée quant à savoir si la violation d'une clause statutaire est assimilable à une violation de la loi ? Y. Guyon opte pour une réponse positive (in *Droit des Affaires*, t. 1, 12e éd. n° 441) « puisque selon l'article 1134 du code civil les conventions (donc les clauses) tiennent lieu de loi aux parties ». Position doctrinale confirmée par M. Cozian (in *Droit des sociétés*, 14e éd. n° 488) qui observe que « la jurisprudence semble l'admettre, encore que cette solution ne doive pas s'imposer sans nuance ». L'arrêt chambre commerciale du 18/5/2010 de la Cour de cassation éclaire le débat : le non respect d'une clause statutaire n'impliquerait la nullité de l'acte, qu'à la condition que ladite clause prolonge une disposition impérative légale (renforcement des règles de majorité...).

Au-delà, comme pour les sociétés et avec les mêmes contraintes, sont applicables aux assemblées les cas de nullité pour fraude.

---

1. Le décret appartient à la partie **réglementaire** du Code du commerce, alors que l'article L. 235-1 al. 2 évoque le « présent livre », autrement dit la partie législative du Code du commerce.
2. Le mécanisme du droit commun de la nullité des contrats nécessite une adaptation au cas spécifique des assemblées générales régies par le droit des affaires. Si l'acte de délibération n'est pas un contrat, rien n'empêche que sa nullité intervienne sur le fondement des règles gouvernant la sanction des contrats.
3. La différence de rédaction entre l'al. 1 de 235-1 (nullité des contrats) et l'al. 2 (qui régissent les contrats) permettrait en matière d'AGO de frapper de nullité un acte non modificatif des statuts, qui ne violerait pas une disposition impérative mais qui serait entaché d'un cas de violation des conditions de validité des contrats (Mémento F. Lefèbre – Sociétés commerciales – n° 89.360 et 361).

*
* *

L'application aux assemblées générales du principe « pas de nullité sans texte » de l'article L. 235-1 al. 1 et 2, induit que leur régime de nullité épouse, peu ou prou, celui appliqué à la nullité de la société. Ainsi le droit d'agir contre une délibération s'éteint avec la réparation du vice, dans le cas particulier des assemblées les organes compétents devront, pour réparer, convoquer à nouveau les actionnaires pour la tenue de débats réguliers (solution cependant non applicable à une délibération motivée par un objet illicite), le délai de prescription est de trois ans à compter du jour de l'acte motivant la nullité, l'exception de nullité étant toujours non prescriptible. Cette dernière situation, tirée du droit judiciaire privé, vise entre autre le cas d'exercice irrégulier d'action en justice (défaut de capacité d'ester, défaut de pouvoir représenter) sanctionné par une nullité pour irrégularité de fonds, sanction non soumise à l'effet de forclusion (art. 118 CPC).

3. Protection de l'actionnaire

Les conflits entre actionnaires sont inévitables, les minoritaires soupçonnant parfois les majoritaires d'agir dans leur intérêt personnel et non dans celui de la société. Si protéger les minoritaires est une nécessité, cette protection ne doit pas déboucher sur un blocage de la société du fait de la répétition des contestations. Toute la difficulté est là, trouver un équilibre entre la bonne marche de la société qui commande que les majoritaires décident seuls et défendre les minoritaires de décisions litigieuses. L'information préalable à l'assemblée générale constitue une mesure positive en ce sens qu'elle permet une bonne transparence des débats, gage de sincérité. Mais ce n'est malheureusement pas suffisant, la loi du 24 juillet 1966, le décret du 23 mars 1967 et la doctrine ont du intervenir pour renforcer ou compléter la protection de l'actionnaire.

La loi

– article L. 225-103 : permet en cas d'urgence [1] à tout associé d'agir en justice afin de faire convoquer l'assemblée. En l'absence de cas d'urgence un résultat identique est ouvert à un ou plusieurs actionnaires détenant au moins 5 % du capital social.

– article L. 225-105 : un ou plusieurs actionnaires représentant au moins 5 % du capital ont la faculté d'introduire une question dans l'ordre du jour.

– article L. 225-108 al. 3 : à compter de la communication par les dirigeants des documents accompagnant la convocation, tout actionnaire peut poser des questions par écrit.

– article L. 225-230 : récusation du commissaire aux comptes par voie de justice sur demande d'un ou plusieurs actionnaires représentant au moins 5 % du capital social.

– article L. 225-231 : une association d'actionnaires (L. 225-120), un ou plusieurs actionnaires représentant au moins 5 % du capital social, peuvent demander en justice la désignation d'un expert de gestion.

– article L. 225-232 : une association d'actionnaires (L. 225-120), un ou plusieurs actionnaires représentant au moins 5 % du capital social peuvent deux fois par exercice poser par écrit des questions aux dirigeants sur tout fait de nature à compromettre la continuité de la société. La réponse faite par les dirigeant est transmise aux commissaires aux comptes.

– article L. 225-233 : demande de révocation du commissaire aux comptes par voie de justice par un ou plusieurs actionnaires représentant au moins 5 % du capital social, ou par une association d'actionnaires (L. 225-120).

1. Laissée à l'appréciation des juges du fond, sa définition est fonction des circonstances.

– article L. 225-252 : sans condition d'un minimum de capital détenu, une association d'actionnaires (L. 225-120), un ou plusieurs actionnaires peuvent intenter l'action sociale en responsabilité contre les dirigeants. L'action sociale est en principe de la seule compétence de la société, mais on peut douter de sa diligence à agir contre ses propres dirigeants !

Le décret

– article 200 : en fonction du montant du capital [1], plusieurs actionnaires représentant de 0,5 % à 5 % du capital social peuvent charger un ou plusieurs d'entre eux d'exercer au nom de leur collectivité l'action sociale en responsabilité contre les dirigeants.

La doctrine et jurisprudence

Au régime de protection mis en œuvre par le législateur, il faut ajouter la sanction de l'abus de majorité. Pourtant, la loi commerciale (art. L. 235-1) qui n'admet qu'exceptionnellement la nullité, n'a pas voulu prévoir la nullité des assemblées pour abus de majorité : ce sont la doctrine et la jurisprudence qui l'ont imposée, largement dans les assemblées générales ordinaires, plus restrictivement dans les assemblées générales extraordinaires [2]. L'abus de majorité n'est pas une erreur de gestion. Il se caractérise par une rupture d'égalité entre associés conduisant à une négation abusive de l'*affectio societatis*. La décision critiquée « *doit avoir été prise contrairement à l'intérêt général de la société et dans l'unique dessein de favoriser les membres de la majorité au détriment de ceux de la minorité* » [3].

Conceptualiser l'abus de droit ne suffit pas, encore faut-il en apporter la démonstration. Sur ce sujet il doit être rappelé qu'être majoritaire signifie voter avec le groupe d'actionnaires le plus puissant, être minoritaire implique de voter en opposition au groupe des majoritaires [4]. Résultat, la difficulté la plus considérable en matière d'abus de majorité consiste pour les minoritaires à aller chercher la preuve de cet abus entre les mains des majoritaires. Même aidée en cela par la nomination d'experts judiciaires, la tâche reste ardue.

Inversement, des minoritaires ayant une propension au-delà de la raison à contester les décisions des majoritaires devant la justice peuvent provoquer un abus de minorité. Cet abus peut se manifester par un blocage de la vie sociale préjudiciable à la société [5]. Le comportement fautif est sanctionné par le versement de dommages et intérêts normalement au bénéfice de la société, mais l'abus de minorité ne peut jamais induire la nullité de l'assemblée perturbée.

§ 3. *Les organes de la société anonyme*

La loi du 24 juillet 1966 inaugure un double choix de gouvernement d'entreprise, en introduisant une gouvernance dite « dualiste » inspirée du droit allemand et composée d'une direction collégiale baptisée directoire et d'un conseil de surveillance. Désormais, à la gouvernance traditionnelle dite « moniste » formée par le conseil d'administration et le directeur général, s'ajoute cette innovation.

1. Le pourcentage minimum requis est normalement de 5 % du capital, toutefois lorsque le capital est supérieur à 750 000 € et il est réduit ainsi qu'il suit : – 4 % pour les 750 000 premiers euros.– 2,5 % pour la tranche comprise entre 750 000 et 7 500 000 euros.– 1 % pour la tranche comprise entre 7 500 000 et 15 000 000 euros.– 0,5 % au-delà.
2. De fait, les annulations d'assemblées extraordinaires pour cause d'abus de majorité sont rarissimes. Sur le thème de l'abus, voir : Revue de sociétés, nov. 2012, p. 122, A.L. Champetier.
3. Cass. com., 18 avril 1961 : D 1961-661 in *Droit des affaires*, Y. Guyon, t. 1, 12e édition, n° 456. La démonstration de l'abus de droit impose donc une double preuve : prouver l'intérêt personnel de la proposition votée et son défaut d'intérêt pour la société.
4. Ainsi un actionnaire détenant 20 % du capital peut être dans le groupe des minoritaires, alors qu'un actionnaire détenant 0,1 % du capital peut appartenir au groupe majoritaire.
5. Revue de sociétés – mai 2013 – p. 150 – A. Viandier.

L'intérêt du directoire, dont les membres peuvent être de droit titulaires d'un contrat de travail, est d'autoriser les salariés non titulaires d'actions de la société à investir plus facilement les postes de direction. Cette conception, puisée chez nos voisins germaniques, correspondait aussi très certainement à la volonté politique du moment, qui tendait à proposer à nos entreprises commerciales une voie moyenne située entre un capitalisme pur et dur à l'anglo-saxonne et une vision socialiste de l'économie. Ce capitalisme « à la française », fait de plus d'humanisme et d'attention pour les salariés [1], trouvait son aboutissement hexagonal dans la nouvelle forme de direction proposée. Elle offrait également une alternative au pouvoir solitaire exercé dans la forme traditionnelle, bien que la loi du 15 mai 2001 ait amendé cette dernière en permettant (et non en obligeant) de dissocier la présidence du conseil d'administration de la direction générale de la société.

Pour la petite histoire, il faut bien admettre que la volonté politique d'encourager les salariés à accéder aux postes de direction laissait des zones d'ombres. Ainsi, le salarié pouvait devenir administrateur ou membre du directoire, mais pas membre du conseil de surveillance (en revanche un membre du conseil de surveillance pouvait obtenir un contrat de travail !). Il fallut attendre l'ordonnance du 21 octobre 1986 pour qu'enfin les salariés puissent entrer dans les différents conseils (L. 225-27 et L. 225-79).

A. Le conseil d'administration – le directeur général – les directeurs généraux délégués

1. Le conseil d'aministration et son président

Nomination des membres du conseil et de son président

Les administrateurs sont élus par l'assemblée générale ordinaire ou constitutive, éventuellement par les statuts lorsque la société ne fait pas d'offre au public. L'article L. 225-17 indique que leur nombre varie de 3 à 18 membres, sans tenir compte des administrateurs représentants les salariés ou les salariés actionnaires. Le nombre maximum d'administrateurs peut même être porté jusqu'à 24 membres pendant un délai de trois ans en cas de fusion entre SA, selon les termes de l'article L. 225-95. Ce sont indifféremment des personnes physiques ou morales [2], excepté les postes de président et de directeur général toujours dévolus à des personnes physiques. [3]

Fixée par les statuts, la durée maximum de leur fonction ne dépend plus du mode de nomination. Effectuée par voie statutaire, ou par assemblée générale, l'article L. 225-18 fixe un mandat maximum de six ans. À l'exception d'une disposition statutaire contraire, les administrateurs sont rééligibles, à condition de vérifier le respect de la règle éxigeant qu'un tiers maximum du conseil ait dépassé l'âge de 70 ans.

L'administrateur personne physique ne peut exercer simultanément plus de cinq mandats sociaux, même de nature différente : administrateur – membre du conseil de surveillance – directeur général – membre du directoire (art. L. 225-

1. Au moins le pensait-on !
2. Article L. 225-20 du code de commerce.
3. Nota : la loi du 27-1-2011 et le décret du 7 juillet 2011, relatifs à l'équilibre hommes/femmes dans les organes que sont le conseil d'administration et de surveillance, tend à ce que les sociétés cotées et celles employant plus de cinq cents personnes avec un CA ou un bilan supérieur à 5 millions d'euros disposent progressivement d'un minimum de 40 % de représentants d'un des sexes. Seuil minimum à vérifier à compter des assemblées ordinaires qui suivront le 1er janvier 2017. Pour les SA non concernées par cette obligation, l'article L. 225-17 al. 2 recommande un équilibre hommes/femmes sans toutefois prévoir des sanctions.

21 al. 1). Solution non retenue pour l'administrateur personne morale qui peut être simultanément titulaire d'un nombre illimité de mandats. La limitation appliquée à l'administrateur personne physique ne prend pas en compte les mandats exercés par cette personne dans les sociétés contrôlées par la société dont il est administrateur (L. 225-21 al. 2).

Sauf clause contraire des statuts, depuis la loi LME d'août 2008, les dirigeants de SA n'ont plus l'obligation d'être actionnaires de la société. Antérieurement, la possession utile d'actions constituait un gage de leur supposé sérieux mis dans l'accomplissement de leur tâche. Il reste que la déontologie appliquée à la gouvernance des sociétés recommande, pour les SA importantes, que les dirigeants détiennent un nombre significatif d'actions.

Bien que s'en rapprochant, l'administrateur n'est pas un mandataire au sens strict des règles du mandat. Non seulement il ne représente pas la société, mais son pouvoir ne se limite pas à réaliser les ordres donnés par la société. Au contraire, il peut prendre des initiatives sous condition d'agir dans la limite de son autorité et dans l'intérêt de la société. Leur nomination suppose donc une capacité pleine et entière, condition éliminant *de facto* de ce poste les personnes encore mineures.

En principe non compétente pour désigner les administrateurs, l'assemblée générale extraordinaire l'est exceptionnellement par la grâce de l'article L. 225-18 en cas de fusion ou de scission. Ceci afin d'éviter la convocation fastidieuse d'une assemblée ordinaire uniquement dédiée à cet effet.

Enfin, en cas de démission ou de décès d'un administrateur au cours de l'exercice, les administrateurs restant peuvent pourvoir à son remplacement à titre provisoire. Facultative, cette cooptation devient obligatoire lorsque le nombre de membre du conseil est inférieur au minimum statutaire, sans être inférieur au minimum légal qui impose alors la convocation d'une assemblée générale ordinaire (L. 225-24).

Le conseil d'administration formé, un président est élu parmi ses membres. L'article L. 225-47 exige, sous peine de nullité, qu'il soit une personne physique. Sauf atteint par la limite d'âge fixée par les statuts ou, dans leur silence, âgé de 65 ans (L. 225-48 al. 1), il est indéfiniment rééligible. Il ne peut toutefois exercer simultanément plus de cinq mandats, puisque les règles relatives au cumul des mandats d'aministrateur personne physique s'appliquent.

Au-delà de ces règles limitatives, différentes activités sont incompatibles avec un mandat d'administrateur. Ainsi en est-il des fonctionnaires, des professions libérales [1] et, dans certains cas, des commissaires aux comptes. Mais l'interdit le plus marquant, reste celui de l'impossibilité pour l'administrateur de conclure un contrat de travail avec la société dans laquelle il exerce sa fonction (solution aujourd'hui amendée). Marginalement, une limite d'âge fixée à soixante-dix ans est imposée [2], mais les statuts peuvent y déroger.

Révocation des membres du conseil et du président

L'administrateur est révocable *ad nutum* par l'assemblée générale ordinaire, c'est-à-dire sans motif, sans délai, ni indemnités (L. 225-18) [3]. En principe, la révocation est proposée par le conseil d'administration et inscrite sur l'ordre du

1. Les avocats et les notaires peuvent le devenir à certaines conditions (exercer la profession depuis au moins sept ans). Les commissaires aux comptes peuvent l'être également sauf dans la société pour laquelle ils étaient chargés de contrôler les comptes à moins de respecter un délai de cinq ans après la fin de leur mission (L. 822-12).

2. Article L. 225-19 du code de commerce.

3. Mais la loi (L. 225-47 et L. 225-55) n'interdit pas la conclusion d'une transaction entre le révoqué et la société. Revues des sociétés, avril 2011, p. 231 – A. Lienhard.

jour avant d'être soumise au vote des actionnaires. Elle peut pourtant être valablement décidée par l'assemblée générale en dehors de l'ordre du jour. Une ancienne jurisprudence avait autorisée cette technique dite des « incidents de séance » en cas de révélation soudaine et imprévue de faits imposant d'urgence la révocation d'un administrateur. La loi l'a traduite dans l'article L. 225-105 applicable à l'assemblée générale ordinaire. Il semblerait logique que ce texte soit applicable à la tenue d'une assemblée générale extraordinaire.

Toutes les constructions et autres artifices qui tendraient directement ou indirectement à faire échec à la révocation *ad nutum* sont frappées de nullité.

La révocation ne donne lieu à aucun dommages et intérêts, excepté lorsque le tribunal sur demande de l'administrateur la qualifie d'abusive [1]. La société doit alors réparer la préjudice résultat de l'abus et non pas les conséquences de la révocation même si elles sont dommageables. Ainsi en est-il de l'administrateur privé du droit de se défendre (jurisprudence pointilleuse), victime de commentaires injurieux, diffamatoires, ou de prétextes fallacieux. Dans de rares cas, le tribunal saisi par l'administrateur annule la révocation. Il ne s'agit pas dans ces circonstances d'une remise en cause de la révocation *ad nutum*, mais plus simplement de la constatation par le juge de l'emploi de formes irrégulières (par exemple : quorum ou majorité non atteints). Dans ces circonstances, en l'attente d'une prochaine assemblée générale révocant valablement l'administrateur, celui-ci devrait être en principe réintégré.

Le conseil d'administration peut à tout moment révoquer son président sans motif, ni préavis et indemnités. Aucun obstacle n'est toléré. Il redevient alors un simple administrateur. Autre possibilité, révoqué en tant qu'administrateur par l'assemblée générale sur ou sans proposition du conseil, il ne peut plus être président.

Rémunération des membres du conseil et du président

L'article L. 225-45 autorise l'assemblée générale à prévoir le versement de jetons de présence aux administrateurs. Le montant de la rémunération annuelle est libre avec pour unique limite la raison économique des actionnaires, y compris celle des administrateurs intéressés qui prennent part au vote [2].

Le conseil d'administration a la faculté de charger l'un de ses membres d'une mission exceptionnelle qui n'entre pas dans les devoirs normaux de la fonction. Il peut s'agir d'effectuer une étude de faisabilité concernant l'implantation d'une filiale à l'étranger ou tout autre objectif. À ces conditions, l'article L. 225-46 donne le pouvoir au conseil de rémunérer le réalisateur de la mission ou du mandat. Des excès pouvant être craints, le législateur a subordonné de telles rémunérations au contrôle des commissaires aux comptes et au vote de l'assemblée générale.

Logiquement les administrateurs perçoivent le cas échéant des remboursements de frais. L'octroi de ces sommes n'appelle pas de commentaire particulier puisqu'elles n'ont pas le caractère de rémunération. L'abus pourrait intervenir dans la circonstance de remboursements forfaitisés manifestement excessifs.

Si, au principal, l'administrateur ne peut valablement obtenir de sa société un contrat de travail et bénéficier du statut de salarié, sous peine de nullité absolue du contrat, l'interdit supporte une double exception ; celle des articles L. 225-22 et L. 225-21-1.

L'article L. 225-22 autorise un salarié de la société à devenir administrateur, à condition que son contrat de travail lui confère un travail effectif, distinct des fonc-

1. Voir : Revue des sociétés, octobre 2013, p. 566, note B. Saintourens.
2. Le principe de libre fixation des rémunérations doit être tempéré par le fait que le droit fiscal peut le mettre en cause au travers de la notion d'acte anormal de gestion.

tions d'administrateur et que son état de subordination soit réel. De plus, sa rémunération doit être versée indépendamment de celle liée au poste d'administrateur et le nombre d'administrateurs bénéficiaires d'un contrat de travail ne peut dépasser le tiers des administrateurs en fonction. Ce régime du salarié-administrateur [1] ne doit pas être confondu avec celui des salariés qui participent au conseil d'administration lorsqu'ils sont employés par une société publique ou privatisée. Avant la loi du 11 février 1994, et afin de couper court aux manœuvres de l'administrateur désireux d'obtenir le statut de salarié, le salarié accédant au poste d'administrateur devait apporter la preuve d'une antériorité de deux ans de son contrat de travail. La loi de 1994 a maintenu l'exigence de l'antériorité mais a abrogé la condition de délai. Depuis, une personne ayant signé un contrat de travail, peut-elle être désignée administrateur à bref délai ? Certainement non, la théorie de l'abus de droit s'y oppose et détruit cette grossière manœuvre destinée à accorder les avantages salariaux à un administrateur dont la nomination est par avance acquise. La loi du 15 mai 2001 a reconduit l'exigence selon laquelle un salarié de la société ne peut être nommé administrateur qu'à la condition que son contrat de travail soit antérieur à sa nomination sans toutefois rétablir le délai de deux ans (L. 225-22).
Autre entorse au non cumul administrateur/contrat de travail, le nouvel article L. 225-21-1 (loi du 22 mars 2012) autorise l'administrateur d'une PME d'obtenir de celle-ci un contrat de travail, effectif et distinct des fonctions de dirigeants. La notion de PME correspond à une entreprise employant moins de 250 salariés et dont le CA ht annuel n'excède pas 50 millions d'euros ou le total du bilan ne dépasse pas 43 millions d'euros.
Corollaire de ces solutions, le président du conseil n'a pas, en principe, droit au statut de salarié bien qu'il perçoive une rémunération mensuelle fonction de ses qualités et de la surface financière de la société. Cette rémunération, ainsi que toute autre rémunération additionnelle (complément de retraite, golden parachute), est fixée selon les termes de l'article L. 225-47 par le conseil d'administration, ce, au détriment des pouvoirs de l'assemblée générale qui ne peut exercer aucun contrôle, hormis l'obligation que supporte certaines sociétés de porter dans le rapport annuel de gestion les sommes et avantages attribués au président (L. 225-102-1 al. 1), sous peine d'annulation (L. 225-102-1 al. 3).
La privation du statut de salarié appliquée au président du conseil d'administration n'est peut-être qu'apparente. D'une part, si le droit du travail lui refuse la protection accordée aux salariés, surtout concernant les mesures accompagnant la cessation forcée d'activité, en revanche, le droit fiscal et le droit de la Sécurité sociale l'assimilent [2] à un salarié. D'autre part, le président est avant tout un administrateur, à ce titre il bénéficie non seulement des jetons de présence mais aussi des règles édictées par les articles L. 225-22 et L. 225-21-1. La difficulté étant alors de vérifier positivement l'état de subordination [3] dont doit faire montre tout titulaire d'un contrat du travail et l'effectivité de ce dernier, surtout que la fonction de président est permanente. Il reste que sur ce point, l'activité du directeur général facilite la vérification positive du caractère effectif du contrat de travail du président du conseil : dégagé des tâches dévolues au directeur général, le président pourrait hypothétiquement occuper valablement un emploi de salarié.

1. En fait nommé administrateur-salarié.
2. Assimiler signifie : accorder toutes les mesures légales dont bénéficient les salariés. En effet, le droit fiscal et le droit de la Sécurité sociale ne donnent pas la qualité juridique de salarié au président, mais ces droits lui en accordent les conséquences.
3. Et d'établir la preuve d'un travail effectif et distinct des fonctions de président.

Pouvoir des membres du conseil et du président

La loi du 15 mai 2001 a redéfini les pouvoirs du conseil d'administration, l'article L. 225-35 précisant les domaines dans lesquels ils s'exercent.

Le conseil détient une compétence générale de gestion puisqu'il détermine les orientations de l'activité et surveille leur mise en œuvre. Il se saisit de toute question relative au bon fonctionnement de la société et délibère (à la majorité d'un quorum d'au moins 50 % des administrateurs) à propos des affaires qui la concerne. Toutefois, le conseil d'administration doit œuvrer dans le cadre de l'objet social et dans la limite des pouvoirs expressément attribués aux assemblées générales d'actionnaires. Dans ces circonstances, l'administrateur agit personnellement et individuellement sans mandat [1].

Principalement, le rôle [2] du conseil consiste à garantir la pérennité de la société en faisant « preuve de diligence à l'égard de toutes les décisions qui pourraient avoir une incidence sur l'avenir de la société » (rapport AN n° 2327, p. 208).

L'article L. 225-35 poursuit en précisant que dans les rapports avec les tiers, la société est engagée même par les actes du conseil d'administration qui ne relèvent pas de l'objet social, sauf à prouver que le tiers connaissait le dépassement de pouvoir commis. En revanche, l'ancien alinéa 3 de la précédente rédaction de l'article n'a pas été repris. Ainsi, il semblerait que le législateur ait souhaité (ou s'agit-il d'un oubli ?) supprimer la solution selon laquelle les dispositions des statuts limitant les pouvoirs du conseil d'administration étaient inopposables aux tiers.

Ajoutons que ce même article entérine la jurisprudence de la Cour de cassation qui reconnaissait aux administrateurs un droit complet à l'information.

Enfin, les attributions traditionnelles du conseil d'administration sont maintenues et peuvent se résumer à – décider du changement du lieu du siège social [3] – nommer le président et les directeurs – donner les mandats – convoquer les assemblées générales – autoriser les contrats conclus entre la société et l'un de ses dirigeants – accorder les cautions, avals et autres garanties – sur pouvoir délégué par l'assemblée générale procéder à l'augmentation de capital et émettre un emprunt obligataire. Finalement, l'importance du conseil est en étroite relation avec la personnalité et la volonté des administrateurs qui le composent, surtout que la rédaction de l'article L. 225-35 comporte des imprécisions en matière de pouvoir [4].

Avec la loi du 15 mai 2001, les fonctions attribuées au président du conseil d'administration ont été remaniées. Le principe fondamental veut que les fonctions de présidence du conseil et celles de la nouvelle direction générale de la société soient dissociées, y compris quand elles sont remplies par la même personne (L. 225-51.1).

Depuis, le président du conseil représente cet organe vis-à-vis des tiers sans qu'il s'agisse d'un véritable et plein pouvoir de représentation, puisque le conseil est privé de la personnalité morale. Le président organise et dirige les travaux du conseil d'administration, veille au bon fonctionnement des organes

1. La jurisprudence évoque dans certaines circonstances la notion de mandat apparent (croyance des tiers dans l'existence d'un mandat).
2. Sous l'empire de l'ancien code de commerce, la jurisprudence utilisait la formule suivante : organe de réflexion et de décision chargé de la gestion générale. Est-elle toujours d'actualité ?
3. Seulement dans le même département ou département limitrophe, sous réserve de ratification par la prochaine AGO (L. 225-36). Solution exceptionnelle, puisqu'elle déroge au pouvoir de l'AGE en matière de modification des statuts.
4. Revue des sociétés – mars 2010 – n° 1 p. 17 – Paul Le Cannu.

de la société, coordonne sa stratégie sans posséder le pouvoir d'engager et de représenter la société, pouvoirs désormais attribués au directeur général.

2. Le directeur général

Nomination et pouvoirs

La direction générale de la société est assumée par une personne physique âgée de maximum 65 ans (excepté clause statutaire dérogatoire), nommée par le conseil d'administration (L. 225-51.1) et portant le titre de directeur général. [1]

Le directeur général, qui n'est pas nécessairement actionnaire, dispose des pouvoirs les plus étendus pour agir en toute circonstance au nom de la société, pouvoirs exercés dans la double limite de l'objet social et des prérogatives attribuées par la loi au conseil d'administration ainsi qu'aux assemblées générales.

Il représente la société à l'égard des tiers, celle-ci étant engagée par les actes pris par le directeur général en dehors de l'objet social, à moins qu'elle ne prouve que le tiers avait la connaissance du dépassement. Les clauses statutaires limitatives de pouvoirs sont inopposables aux tiers.

Une personne physique ne peut exercer qu'un mandat de directeur général, éventuellement un second dans une société appartenant au même groupe, ou dans une société non cotée. La durée du mandat est fixée par le conseil, sauf clause contraire des statuts.

Rémunération

La rémunération versée au directeur général est fixée par le conseil d'administration et lui seul, elle ne constitue pas une convention soumise à contrôle tel que prévue aux articles L. 225-38 et suivants. Lorsque le directeur général est également administrateur, il percevra des jetons de présence. Il peut être lié à la société par un contrat de travail.

Révocation

La révocation du directeur général est décidée librement et à tout instant sur juste motif [2] par le conseil d'administration. L'absence d'un juste motif donnera lieu à des dommages et intérêts, excepté lorsque le directeur général est aussi président du conseil d'administration : la révocation est alors *ad nutum*. Toutefois, dans ces circonstances, la révocation doit être, *a minima*, vierge de mesures vexatoires ou injurieuses et respecter le principe du contradictoire mis en œuvre par la jurisprudence à propos du régime de révocation des anciens directeurs généraux.

3. Les directeurs généraux délégués

Les directeurs généraux antérieurement chargés d'assister le président du conseil d'administration d'avant la loi du 15 mai 2001 prennent désormais le titre de directeurs généraux délégués [3]. Ils sont nommés par le conseil d'administration sur proposition du directeur général dans le but de l'assister. Ce sont des personnes physiques, au nombre maximum de cinq, leur rémunération étant décidée par le conseil qui peut également les révoquer à tout moment pour juste motif, sur proposition du directeur général. Lorsque le directeur général est révoqué, ils conservent leur fonction jusqu'à nomination du nouveau directeur, sauf décision contraire du conseil. En accord avec le directeur général, le conseil d'administration détermine l'étendue et la durée de leurs pouvoirs qui leur permettent d'engager la société à l'égard des tiers.

---

1. Revue de sociétés – sept. 2012 – p. 503 – J.-P. Mattout.
2. Juste motif : faute de dirigeant dans la conduite des affaires, comportement non fautif mais préjudiciable à la société (opposition de stratégie/actionnaires…).
3. Article L. 225-53.

4. Choix de direction

Avec la réforme introduite par la loi du 15 mai 2001, un double choix de direction est proposé à la SA ayant opté pour la forme traditionnelle de management. Aux conditions définies par les statuts, le conseil d'administration choisit de confier la direction générale de la société au président du conseil d'administration déjà en poste, ou décide de l'attribuer à une autre personne physique (L. 225-51.1).

Ces deux hypothèses offrent, à parité, la faculté au conseil d'administration de nommer des directeurs généraux délégués destinés à assister la direction générale dans sa mission.

Lorsque la direction générale est assumée par le président du conseil d'administration, les dispositions relatives au directeur général lui sont appliquées. Il prend alors le titre de président directeur général et dispose des pouvoirs de présidence du conseil d'administration – direction générale de la société – représentation de la société à l'égard des tiers.

Enfin, le président nommé directeur général se trouve au titre de cette dernière qualité soumis à l'interdit d'exercer simultanément plus d'un mandat de directeur général de SA sauf dérogation prévue à l'article L. 225-51-1 alinéas 2 et 3.

Aujourd'hui, la tendance est manifestement à la réunification des deux fonctions sur une seule tête. Le constat permet d'affirmer l'échec de la loi et le retour du « saint patron ».

B. Le conseil de surveillance et le directoire

1. Le conseil de surveillance

Nomination – révocation

Les membres du conseil de surveillance, au nombre de 3 à 18 (24 en cas de fusion), sont nommés et révoqués [1] dans les mêmes conditions que les administrateurs. Les incompatibilités et autres limites imposées par la loi à la fonction sont également identiques (L. 225-77). L'article L. 225-69-1 ajoutant la mixité de sexe au sein du conseil selon des critères identiques à ceux des SA à conseil d'administration.

Rémunération

Outre l'attribution de jetons de présence au bénéfice de tous les membres du conseil, son président peut obtenir un complément de rémunération évalué par ses pairs. Sous condition de respecter le lien de subordination, les membres du conseil de surveillance, dans la limite d'un tiers du conseil, peuvent être titulaires d'un contrat de travail selon les critères appliqués aux administrateurs, excepté peut-être quant à la condition d'antériorité. En effet, il semble que l'article L. 225-85 code de commerce autorise un membre du conseil de surveillance déjà en place à conclure un contrat de travail. [2]

Pouvoirs

Le conseil de surveillance nomme les membres du directoire, désigne son président, propose leur révocation ou la décide quand les statuts l'y autorisent, fixe leur rémunération, partage avec le directoire la convocation des assemblées générales, autorise les conventions conclues entre un dirigeant et la société, autorise la vente des immeubles et autres participations, autorise les avals, cautions et garanties, fixe dans ses grandes lignes la politique économique de la société.

---

1. Articles L. 225-69, L. 225-72, L. 225-75.
2. L'antériorité du contrat n'est exigée que dans le cadre de l'article L. 225-22 prévoyant l'hypothèse du salarié devenant administrateur… mais aucune condition d'antériorité n'est portée dans l'article L. 225-85 appliqué au conseil de surveillance et directoire.

Mais le pouvoir le plus original accordé par la loi de 1966 reste sa mission de contrôler en permanence la gestion de la société faite par le directoire. Bien que privé du pouvoir de représentation et qu'il s'agisse d'un contrôle *a posteriori* qui ne doit en rien gêner la gestion au quotidien assurée par les directeurs, cette fonction du conseil le rend particulièrement important et suffit à le distinguer du conseil d'administration. Corollaire de ce pouvoir, il présente à l'assemblée ordinaire un rapport sur les comptes de l'exercice et formule des observations à propos du rapport annuel du directoire.

2. Le directoire

La société anonyme est dirigée par un directoire composé de deux à cinq membres au plus, exceptionnellement sept lorsqu'elle est cotée en Bourse. Quand son capital est inférieur à 150 000 euros, un directeur général unique peut suffire. Les statuts déterminent la durée de leur mandat dans des limites comprises entre deux et six ans. À défaut, le mandat est réputé donné pour quatre ans. Les directeurs sont obligatoirement des personnes physiques âgées de moins de 65 ans et n'ont pas l'obligation d'être actionnaires. Ils peuvent être salariés de la société [1], sous condition de répondre aux caractéristiques générales de subordination et d'activité effective différente de la fonction de membre du directoire. Un directeur ne peut exercer plus d'un mandat simultanément, éventuellement un second dans une société contrôlée par celle dans laquelle il est déjà membre du directoire ou dans une société non cotée. En revanche, à l'instar des administrateurs, le membre du directoire peut, sans au total dépasser le nombre de cinq mandats, être : directeur général – administrateur – membre du conseil de surveillance – directeur général unique du directoire.

Nommés par le conseil de surveillance, leur révocation par l'assemblée générale [sur proposition du conseil – d'un groupe d'actionnaires (L. 225-61)] ou par le conseil seul, si les statuts le permettent, exige un juste motif [2]. Puisque la révocation s'appuie sur un juste motif, le directeur peut aller devant le juge afin d'en contester la réalité. L'absence de juste motif ouvre droit à des dommages et intérêts mais jamais à la réintégration. À noter que le mécanisme de révocation tiré de l'article L. 225-105 s'inspirant de la jurisprudence dite des incidents de séance ne leur est en principe pas applicable.

Pourtant, puisque compétence a été donnée à l'assemblée générale de révoquer le directeur (L. 225-61), on peut penser que sa révocation en dehors de l'ordre du jour est possible quand est révélé un fait nouveau. Si la doctrine, avec réserve, et la jurisprudence semblent maintenant admettre cette dernière solution, il faut pourtant observer que l'actuel article L. 225-105, qui ne prévoit pas l'application de la théorie dite « des incidents de séance » aux membres du directoire, reprend *stricto sensus* les termes de l'ancien article L. 160 issu de la loi du 24 juillet 1966, et qu'au moment du remaniement de cette loi en mai 2001, le législateur n'a pas jugé opportun en écrivant l'article L. 225-105 de préciser que les directeurs étaient désormais concernés par la révocation en dehors de l'ordre du jour, alors que le débat existait déjà.

1. Un salarié peut devenir membre du directoire, un membre du directoire peut devenir salarié.
2. La différence avec le statut de l'administrateur qui ne peut aller devant le juge contester le fondement de sa révocation faute de motif signifié n'est peut-être pas si importante que cela. En effet, la jurisprudence ayant défini largement la notion de juste motif (une grave divergence de vue suffit), de fait, il n'existe pas de véritable obstacle à la révocation d'un directeur et la fonction n'est pas plus stable en droit que celle d'administrateur (du moins à la lecture de la loi). Sur ce même thème : revue des sociétés, juin 2015, p. 371. Nota A. Viandier.

Le directoire dispose pratiquement des mêmes pouvoirs que le directeur général augmentés du droit d'établir les comptes annuels, convoquer l'assemblée générale, présenter un rapport de gestion et dresser l'ordre du jour [1]. Mais constituant un organe collégial, la représentation de la société vis-à-vis des tiers ne peut lui être confiée pour des raisons d'efficacité et de sécurité, elle est dévolue au seul président du directoire. Éventuellement, avec l'autorisation du conseil, les directeurs peuvent se répartir les tâches de direction.

C. Le commissaire aux comptes

Organe externe mais obligatoire de la société anonyme et de toutes les formes de sociétés franchissant deux des trois seuils visés par la loi (nombre moyen de salariés permanents : 50 ; montant HT du chiffre d'affaires : 3 100 000 euros ; total du bilan : 1 550 000 euros), le commissaire aux comptes est chargé de contrôler l'état financier de la société. Sa fonction d'intérêt général intègre aussi le mécanisme de la protection des associés minoritaires et des tiers, puisqu'elle a pour finalité une transparence de la gestion, gage d'une régularité et sincérité des comptes sociaux.

Désigné par la société à partir d'une liste dressée et vérifiée dans chaque ressort de cour d'appel par la commission régionale d'inscription compétente (art. L822-2), le commissaire aux comptes n'en est pas pour autant un mandataire. S'il est un organe extra-social de contrôle, il n'est pas uni à la société par un lien contractuel, ni ne réalise des actes juridiques pour le compte de celle-ci. Pourtant, le principe veut que les délibérations des assemblées prises à défaut de désignation régulière ou sans nomination du commissaire aux comptes sont frappées de nullité.

Depuis la loi du 1er août 2003, le régime de la fonction de commissaire aux comptes est pour la première fois ordonnancé dans le livre huitième-titre deux du code de commerce, sous les articles L. 820-1 et suivants.

1. Nomination

La nomination du commissaire aux comptes diffère selon qu'elle intervient au moment de la constitution de la société ou au cours de son exploitation. À la constitution, la loi distingue la société anonyme faisant offre au public de celle qui ne le fait pas. La constitution avec offre au public exige une désignation des commissaires aux comptes par l'assemblée constitutive, alors que la constitution sans offre au public se satisfait d'une nomination par voie statutaire (L. 225-16). Au cours de la vie sociale, la nomination se fait normalement par l'assemblée générale ordinaire (L. 225-228). Des suppléants sont également nommés pour remplacer les titulaires en cas de refus, d'empêchement, de démission ou de décès, et les sociétés soumises à la tenue de comptes consolidés doivent désigner au moins deux commissaires aux comptes.

Les commissaires aux comptes sont nommés pour six exercices, leur fonction expirant au terme de l'assemblée ordinaire statuant sur les comptes du sixième exercice. Le commissaire aux comptes désigné par l'assemblée ordinaire en remplacement d'un autre, demeure en fonction jusqu'à l'expiration du mandat de son prédécesseur, alors que le remplaçant déjà prévu du commissaire aux comptes défaillant n'intervient que pour la période de l'empêchement ou en l'attente de désignation d'un nouveau titulaire. Indépendamment de leur situation, les commissaires aux comptes en place sont indéfiniment rééligibles. [2]

---

1. Articles L. 225-103, L. 225-105.
2. Sauf obligation de rotation de l'article L. 822-14.

Contrepartie de l'importance de la fonction, l'ancien article L. 225-224, abrogée par la loi sécurité financière d'août 2003, établissait une liste d'incompatibilités destinées à renforcer l'autonomie du commissaire aux comptes. Selon les termes de l'article, ne pouvaient être commissaire aux comptes :
– les fondateurs, apporteurs en nature, les dirigeants et les bénéficiaires d'avantages particuliers,
– les parents et alliés, jusqu'au quatrième degré inclusivement, des personnes visées ci-dessus,
– les conjoints des dirigeants, même si au sens du droit ils ne sont ni parents ni alliés,
– toutes les personnes qui recevaient directement ou indirectement une rémunération quelconque de la société,
– les conjoints des personnes recevant de la société ou des dirigeants un salaire, voire une rémunération, au titre d'une activité permanente.
À cette liste abrogée, le code de déontologie de la profession propose un nouveau régime des incompatibilités. En premier lieu, le code réaffirme le principe selon lequel le commissaire aux comptes doit être indépendant de la personne ou de l'entité dont il certifie les comptes (art. 5 du code), le commissaire aux comptes devant également éviter de se placer dans une situation qui compromettrait cette indépendance [1]. Les incompatibilités proprement dites sont visées dans le titre V du code de déontologie qui détaille les liens personnels, financiers et professionnels les impliquant (voir également : L. 822-10).
Il reste, qu'hier comme aujourd'hui, il y aura incompatibilité toutes les fois que le commissaire aux comptes manquera d'indépendance dans l'exécution de sa mission, quelle qu'en soit la cause [2].
Enfin, depuis la parution du décret du 16 novembre 2005 portant approbation du code de déontologie de la profession de commissaires aux comptes, la nomination de celui-ci ne sera plus tout à fait le résultat du hasard, puisque la loi autorise désormais ces professionnels à faire de la publicité, sous réserve qu'elle soit discrète et ne porte pas atteinte à la dignité de la profession.

2. Fin des fonctions

Depuis la suppression par la loi du 1er mars 1984 de la révocation des commissaires aux comptes directement par l'assemblée générale, le droit positif connaît quatre situations mettant fin aux fonctions du commissaire aux comptes : l'arrivée du terme de sa mission, la récusation, la révocation et la démission.

Arrivée du terme

Sauf reconduction de sa fonction, le commissaire aux comptes quitte la société au terme du sixième exercice suivant sa nomination. Lorsque la raison en est un refus de proposition de renouvellement par les dirigeants, le commissaire aux comptes peut être entendu à sa demande par l'assemblée générale (L. 823-8).

Récusation

En cas de soupçons d'incompétence, de partialité, de manque d'indépendance, etc., un ou plusieurs actionnaires détenant au moins 5 % du capital social, le

1. Avec le décret n° 2010-131 du février 2010 portant modification du code de déontologie, la notion d'indépendance est actualisée. À un système d'interdictions strictement listées, le décret substitue un dispositif distinguant les présomptions simples et irréfragables d'atteinte à l'indépendance. Les premières permettent la poursuite de la mission du CAC, les secondes l'interdisent. Le même décret précise les incompatibilités relatives à la détention par le CAC d'intérêts financiers dans l'entreprise dont il certifie les comptes. À lire : Revue des sociétés – janvier 2011 – p. 50 – note sous Cour de cassation.

2. Article L. 822-10-1°. Il faut tenit compte (entre autre) de la notion de « lien étroit entre le CAC et une personne de la société détenant une fonction sensible ».

comité d'entreprise, le ministère public, ainsi que d'autres entités (L. 225-230 et L. 823-6 al. 1), peuvent demander en justice la récusation pour juste motif du commissaire aux comptes (L. 823-6). Les faits reprochés doivent lui être personnels. L'action n'est possible qu'à l'encontre des commissaires aux comptes désignés par l'assemblée générale, puisque ceux qui le sont par les statuts auront reçu l'onction de tous les associés du fait de leur signature apposée au bas du contrat de société. La demande de récusation doit être motivée et formée contre le commissaire aux comptes sous peine de nullité. Le délai pour agir devant le tribunal de commerce statuant en la forme des référés est de trente jours suivant la désignation. Un appel de la décision dans les quinze jours est ouvert.

Lorsque la récusation est prononcée, un commissaire aux comptes est désigné en justice jusqu'à la prochaine assemblée générale qui en désignera un nouveau.

Révocation

Au cours de l'exécution de sa mission, le commissaire aux comptes peut faire l'objet d'une révocation judiciaire dans les mêmes conditions que la récusation. Il faut une faute personnelle qui peut consister en une mauvaise exécution de sa mission ou un empêchement tel une incompatibilité ou un problème physique. Les articles L. 225-233 et L. 823-7 précisent la qualité des titulaires de l'action en demande de révocation.

Démission

Le commissaire aux comptes peut à tout instant démissionner pendant le déroulement de sa mission. Cependant, sous peine de dommages et intérêts, il ne doit pas le faire de façon brutale (attendre la prochaine AG par exemple) ou préjudiciable à la société, ni sans raisons valables. S'agissant de ce dernier point, la simple démission pour convenance personnelle semble acceptable.

3. Mission du commissaire aux comptes

Dans le cadre de l'accomplissement de leur tâche, les commissaires aux comptes ont progressivement vu leur mission s'élargir, voire s'alourdir. Particulièrement, la loi de 1966 a voulu faire d'eux de véritables anges gardiens capables de contenir les pouvoirs exorbitants détenus par les organes de direction. À cette fin, outre leur mission générale de contrôle des comptes, elle les a chargés de missions plus spécifiques.

Le contrôle des comptes [1]

Les commissaires aux comptes ont pour objectif principal d'assurer la régularité et la sincérité du bilan. Pour ce faire, mais sans s'immiscer dans la gestion de la société, ils procèdent en permanence par sondages dans les livres comptables, auscultent la tenue des écritures comptables, vérifient la sincérité des informations. La comptabilité n'étant somme toute qu'une photographie instantanée de la société, elle doit être le plus fidèle possible : c'est ce qu'ils doivent assurer.

À la fin de l'exercice et avant la tenue de l'assemblée générale, le commissaire aux comptes porte le résultat de ses investigations à la connaissance des dirigeants et leur indique s'il certifie que le bilan est régulier, sincère et donne une image fidèle de la situation de la société (L. 823-9 al. 1).

Pendant le déroulement de l'assemblée générale le commissaire aux comptes présente aux actionnaires un rapport détaillant ses observations, accompagnées, si les circonstances l'exigent, de commentaires.

---

1. Obligations de moyens.

Notamment, il peut porter un jugement quant aux conséquences futures de la gestion faite par les dirigeants.

Missions spécifiques [1]

Elles sont de plusieurs ordres :

– obligation de dénoncer les faits délictueux qu'il a découvert auprès du procureur de la République. Ces faits seront toujours en rapport avec le fonctionnement de la société ;

– établissement d'un rapport spécial en cas de contrat signé entre la société et l'un de ses dirigeants ou autres personnes visées par l'article L. 225-38 ;

– mission d'alerte auprès des dirigeants dès qu'il découvre des faits de nature à compromettre l'exploitation de la société. En cas de silence des dirigeants après la transmission de l'information, le commissaire aux comptes doit leur envoyer une lettre relatant les mêmes faits dans un délai de quinze jours, et une copie est envoyée au président du tribunal de commerce (L. 234-1 al. 2) ;

– en cas de défaillance des organes naturellement compétents il doit convoquer l'assemblée générale (ordinaire ou extraordinaire) ;

– obligation au secret professionnel.

– La loi LME d'août 2008 crée un article L441-6-1 code de Commerce imposant la rédaction d'un rapport sur les délais de paiement des fournisseurs et clients.

4. Droits du commissaire aux comptes

Une série de mesures a été prise afin de permettre au commissaire aux comptes de mener à bien ses interventions :

– droit d'information sur la société ;

– droit de se faire communiquer sur place toute la documentation comptable et contractuelle qu'il juge nécessaire (L. 823-13 al. 1) ;

– droit de se faire assister dans ses tâches par un auxiliaire (L. 823-13 al. 2). Il doit cependant garder tout pouvoir sur son assistant afin qu'il n'y ait pas substitution ;

– droit d'investigation dans la société-mère ou les filiales à certaines conditions (L. 823-14 al. 1) ;

– droit d'investigation auprès de tiers tels les mandataires, mais pas chez les fournisseurs ou les clients (L. 823-14 al. 2) ;

– droit de participer à la réunion de l'organe social qui arrête les comptes de la société avant la tenue de l'assemblée générale (L. 823-17), et droit d'intégrer un rapport dans le rapport de gestion présenté par les dirigeants aux assemblées (L. 225-235) ;

– droit de participer à la tenue de l'assemblée générale (L. 823-17) ;

– droit de convoquer l'assemblée générale en cas de carence des dirigeants.

5. Responsabilité

En fonction de l'obligation de moyens ou de résultat qui pèse sur le commissaire aux comptes, le régime probatoire de la faute et de ses conséquences en matière de responsabilité sera différent. L'obligation de moyen est l'obligation en vertu de laquelle le débiteur (le commissaire aux comptes) n'est pas tenu d'un résultat précis (découvrir d'éventuelles fraudes). Le créancier d'une telle obligation (la société ou les personnes désignées par la loi) ne peut mettre en jeu la responsabilité du débiteur qu'à la condition de prouver que ce dernier n'a, par exemple, pas utilisé tous les moyens techniques ou législatifs autorisés, ce qui est constitutif d'une faute.

1. Obligation de résultat (généralement).

Au contraire, le débiteur d'une obligation de résultat est tenu de parvenir à ses fins (découvrir l'éventuelle fraude). L'absence de résultat permet au créancier de mettre en jeu sa responsabilité sans avoir à prouver de faute.
Si l'on se place uniquement sur le plan de la responsabilité, le commissaire aux comptes l'engage sur trois terrains :
Civil
le demandeur agit contre le commissaire aux comptes devant le tribunal de grande instance pour demander réparation des conséquences dommageables, des fautes ou négligences de celui-ci [1].
Pénal
Le commissaire encourt des sanctions [2] en cas de non respect des incompatibilités légales, de présentation de rapport incomplet ou d'informations mensongères. Il est également pénalement responsable au titre des infractions commises par les dirigeants qu'il aurait connues et pas dénoncées.
Disciplinaire
Depuis la loi du 1er août 2003, le contrôle des commissaires aux comptes a été renforcé par la création du Haut conseil du commissariat aux comptes chargé de surveiller la profession (en collaboration avec la compagnie nationale des commissaires aux comptes), veiller au respect de la déontologie, etc. Quand les faits l'exigent, la mise en œuvre d'une responsabilité civile ou pénale peut entraîner des sanctions disciplinaires allant du simple avertissement à la radiation.

§ 4. *Moralisation de la gouvernance des SA*

A. Conventions conclues avec la société

Si la société est libre de conclure tous les contrats qu'elle juge utiles dès l'instant qu'ils entrent dans le cadre de l'exploitation de l'objet social, certains d'entre eux peuvent se révéler porteurs de graves déséquilibres économiques. Il en est ainsi des conventions conclues entre la société et les dirigeants ou personnes assimilées, ceux-ci pouvant profiter de leur pouvoir pour s'octroyer des conditions avantageuses. Devançant de telles hypothèses, le législateur a mis en place une réglementation distinguant trois catégories de contrats : les contrats soumis à réglementation, les contrats libres et les contrats interdits. Elle s'applique à tous les dirigeants de sociétés anonymes, aux dirigeants ayant un intérêt indirect ou par personne interposée à la conclusion du contrat visé, aux sociétés qui ont des dirigeants communs et aux actionnaires disposant de plus de 10 % du capital.
Contrats réglementés
Tous contrats passés entre une société et l'un de ses dirigeants sont par principe soumis à la procédure de contrôle de l'article L. 225-38 [3] pour les sociétés à conseil d'administration et L. 225-86 pour les sociétés à directoire, le contrôle s'applique également aux associés détenant plus de 10 % du capital (art. L. 225-38), ainsi qu'aux situations décrites à l'article L. 225-22-1 (sociétés dont les titres sont admis aux négociations sur un marché réglementé). Lorsque la situation est caractérisée, la procédure est la suivante :

1. Ainsi le commissaire aux comptes peut être déclaré civilement responsable des conséquences des infractions des dirigeants qu'il aurait connues et pas dénoncées. Sur ce thème, lire : Revue des sociétés – décembre 2010 – p. 590 – article de Thierry Granier. Voir également : Revue des sociétés – nov. 2012 – p. 642 – T. Granier.
2. CAC : complicité de banqueroute – Revue des sociétés – déc. 2011 – p. 711.
3. L'ordonnance du 31 juillet 2014 a complété l'article L. 225-38 en demandant au conseil de motiver l'autorisation, particulièrement s'agissant des conditions financières.

– avant de signer la convention le dirigeant concerné doit obtenir l'autorisation de son conseil d'administration ou de surveillance. Le dirigeant intéressé ne prend pas part au vote (L. 225-40) ;
– après autorisation le contrat peut être signé et le président du conseil avertit le commissaire aux comptes ;
– le commissaire aux comptes dresse un rapport spécial destiné à être présenté à l'assemblée générale ;
– l'assemblée générale vote après lecture du rapport spécial.

L'assemblée accepte ou refuse la convention. Si elle la refuse, la convention n'en est pas pour autant rendue nulle [1], mais les conséquences dommageables sont mises à la charge du dirigeant. Celui-ci peut éventuellement aller devant le tribunal pour contester l'ampleur du rééquilibrage mis à sa charge, jamais pour contester le refus partiel ou total régulièrement décidé.

En cas d'acceptation par l'assemblée d'un contrat à exécution successive, chaque année, aprés examen par le conseil d'administration, le commissaire aux comptes devra établir un rapport spécial portant sur ce contrat, rapport présenté à l'assemblée (art. L. 225-40-1 nouveau).

Le non respect de la procédure entraîne automatiquement le rejet du contrat, mais un vote régulier de la prochaine assemblée peut purger le vice de procédure.

Si la réglementation concerne tous les dirigeants, quel que soit le type de gouvernance : administrateur – directeur général – directeur général délégué – membre du conseil de surveillance et membre du directoire, par extension, elle s'applique également aux conventions indirectes ou par personne interposée mettant en cause un dirigeant, et aux contrats conclus entre sociétés ayant des dirigeants communs. Par convention indirecte, il faut comprendre que le dirigeant profite d'un intérêt indirect, à savoir que sans intervenir au contrat, il y est pourtant indirectement intéressé, peu importe la forme du profit. S'agissant des personnes interposées, la jurisprudence soulèvera généralement cette notion avec celle de l'intérêt indirect, le prête-nom (personne interposée) servant en réalité la cause du dirigeant (intérêt indirect). Enfin, la notion de conventions conclues entre sociétés ayant des dirigeants communs ne propose pas de particularismes significatifs.

Les contrats libres

Exception à la réglementation, certains contrats sont susceptibles d'échapper à la procédure de contrôle. Il s'agit des conventions courantes conclues aux conditions du marché. Le caractère courant est une question de fait, il suffit d'examiner l'objet social ou de vérifier quelles sont les opérations habituellement réalisées par la société. La détermination du prix du marché s'opère par simple comparaison avec les usages de la société dans ses rapports avec les tiers. Lorsque ces conditions sont réunies, la convention est toujours autorisée de plein droit, aucun contrôle légal n'étant organisé.

Pourtant, antérieurement, la loi du 15 mai 2001 précisait, dans un souci de transparence destiné à éviter les abus éventuels, que « *ces conventions sont communiquées par l'intéressé au président qui les communique aux membres du conseil d'administration (ou conseil de surveillance) et aux commissaires aux comptes* ». Mais aucune sanction n'était prévue en cas de non respect de cette disposition). Avec la loi du 17 mai 2011 qui abroge l'article L. 225-87, et modifie l'article L. 227-11 (SAS), cette règle de moralisation a disparu du code de commerce [2]

1. Sauf intention frauduleuse (art. L. 225-42 al. 1).
2. Disparition qui a étonné la doctrine : Revue de sociétés – sept. 2011 – p. 468.

Les contrats interdits

Quels que soient leurs objectifs ou leurs montants, certains contrats sont toujours interdits. Aux termes de l'article L. 225-43 [1] « *À peine de nullité du contrat, il est interdit aux administrateurs autres que les personnes morales de contracter des emprunts auprès de la société, de se faire consentir par elle un découvert, ainsi que de faire cautionner ou avaliser par elles leurs engagements* ». L'interdit vise également les conjoints, ascendants, descendants des dirigeants concernés, ainsi que le directeur général, les directeurs généraux, le représentant des personnes morales administrateurs et les personnes interposées. La notion de personne interposée se caractérisant alors par le fait que le dirigeant supportant l'interdit est le bénéficiaire réel du prêt ou garantie apparemment accordé par la société à un tiers.

Exceptionnellement, lorsque l'objet social de la société est l'exploitation d'un établissement bancaire ou financier, l'interdiction de l'article L. 225-43 est levée sous condition qu'il s'agisse d'opérations courantes conclues à des conditions normales (le marché).

B. Responsabilité des dirigeants

La responsabilité civile et pénale des dirigeants de société anonyme ne déroge pas aux règles de responsabilité appliquées à tous les dirigeants de société. Cependant, la loi, en considération de l'importance de la SA, organise aux articles L. 242-1 à L. 245-17 toute une série de sanctions liées à des infractions relatives à la constitution de la société, à la direction de la société, aux assemblées d'actionnaires, aux modifications du capital social, au contrôle des sociétés, à la dissolution…

Enfin, la loi du 26 juillet 2005 traitant des difficultés de l'entreprise, modifiant en cela la loi du 25 janvier 1985, menace les dirigeants de droit ou de fait d'une action en obligation au passif social (art. L. 651-2) en cas d'insuffisance d'actif engendrée par une faute de gestion au moment d'une liquidation judiciaire ; voire d'une action en sanctions personnelles visée aux articles L. 653-1 et suivants du code de commerce.

§ 5. *Dissolution*

Comme les autres sociétés, la société anonyme répond aux règles générales du droit commun de la dissolution des sociétés. Au-delà, trois circonstances de dissolution lui ont été adjointes par le législateur.

Nombre d'actionnaires inférieur à sept

À la demande de tout intéressé, l'article L. 225-247 autorise le tribunal de commerce à prononcer la dissolution de la société anonyme lorsque le nombre des actionnaires est tombé sous le seuil de sept depuis plus d'un an (à ne pas confondre avec la création de la SA avec moins de deux associés fondateurs qui est un cas de nullité). Toutefois un délai de réparation de six mois maximum peut être accordé. Le cas échéant il reste la possibilité de transformer la société en une autre forme sociale, telle celle de la société à responsabilité limitée.

Perte de la moitié du capital social

Aux termes de l'article L. 225-248, la société encourt la dissolution lorsque du fait des pertes constatées dans le bilan les capitaux propres deviennent inférieurs à la moitié du capital social. Les organes de direction doivent dans les quatre mois qui suivent l'approbation des comptes convoquer l'assemblée générale extraordinaire pour décider ou non de la dissolution.

1. Article L. 225-91 pour les sociétés à conseil de surveillance.

En cas de refus de l'assemblée, la société anonyme doit dans un délai maximum de deux exercices, soit réduire son capital d'un montant correspondant aux pertes ne pouvant être absorbées par les réserves, soit reconstituer ses capitaux propres à une valeur au moins égale à la moitié du capital social. L'inobservation de ces exigences entraîne la dissolution par demande de tout intéressé devant le tribunal.

À défaut d'avoir réuni une assemblée générale extraordinaire, tout intéressé peut s'adresser au tribunal afin de faire prononcer la dissolution.

L'article L. 225-248 ne s'applique pas aux sociétés placées en redressement judiciaire ni à celles qui bénéficient d'un plan de continuation.

Capital au-dessous du minimum légal

Le capital de la société anonyme doit être de 37 000 € au moins. Un capital inférieur à ce seuil oblige la société à se transformer, en adoptant une autre forme de société. Le non respect de la règle de transformation tiré de l'article L. 224-2 permet à tout intéressé de demander en justice la dissolution.

Section II - La société par actions simplifiée

La loi du 3 janvier 1994 instaurant la société par actions simplifiée répondait juridiquement aux besoins liés à la mondialisation et à l'éclatement des frontières économiques. Aujourd'hui, le capital des sociétés dynamiques et florissantes réunit des associés de différents pays. La notion de nationalité des sociétés a perdu de son intérêt, au profit de la maximisation des profits et de la recherche du moindre coût structurel.

Sur ce thème, le droit français des sociétés était obsolète. Particulièrement celui du formalisme de la société anonyme. Trop lourd, trop complexe, manquant de flexibilité, il ne convenait plus à l'environnement économique d'aujourd'hui qui exige de s'adapter dans l'instant aux normes en perpétuelle mouvance des marchés.

Sans cette loi portant création de la SAS, le risque était grand d'assister à une délocalisation des sièges sociaux vers des pays plus accueillants. La SAS est également le parfait outil pour constituer des filiales et conclure des « joints ventures » [1] (art. L. 227-1 et s.).

§ 1. *Constitution de la société*

La constitution de la société par actions simplifiée s'éloigne doublement de celle de la société anonyme. D'une part elle se caractérise par une extrême souplesse, d'autre part la personne des associés a son importance. Deux critères superbement ignorés par la société anonyme. Depuis la modification de l'article L227-2 du code de Commerce, la société par actions simplifiée peut procéder à une offre au public sous condition [2]. La société est instituée par une ou plusieurs personnes (physiques ou morales) qui ne supportent les pertes qu'à concurrence de leurs apports (L. 227-1), l'apport en industrie y étant autorisé depuis la loi LME d'août 2008. Toutes sociétés ou groupements dotés de la personnalité morale peuvent être associés d'une SAS, peu importe le montant de leur capital, voire même l'absence de celui-ci. Les sociétés associées de la SAS peuvent être commerciales ou civiles (exemple : associations – GIE – sociétés

1. Accord technique-financier... souvent dans un but économique unique et ponctuel, entre toutes personnes morales ou physiques.
2. De plus, l'ordonnance du 22 janv. 2009 autorise la SAS « à procéder à l'admission aux négociations sur un marché réglementé de titres autres que les actions ».

mutuelles – syndicats – fondations). L'ancienne exigence pour l'associé d'être doté d'un capital minimum de 228 673 euros a été supprimée par la loi du 12 juillet 1999. La même loi permet de ne libérer le capital social que de sa moitié lors de la constitution, le non-versé devant être libéré dans les cinq ans suivant l'immatriculation au RCS. Le capital n'a pas de minimum, la loi laissant aux statuts le soin de le déterminer. Les mêmes statuts n'ont pas l'obligation de fixer la valeur nominale des actions.

À la constitution, la SAS peut opter pour un capital variable, ce sont alors les articles L. 231-1 et suivants qui sont applicables.

Enfin, la loi de 1999 institue la société par actions simplifiée unipersonnelle ou SASU. Le passage de la SAS à la SASU (et réciproquement) peut s'effectuer sans formalité ni modification des statuts.

La souplesse de cette société résulte de l'abandon des règles de la société anonyme appliquées au conseil d'administration, au conseil de surveillance, au directoire, aux assemblées d'actionnaires, et même, depuis la loi LME, au commisaire aux comptes (sous réserve de ne pas dépasser deux des trois seuils fixés par décret [1]). Débarrassée de toutes ces contraintes, la SAS privilégie la liberté des parties. Liberté manifestée par l'expression pleine et entière de la volonté des participants dans l'élaboration des statuts [2]. En revanche, les critères de l'article 1832 du code civil, communs à toutes les sociétés, s'appliquent.

En considération de cette souplesse et de la liberté contractuelle qu'elle offre, il n'est pas interdit d'imaginer que tôt ou tard la SAS entraînera un abandon des autres formes sociales que sont les SA et SARL. [3]

§ 2. *Droits et obligations des associés*

Ce sont les statuts qui déterminent le domaine de compétence des décisions collectives et qui fixent les formes et conditions de réunions des associés. *A contrario*, ce qui n'est pas définitif statutairement, appartient au pouvoir de direction. En considération de cette extrême tolérance, les consultations peuvent se faire par voie d'assemblée ou par voie d'écrit, selon des délais fixés par les stipulations du contrat social.

Autre conséquence intéressante et particulièrement significative, la large place laissée à la liberté contractuelle et à la volonté des personnes a conduit la loi à bannir le terme « actionnaire ». Bien que la société par actions simplifiée ait hérité des techniques de la société par action, le vocabulaire employé par la loi pour désigner les participants est celui d'associés. Ceci renforce l'importance de l'*intuitus personae* contenu dans cette société pourtant apparentée aux sociétés de capitaux.

Ainsi, dans la société anonyme ordinaire, les actions représentatives du capital sont négociables, la circulation des titres entre associés n'est jamais entravée, seules étant tolérées les clauses statutaires organisant un agrément lors de l'acquisition de droits sociaux par un tiers. Au contraire, dans la SAS le contrôle de la détention des titres est autorisé. Que la circulation des actions prétende s'effectuer entre associés, ou d'un associé vers un tiers, une stipulation des statuts peut la soumettre à agrément. L'autocontrôle est ainsi facile à mettre en place.

---

1. Trois seuils : bilan de 1 000 000 € - Chiffre d'affaires de 2 000 000 € HT - 20 salariés. À noter qu'en-dessous de deux de ces seuils, l'obligation d'établir un rapport de gestion aux assemblées est supprimé pour les SASU.
2. Revue des sociétés, CA Paris 1er juillet 2014-février 2015, p. 108, « La liberté statutaire confortée », L. Caudon.
3. Aujourd'hui, il se crée plus de SAS que de SA et SARL.

Plus draconien encore, les statuts peuvent prévoir l'inaliénabilité des actions sur une durée maximale de dix ans, ou autoriser l'exclusion d'un associé (L. 227-16). La répartition du bénéfice et la participation aux pertes ne diffèrent pas des normes en vigueur dans les sociétés de capitaux. Tout juste peut-on observer que les associés décident valablement de ne pas distribuer des bénéfices pendant une certaine période.

§ 3. *Direction de la société*

En matière de représentation de la société, la loi du 3 janvier 1994 ne déroge pas aux principes en vigueur dans la société anonyme. L'article L. 227-6 dispose que « la société est représentée à l'égard des tiers par un président désigné dans les conditions prévues aux statuts. Le président est investi des pouvoirs les plus étendus pour agir en toute circonstance au nom de la société dans la limite de l'objet social. Dans ses rapports avec les tiers, la société est engagée même par les actes du président qui ne relèvent pas de l'objet social, à moins qu'elle ne prouve que le tiers savait que l'acte dépassait cet objet. Les dispositions statutaires limitant les pouvoirs du président sont inopposables aux tiers ».
La direction proprement dite de la société est laissée à l'imagination des statuts. Le dirigeant visé par l'article L. 227-6 peut être : le conseil d'administration – le président du conseil d'administration – le conseil de surveillance – le président du conseil de surveillance – le directoire – le président du directoire – un gérant – un tiers – un groupe d'associés… Les possibilités de choix confinent à l'infini quand on ajoute que les exemples cités s'appliquent indifféremment à une personne physique ou une personne morale. [1]
Dans le cas de la SASU, l'organe de gestion peut être l'associé unique (personne morale ou physique) ou un président non associé (personne morale ou physique).
Sauf clause contraire des statuts, la personne physique dirigeante peut obtenir un contrat de travail sous condition de vérifier positivement l'existence d'un lien de subordination et un travail effectif distinct des fonctions de dirigeant. Le dirigeant de SAS n'est pas soumis à la règle fixant le cumul des mandats, il peut ainsi exercer un nombre illimité de mandats dans les sociétés de ce type [2], sous contrainte de vérifier pour tous leur effectivité.
Si la révocation de ces dirigeants est au choix des statuts, *ad nutum* ou sur justes motifs, le régime de leur responsabilité emprunte au droit commun des sociétés anonymes. Aux termes de l'article L. 227-8, « *les règles fixant la responsabilité des membres du conseil d'administration et du directoire des sociétés anonymes sont applicables au président et aux dirigeants de la SAS* ». Lorsque le dirigeant est une personne morale, la responsabilité est supportée par la personne physique qui représente cette personne morale [3].

§ 4. *Dissolution de la société*

Le régime général de dissolution des sociétés, plus particulièrement celui des sociétés anonymes, s'applique à la société par actions simplifiée, à condition

1. La jurisprudence de la haute cour permet aux représentants légaux de la société de déléguer le pouvoir d'effectuer certains actes, ex : celui de licencier (arrêt ch. mixte 19-11-2010 – ch. SO 26-1-2011 – voir arrêt « Whirppol »). Cette délégation n'exige pas l'écrit (Revue de sociétés – mai 2012 – p. 303.
2. Les fonctions de dirigeant de SAS ne sont pas prises en compte s'agissant des règles de cumul de mandat dans les SA.
3. Article 227-7 du code du commerce.

qu'il soit compatible avec les règles et le fonctionnement de cette dernière. Ainsi, la loi reconnaissant la SASU, la réunion de toutes les actions entre les mains d'un unique associé ne peut entraîner la dissolution. S'agissant de la dissolution de la SAS unipersonnelle, il convient, comme pour l'EURL, de distinguer le cas de l'associé unique personne physique, de celui de l'associé unique personne morale :

– si l'associé unique est une personne physique, la SAS suit le régime de liquidation de droit commun ;

– si l'associé unique est une personne morale, la dissolution n'entraîne pas liquidation de la SAS. Le patrimoine de cette dernière est dévolu à l'associé unique personne morale.

⋆

⋆ ⋆

Objectivement, on peut douter du bien-fondé à classer la société par actions simplifiée parmi les sociétés par actions. Elle s'en distingue tellement, que le législateur, sans doute effrayé par tant de liberté, a voulu rappeler les associés à la raison en leur signifiant que leur libre arbitre s'exerçait dans le périmètre d'influence de la SA, société la plus rigide de notre droit. Que tout excès libertaire constaté serait ainsi facilement maîtrisable par intervention chirurgicale du législateur, qui pourrait introduire dans la SAS quelques règles de contrainte propres aux SA. Pour le moment, cela ne s'est pas vérifié… et semblerait contraire au vent de libéralisme juridique qui souffle actuellement, d'autant que la SAS est un outil juridique extrêmement commenté et étudié par les juristes étrangers.

Section III - La société européenne

La société européenne (*societas europaea*) est née avec le règlement communautaire et la directive du 8 octobre 2001. la directive étant totalement intégrée au règlement, ceci imposait que les États membres la transpose dans leur droit. En France, la loi du 26 juillet 2005 et le décret du 14 avril 2006 ont autorisé cette transposition sous les articles L. 229-1 et suivants du code de commerce : « *La société européenne est régie par les dispositions du règlement (CE) n° 2157/2001 du Conseil du 8 octobre 2001 relatif au statut de la société européenne, celles du présent chapitre et celles applicables aux sociétés anonymes non contraires à celles-ci* ».

L'ensemble de ces règles fait que la société européenne s'apparente par la forme à la société anonyme, dispose de la personnalité morale et, dimension européenne oblige, ne prend pas la nationalité de l'État membre dans lequel est implanté son siège social.

§ 1. *Constitution de la société*

– La constitution de la société européenne par des fondateurs obligatoirement implantés dans l'Union européenne résulte d'une fusion, de la création d'une holding ou d'une filiale, ou de la transformation d'une société existante. Hors ces quatre situations, la mise en œuvre de cette forme de société est rendue impossible.

– Le législateur européen ayant particulièrement veillé au respect des droits des salariés, en vertu de l'article L. 439-31 al. 1 du code du travail, les dirigeants des sociétés fondatrices doivent réunir un groupe de négociation [1] afin de déter-

1. Face aux dirigeants des sociétés participant à la fondation de la SE, le groupe de négociation est composé de : représentants syndicaux, représentants du personnel, personnel élu…

miner ensemble et par écrit les conditions d'implication des salariés dans la future société (L. 439-26 al. 1 C. trav.).
– Toute société européenne ayant son siège statutaire (obligatoirement couplé à son administration centrale) en France doit impérativement s'immatriculer au RCS. Le transfert du siège social dans un autre État membre n'implique pas la dissolution de la société.
– Hormis les banques, sociétés d'assurance, etc., le capital social représenté par des actions doit être au minimum de 120 000 €.
– Il peut être créé une SE unipersonnelles.
– Par dérogation à la libre négociabilité des titres, des clauses statutaires peuvent réglementer les cessions d'actions, organiser le contrôle de la SE... ces clauses étant adoptées ou modifiées à l'unanimité des actionnaires (L. 229-15).

§ 2. *Direction de la société*

– Les règles de direction de la société anonyme s'applique à la SE qu'il s'agisse de celles régissant les sociétés à conseil d'administration ou conseil de surveillance.
– Contrairement aux règles de délibérations de ces organes, une clause des statuts peut déroger aux conditions de quorum et de majorité.
– Le conseil d'administration et le conseil de surveillance peuvent comprendre des membres personne morale quand les statuts le prévoient de manière expresse.
– Le régime des assemblées reprend celui des SA, à l'importante exception près que les voix calculées pour exprimer la majorité ne le sont pas en fonction des voix dont disposent (personnellement ou par représentation) les actionnaires présents, mais en considération des voix exprimées. Conséquence, contrairement à la SA, le vote blanc ou nul n'est pas assimilé au rejet de la résolution proposée au vote.

*
* *

Au-delà de ces quelques règles spécifiques, globalement la SE implantée en France utilise au principal les normes juridiques appliquées aux SA, règles augmentées des articles du règlement CE du 8 octobre 2001, et d'éventuelles clauses statutaires restées au libre choix des actionnaires.
À l'évidence, il est encore trop tôt pour juger l'intérêt et l'impact de la SE dans notre droit positif et notre économie. Tout juste peut-on observer que cette société répond à une logique européenne d'intégration et d'uniformisation des sociétés dites de capitaux, quand bien même, sur ce thème, la SE, cantonnée au moment de sa constitution à des conditions d'accès strictes ne suscite aucun engouement [1] et ne génère donc aucune standardisation de forme sociale. Très certainement consciente du caractère onéreux et élitiste de la SE, dans le but de soutenir les PME travaillant à l'international, la Commission européenne propose un nouveau statut juridique unique pour toutes les PME des pays de l'UE. En particulier, une PME européenne pourra démarrer son activité avec un euro de capital.

1. Un peu plus de 2 000 SE sont immatriculées dans l'Union européenne.

chapitre 3

La société à responsabilité limitée

Société hybride, la société à responsabilité limitée n'est ni une véritable société de personnes, ni une véritable société de capitaux. Elle emprunte son fonctionnement à ces deux groupes de sociétés. Posséder la connaissance du droit des sociétés de personnes et de celui des sociétés de capitaux, permet d'appréhender sans surprise ni difficulté le monde juridique de la société à responsabilité limitée.

Pour ces raisons, son positionnement ne peut entrer dans la classification usuelle des sociétés de droit français : elle est ailleurs, peut-être même avec la SAS qui lui ressemble fort.

La vraie certitude à propos de la SARL réside dans son ancien succès. Moins contraignante que la société anonyme, moins risquée que la société en nom collectif du fait de la responsabilité des associés limitée à leurs apports, elle offre tous les intérêts de la société de capitaux sans pratiquement exiger de capital au moment des apports. L'on compte aujourd'hui trois fois plus de SARL qu'il n'existe de SA. Une économie dynamique ne peut se passer de ce type de structure aisée à constituer et pourvoyeuse d'emplois. Toutefois, cette réflexion doit être amendée en considération du considérable succès de la SAS auprès des créateurs d'entreprises.

Section I - Constitution de la société

La société à responsabilité limitée empruntée au droit allemand est une création de la loi du 7 mars 1925 codifiée aujourd'hui aux articles L. 223-1 à L. 223-43 du code de commerce. La société est toujours commerciale quel que soit son objet, les associés n'ayant pas la qualité de commerçant y compris le gérant. Sur ce concept, la loi du 11 juillet 1985 a greffé la société unipersonnelle à responsabilité limitée. Depuis, on ne peut affirmer que la société à responsabilité limitée puise sa source exclusivement dans le contrat. L'affirmation est exacte quand elle comporte au moins deux associés, inexacte quand elle ne comprend qu'un seul associé [1]. Cette observation conduit à traiter ultérieurement et de manière indépendante le régime de la société à responsabilité limitée unipersonnelle.

Les règles de constitution de la SARL sont calquées sur celles applicables aux sociétés commerciales dans leur ensemble. À ce tronc commun sont adjoints quelques particularismes concernant les associés, les apports, le capital. La société est formée dès le contrat signé entre les associés.

§ 1. *Les associés*

Le nombre des associés est compris entre un minimum de deux et un maximum de cent. Cette restriction s'explique par l'*intuitus personae* régissant le fonctionnement de la société. Ils sont indifféremment personne physique ou personne morale. Le dépassement de la norme supérieure du nombre de participants oblige la société à se transformer en société anonyme dans un délai de deux ans. Les associés n'endossant pas la qualité de commerçant, aucune capacité particulière n'est requise. Ainsi un mineur peut devenir associé par l'intermédiaire de son représentant légal.

§ 2. *Les apports*

Traditionnellement les apports s'exécutent en numéraire, nature ou industrie. Seuls nous intéressent les apports en nature et en industrie, l'apport en numéraire ne proposant pas de difficulté particulière.

A. Apports en nature

Les statuts doivent contenir l'évaluation de chaque apport en nature. L'article L. 223-9 ajoute qu'« *il y est procédé au vu d'un rapport annexé aux statuts et établi par un commissaire aux apports* ». Le commissaire aux apports est désigné par un acte pris à l'unanimité des futurs associés ou par le tribunal sur demande d'un associé diligent.

Toutefois, quand aucun des apports en nature ne dépasse unitairement la valeur de 30 000 € et que la valeur totale des dits apports n'excède pas la moitié du capital social, la désignation du commissaire aux apports n'est pas rendue obligatoire. En l'absence de l'intervention du commissaire aux apports, les associés sont solidairement tenus responsables pendant cinq ans à l'égard des tiers de la valeur donnée aux apports en nature. Solution identique lorsqu'ils ne retiennent pas la valeur déterminée par l'expert. L'étendue de la responsabilité nécessite que ces décisions soient prises à l'unanimité.

1. Engagement unilatéral de volonté auquel la loi des contrats est appliquée sauf incompatibilité;

B. Apports en industrie

L'apport en industrie étant par nature insaisissable, le principe voudrait que dans les sociétés à risque limité aux apports il soit interdit. En effet, dans ces sociétés, les tiers privés d'une action visant le patrimoine des associés ne pourraient non plus agir contre l'apport en industrie. L'interdit serait ainsi justifié. Pourtant, la loi du 15 mai 2001, en modifiant l'article L. 223-7 al. 2 du code de commerce, autorise la réalisation d'apports en industrie rémunérés par des droits sociaux dans la SARL, et laisse aux statuts le soin d'en déterminer les modalités [1].

§ 3. *Le capital*

Antérieurement à la loi du 1er août 2003, le capital de la société à responsabilité limitée était au moins égal à 7 500 €. Désormais, la loi admet que le montant du capital soit librement déterminé par les statuts [2] et qu'aucun minimum légal ne soit exigé. Quand bien même il faut encourager les jeunes créateurs d'entreprises, l'on peut légitimement douter de la pérennité économique d'une SARL « à un euro ».

Entièrement libéré dès la constitution de la société pour la partie représentative des apports en nature, le capital peut être libéré que d'un cinquième pour les parts représentatives de numéraire. La libération du solde interviendra dans un délai maximum de cinq ans à compter de l'immatriculation, sur décision du gérant (L. 223-7). Un étalement quasi-similaire existe en matière d'augmentation de capital avec l'article L. 223-32.

La répartition du capital entre les associés doit être impérativement mentionnée dans les statuts. Contrairement aux actions des sociétés anonymes qui sont négociables, les parts constitutives du capital de la société à responsabilité limitée ne sont que cessibles. L'absence de liberté au moment de la cession étant la conséquence de l'*intuitus personae* qui exige le contrôle des tiers prétendant devenir associés.

Section II - Droits et obligations des associés

Les obligations supportées par les associés d'une société à responsabilité limitée se résument à la libération de la part du capital qu'il souscrivent et à une responsabilité patrimoniale limitée à hauteur de leurs apports.

Sur ce dernier point, il existe pourtant au moins deux fortes atténuations. D'une part la loi permet d'écarter la limitation de la responsabilité des associés en cas de procédure après dépôt de bilan. D'autre part, de fait, les banquiers et autres prêteurs demandent souvent la caution des dirigeants et associés en garantie des sommes avancées.

En matière de droits individuels, comme dans toute société, le droit principal de l'associé est la vocation à partager les bénéfices. La répartition du bénéfice n'appelle pas de commentaire particulier, elle est conforme aux règles communes des sociétés commerciales.

S'agissant des cessions, le droit de céder les parts se heurte à l'*intuitus personae.* La forme de la cession exige la rédaction d'un écrit et qu'une signification soit faite à la société. Comme dans les sociétés de personnes, la signification résulte soit de la présentation d'un acte authentique, ou du dépôt d'un original de l'acte

---

1. La prohibition des clauses léonines s'appliquent aussi à cette situation.
2. Article L. 223-2.

de cession au siège social contre remise par le gérant d'une attestation. Le régime des cessions s'adapte à la qualité de l'acquéreur. Sévère envers un tiers-acquéreur, plus souple envers un acquéreur déjà associé ou un héritier.

Transmission et cession à caractère familial

Aux termes de l'article L. 223-13, les parts sociales sont librement transmissibles [1] par voie de succession [2] ou en cas de liquidation de communauté entre époux. L'article ajoute la libre cession entre conjoints, ascendants et descendants (pas les collatéraux). Facultativement des clauses statutaires peuvent prévoir pour toutes ces personnes, quelques-unes d'entre elles, ou l'une d'elles, la nécessité d'un agrément.

Lorsque l'agrément est rendu nécessaire, il s'exerce dans les conditions de celui demandé pour un tiers-acquéreur, éventuellement à des conditions de majorité différents (mais jamais supérieur à ce qui est prévu à l'article L. 223-14).

Cession aux tiers

Bien que réformée par l'ordonnance du 31 juillet 2014 portant simplification du droit des sociétés, la cession de parts de SARL reste très lourde dans son formalisme [3].

L'article L. 223-14 dispose que les droits au capital des associés ne peuvent être cédés à des tiers qu'avec le consentement de la majorité en nombre des associés représentant au moins la moitié des parts sociales, les statuts pouvant prévoir une majorité plus forte. Il ne s'agit donc pas d'une simple majorité d'associés votant l'agrément, il faut qu'en plus ces associés disposés à accepter le nouvel associé représentent la moitié du capital. Si la condition est moins contraignante que dans les sociétés en nom collectif, elle assure un verrouillage efficace de la société à responsabilité limitée. Pourtant l'associé désireux de céder ses droits ne peut être tenu prisonnier de ceux-ci. Afin de presser la société à prendre position sur l'agrément, une absence de décision de sa part dans un délai de trois mois fait présumer l'acceptation du consentement à la cession. Malgré cette contrainte, l'associé n'en était pas pour autant assuré de disposer en toute circonstance d'une solution honorable à sa volonté de quitter la société. Pour cette raison le législateur a voulu assurer sa sortie par deux dispositions :

– « *si la société a refusé de consentir à la cession, les associés sont tenus, dans le délai de trois mois à compter de ce refus, d'acquérir ou de faire acquérir les parts à un prix fixé dans les conditions prévues à l'article 1843-4* [4] *du code civil* », excepté si le cédant renonce à la cession (L. 223-14 al. 3). Toute clause contraire à cet article est réputée non écrite. Sur demande du gérant, le délai de trois mois peut être prolongé par décision de justice, mais pour une seule fois et sans pouvoir excéder six mois.

– la société a la faculté, sur autorisation de l'associé cédant, de choisir, dans un délai de trois mois, de réduire son capital du montant de la valeur d'origine des parts proposées à la cession et de racheter ces mêmes parts à l'associé-cédant dans des conditions identiques à celles fixées en cas de refus d'agrément et d'achat par les associés. En le justifiant, la société peut obtenir du tribunal un délai de paiement qui ne saurait excéder deux ans.

1. La transmission porte toujours en partie ou en totalité sur un patrimoine, alors que la cession réalise un acte à titre particulier entre personnes vivantes.
2. Quel que soit le statut de celui qui reçoit (héritier-légataire à titre universel).
3. Quand bien même les règles d'opposabilité de la cession aient été allégées (art. L. 221-14 modifié).
4. Article 184-4 du code civil : dans tous les cas où sont prévus la cession des droits sociaux d'un associé, ou le rachat de ceux-ci par la société, la valeur de ces droits est déterminée, en cas de contestation, par un expert désigné, soit par les parties, soit à défaut d'accord entre elles, par ordonnance du président du tribunal statuant en la forme des référés et sans recours possible.

Ainsi l'associé cédant semble bénéficier de règles protégeant correctement ses intérêts tout en respectant le caractère fermé de la société à responsabilité limitée. En résumant les solutions du droit positif, les possibilités de manœuvre des autres associés sont d'accepter ou de refuser l'agrément, cette dernière position les obligeant à organiser le rachat ou enclencher une diminution du capital. S'ils n'y consentent, en tout état de cause, passé un délai de trois mois vierge de toute proposition, l'associé obtient de plein droit l'autorisation de réaliser sa cession.

Cession à d'autres associés

Le principe veut que les parts sociales soient librement cessibles entre associés. La circulation des droits sociaux entre eux ne remettant pas en cause l'*intuitus personae* tel qu'il a été défini au moment de la signature du pacte social. Ponctuellement, les associés préfèrent parfois ne pas assister à une remise en cause de leur rapport de force au sein de la société sans qu'un contrôle n'intervienne. À cette fin, l'article L. 223-16 autorise les statuts à stipuler une clause limitant la cessibilité entre associés. Dans ces circonstances, les règles de l'agrément à donner empruntent à celles de l'agrément aux tiers, les statuts pouvant réduire la majorité demandée ou abréger les délais de réponse.

Enfin, dernier droit individuel remarquable de l'associé, la loi met à sa disposition un droit complet à l'information. La meilleure des garanties de l'associé résidant dans une parfaite connaissance de l'état de la société [1] :

– L'associé peut à tout moment de l'année obtenir communication des documents sociaux concernant les trois derniers exercices.

– Un ou plusieurs associés représentant au moins le dixième du capital peuvent demander en justice la désignation d'un expert chargé de présenter un rapport sur une ou plusieurs opérations (L. 223-37).

– Quinze jours avant la tenue de l'assemblée, le rapport de gestion, les comptes annuels, le texte des résolutions proposées par le gérant, le rapport de l'éventuel commissaire aux comptes, sont transmis par courrier au domicile des associés. La loi ajoute qu'à compter de la communication de ces documents, tout associé a la faculté de poser par écrit des questions au gérant. Celui-ci est tenu d'y répondre au cours de l'assemblée. Toute clause contraire des statuts sera réputée non écrite.

Droits collectifs

Les droits collectifs des associés s'exercent principalement avec la tenue des assemblées générales. Une assemblée annuelle d'approbation des comptes doit être obligatoirement convoquée par les dirigeants dans le délai de six mois qui suit la clôture des comptes de l'exercice. À défaut, la loi du 22 mars 2012 ouvre cette faculté à tout intéressé et au ministère public.

Au-delà, un ou plusieurs associés détenant la moitié des parts sociales ou détenant, s'ils représentent au moins le dixième des associés, le dixième des parts sociales, peuvent demander la réunion d'une assemblée. Toute clause contraire des statuts annihilant ces droits est réputée non écrite [2]. En cas de refus du gérant de convoquer l'assemblée, les mêmes associés demanderont au tribunal la nomination d'un mandataire chargé de la convoquer [3].

Plus radicalement, tout associé, en le justifiant, peut demander en justice la désignation d'un mandataire chargé de convoquer l'assemblée et de fixer son ordre du jour.

---

1. Article L. 223-26.
2. Article L. 223-27 al. 3.
3. La jurisprudence de la Cour de cassation ne permet pas aux associés de convoquer directement l'assemblée : ils doivent le faire par voie de justice, mais sans devoir apporter la preuve d'un motif.

Lorsque l'assemblée n'a pas pour objet l'approbation des comptes ou une liquidation, les statuts peuvent prévoir une consultation écrite (L. 223-27 al. 1), voire une consultation par des moyens électroniques. Cette dernière faculté de convoquer a été étendu par le décret n° 2015-545 du 18 mai 2015 à l'assemblée des associés, quel que soit l'objet. La technique de la visioconférence est autorisée dans tous les cas.

La convocation à l'assemblée se fait par lettre recommandée envoyée aux associés au moins quinze jours avant sa tenue (excepté délai plus long prévu par les statuts). L'initiative en appartient en principe au gérant. Le même délai de réflexion doit être accordé en cas de consultation écrite. La convocation doit contenir l'ordre du jour. Toute assemblée irrégulièrement convoquée peut être annulée, excepté si tous les associés étaient présents ou représentés. Globalement le régime de la nullité des assemblées est similaire à celui retenu pour les sociétés anonymes [1].

Tout associé a le droit de participer aux décisions et dispose d'un nombre de voix égal à celui des parts sociales qu'il possède. Il peut se faire représenter par son conjoint, à moins que la société ne comprenne que les deux époux, ou par un autre associé, excepté si la société n'en comprend que deux [2]. Les décisions en assemblées ordinaires sont prises [3] par un ou plusieurs associés représentant plus de la moitié des parts sociales (majorité absolue). Lorsque cette majorité n'est pas réunie, et sauf disposition contraire des statuts, une seconde consultation a lieu. Les décisions sont alors prises à la simple majorité des votes émis (majorité relative), quel que soit le nombre de votants et le nombre de parts présentes ou représentées (L. 223-29 al. 2).

Excepté le changement de nationalité et la transformation de la société en société en nom collectif qui exigent l'unanimité des associés, tout changement dans la rédaction des statuts demande une majorité qualifiée. Mais la loi opère une distinction en matière d'assemblée extraordinaire.

Prenant en compte l'augmentation du nombre maximum d'associés de 50 à 100 résultat de l'ordonnance du 25 mars 2004, la loi d'août 2005 allège, pour les SARL constituées après le 3 août 2005, les conditions de cette majorité qualifiée.

SARL constituée avant le 3 août 2005

La modification statutaire en assemblée extraordinaire n'intervient que par décision des associés représentant au moins les trois quarts des parts sociales. C'est une règle de quorum et de majorité (aucune dérogation autorisée).

SARL constituée après le 3 août 2005

L'assemblée extraordinaire ne délibère valablement qu'à la condition que soient présents ou représentés un quart des parts sociales. En cas d'échec, sur deuxième convocation, le minimum demandé tombe à un cinquième des parts sociales. À défaut de la constation de ce dernier quorum, la deuxième assemblée peut être reportée d'un délai non supérieur à deux mois, toujours à la condition d'un quorum de un cinquième. La majorité exigée est des deux tiers des parts détenues par les associés présents ou représentés. Les statuts peuvent prévoir un quorum et une majorité renforcés, sans toutefois pour cette dernière aller jusqu'à exiger l'unanimité.

Dans un souci de simplification, la loi du 20 décembre 2014 a assoupli les conditions du déplacement du siège social en remplaçant la référence à l'article L. 223-30 par celle relative à l'article L. 223-29. Ce faisant, le déplacement du siège social d'une SARL épouse celui des SA.

1. Régime augmenté des articles : L. 223-7 al. 1, L. 223-27 al. 5, et L. 223-43 al. 4.
2. Article L. 223-28.
3. Qu'il s'agisse d'une assemblée ou d'une consultation écrite.

Section III - Direction de la société

La direction de la société est assurée par un ou plusieurs gérants, personnes physiques, choisis ou non parmi les associés. Le gérant n'est jamais commerçant.

Désignation

L'acte de désignation résulte d'une mention portée dans les statuts signés par les associés, ou d'une consultation de ceux-ci par assemblée ou par écrit. Pour être valablement nommé le gérant doit réunir sur sa tête plus de la moitié des parts sociales (excepté sur deuxième vote : L. 223-18 al. 2), les statuts pouvant renforcer les conditions de cette majorité. La nomination s'accompagne de mesures de publicité dans un journal d'annonces légales et par l'insertion d'une mention au registre du commerce. La durée de sa fonction est stipulée dans les statuts, en cas d'omission il est réputé nommé pour le temps de la société.

Pouvoirs du gérant

Comme dans toutes les sociétés, l'organisation du pouvoir se scinde entre les rapports avec les associés et les rapports avec les tiers.

Dans les rapports internes les pouvoirs du gérant ou du collège de gérants sont déterminés par les statuts. Dans le silence de ceux-ci, le ou les gérants peuvent faire tout acte de gestion dans l'intérêt de la société. Lorsque les statuts précisent les pouvoirs du gérant, toutes les configurations sont possibles. Ainsi certains actes peuvent nécessiter l'accord des associés, des clauses peuvent répartir strictement les pouvoirs entre les gérants…

Dans les rapports externes, aux termes de l'article L. 223-18, le gérant est investi des pouvoirs les plus étendus pour agir en toute circonstance au nom de la société, sous réserve des pouvoirs que la loi attribue expressément aux associés [1]. La société est engagée par les actes du gérant qui ne relèvent pas de l'objet social, à moins qu'elle ne prouve que le tiers savait que l'acte dépassait cet objet ou qu'il ne pouvait l'ignorer compte tenu des circonstances… les clauses statutaires limitant les pouvoirs du gérant étant inopposables aux tiers. Ainsi, et contrairement aux sociétés en nom collectif, vis-à-vis des tiers l'objet ne constitue pas une limite étanche : la société est engagée au-delà. Solution compréhensible dans la mesure où l'associé d'une SNC supporte une responsabilité patrimoniale illimitée, alors que l'associé de la SARL endosse une responsabilité limitée. Les règles de la SARL obligent les associés à avoir une confiance absolue dans la personne du gérant. En cas de pluralité de gérants, chacun détient séparément les pouvoirs d'engager la société. L'opposition entre gérants à propos d'un acte est sans effet à l'égard des tiers, sauf connaissance par eux de ce conflit.

À l'instar des sociétés de personnes, la présence d'un commissaire aux comptes peut être choisie ou rendue obligatoire en fonction de la convergence de critères retenus par décret [2].

Rapports monétaires du gérant avec la société

Diriger une société implique la juste perception d'une rémunération. Mais la rémunération ne constitue pas l'unique rapport d'argent entretenu entre le gérant et la société qu'il dirige. Des contrats peuvent les unir.

S'agissant de la rémunération, celle-ci est déterminée par les statuts ou une délibération des associés. Sa modification suit le même régime. Une rémunération

---

1. Modification des statuts (nationalité de la société – réduction ou augmentation du capital – transformation – (fusion…).
2. Décret du 23 mars 1967 article 12, modifié par le décret du 1er mars 1985, article L. 223-35 al. 2.

excessive, injustifiée, peut constituer le délit d'abus de bien social, surtout si le gérant l'a fixée ou modifiée de son propre chef. La qualification en droit de la rémunération varie en fonction de la qualité du gérant. Le gérant non associé bénéficie toujours du statut de salarié, ceci ayant des conséquences positives tant en matière fiscale qu'en matière de protection sociale [1]. La situation du gérant associé se résume à la distinction entre gérant minoritaire et gérant majoritaire. S'il est aisé de comprendre qu'être majoritaire signifie détenir 50 % des parts plus une, qu'*a contrario* toutes les situations n'entrant pas dans ce schéma sont qualifiées de minoritaires, y compris le seuil de 50 %, en revanche le mode de calcul de ces seuils doit être précisé.

La notion de gérance étant collégiale, ceci implique qu'en cas de pluralité de gérants, la notion de minorité ou de majorité s'apprécie en tenant compte des parts détenues par tous les gérants. Mais la prise en compte des parts ne s'arrête pas là. Il faut y adjoindre les parts possédées par les conjoints et enfants mineurs, ainsi que les parts appartenant à une société associée dans la SARL et contrôlée par le gérant [2]. Ces évaluations effectuées, le gérant qualifié de minoritaire obtient le même régime fiscal et social que le gérant non associé. Alors que le gérant majoritaire qui bénéficie fiscalement du régime des salariés est, en droit de la Sécurité sociale, versé dans le régime des travailleurs indépendants, système de cotisations et de protection désavantageux. Observons que le droit positif, dans ses dernières dispositions, a pratiquement supprimé l'intérêt de la distinction entre gérance minoritaire et majoritaire.

Au-delà de la rémunération, le gérant peut être amené à conclure un ou plusieurs contrats avec la société qu'il dirige, soit parce qu'il lui loue un local qu'il possède, soit par l'intermédiaire de sociétés clientes ou fournisseurs dont il serait associé ou dirigeant. Les règles applicables à ces faits sont quasi identiques à celles des sociétés anonymes, alors que les organes ne sont pas similaires et que la sanction de nullité de l'article L. 105 n'a pas son pendant dans la société à responsabilité limitée. Aux termes de l'article L. 223-19 « *le gérant ou, s'il en existe un, le commissaire aux comptes, présente à l'assemblée ou joint aux documents communiqués aux associés en cas de consultation écrite, un rapport sur les conventions intervenues directement ou par personne interposée entre la société et l'un de ses gérants ou associés. Le gérant ou l'associé intéressé ne peut prendre part au vote et ses parts ne sont pas prises en compte pour le calcul du quorum et de la majorité* ». Il est remarquable de constater que le champ d'application de l'article L. 223-19 est moins large que celui voulu pour les SA, puisque ne sont visés par la réglementation que les gérants et les associés interressés directement, ou par personne interposée, au contrat.

S'il n'existe pas de commissaire aux comptes, les contrats conclus par un gérant non associé sont soumis à l'approbation préalable de l'assemblée générale.

Les conventions qui ne seraient pas approuvées produisent néanmoins leurs effets, mais leurs conséquences négatives pour la société sont à la charge du gérant ou de l'associé. Comme dans les sociétés anonymes, l'article L. 223-20 précise que la réglementation des conventions visées à l'article L. 223-19 ne s'applique pas aux conventions portant sur des opérations courantes et conclues aux conditions normales du marché, alors que l'article L. 223-21 prohibe les

---

1. Comme pour les salariés, fiscalement le gérant applique à ses rémunérations le barème progressif d'imposition des revenus (après calcul du revenu net imposable). En droit de la Sécurité sociale, il est affilié au régime général.

2. Les parts détenues par des enfants mineurs non émancipés par l'intermédiaire de sociétés interposées ne sont pas prises en compte.

emprunts et autres comptes courants débiteurs que le gérant ou l'associé pourrait se faire consentir. La prohibition épargne les personnes morales associées, le droit ayant toujours admis la normalité, sous condition, des rapports financiers entre sociétés appartenant au même groupe. Effectivement, une personne morale associée d'une autre personne morale peut être une société-mère ou un partenaire commercial. Le droit se doit de favoriser, ou au moins ne pas entraver, leurs connexions économiques.

Responsabilité

Le régime de la responsabilité du gérant est indifférente à son statut. Qu'il soit gérant associé ou non, majoritaire ou minoritaire, peut importe, l'organisation de la responsabilité sera la même.

Les gérants sont responsables, individuellement ou solidairement, selon le cas, envers la société ou les tiers, soit des infractions aux dispositions légales ou statuaires applicables aux sociétés à responsabilité limitée, soit des fautes commises dans leur gestion [1]. En cas de pluralité de gérants impliqués, le tribunal détermine la part contributive de chacun pour réparer le dommage.

L'action est intentée par la société victime des comportements fautifs par l'intermédiaire du ou des gérants. On peut légitimement soupçonner de leur part un manque d'enthousiasme à agir contre un des leurs, un prédécesseur, voire… eux-mêmes ! Aussi la loi autorise les associés à intenter, soit individuellement, soit en se groupant, l'action sociale en responsabilité contre les gérants. L'action de l'associé pour le compte de la société prend le nom d'action sociale « ut singuli ». Elle est similaire dans son régime à celle mise en œuvre dans les sociétés anonymes [2]. La loi précise qu'aucune décision de l'assemblée ne peut avoir pour effet d'éteindre une action en responsabilité contre les gérants pour faute commise dans l'accomplissement de leur mandat. Concrètement, une approbation par les associés des comptes sociaux ou de la gestion des gérants [3] ne confisque pas le droit d'agir ultérieurement contre eux, à condition de le faire à l'intérieur d'un délai de trois ans à compter du fait dommageable ou, s'il a été dissimulé, de sa révélation. Lorsque le fait reçoit la qualification de crime [4], le délai est porté à dix ans [5].

Les gérants supportent également une responsabilité pénale du fait de leurs actes délictueux ou quasi-délictueux. Le régime de ces qualifications et des sanctions qui s'ensuivent est de la compétence du droit pénal, en particulier du droit pénal des affaires.

Fin des fonctions

Les fonctions de gérant prennent fin avec l'arrivée du terme mentionné dans l'acte de nomination, par démission, par décès. La démission répond à des normes. Elle doit être réelle ou motivée [6] et ne pas être « de mauvaise foi ou à contretemps, c'est-à-dire abandonner sans motif la société à un moment difficile » [7].

Dans ce dernier cas, la société aurait droit à des dommages et intérêts à hauteur du préjudice subi.

---

1. Comment définir la faute de gestion ? Est-ce un comportement contraire au gestionnaire « bon père de famille » ? Que penser alors de la hardiesse parfois nécessaire en affaire ?
2. Article L. 225-252.
3. *Quitus* donné à leur gestion.
4. Un dirigeant condamné à une peine afflictive et infamante, ou simplement infamante comme la dégradation civique, a commis une faute qualifiée de crime (et non pas commis un crime : CQFD).
5. Article L. 223-23.
6. Une démission « en blanc » ou sous contrainte ne remplirait pas ces conditions.
7. Y. Guyon, in *Droit des affaires*, n° 491, t. 1, 12e édition.

La fin des fonctions peut aussi résulter de sa révocation. L'article L. 223-25 précise que « *le gérant est révocable par décision des associés représentant plus de la moitié des parts sociales* ». S'il est associé, le gérant prend part au vote ce qui lui confère une forte stabilité, toute clause contraire étant réputée non écrite. En l'absence de juste motif, le gérant peut obtenir du tribunal des dommages et intérêts, mais jamais sa réintégration. L'action est également ouverte à tout associé par voie de justice. La révocation est alors prononcée par les tribunaux pour cause légitime [1].

Commissaire aux comptes

Comme dans les sociétés civiles ou en nom collectif, la présence d'un commissaire aux comptes n'est pas rendue obligatoire. Elle l'est lorsque deux des trois seuils suivants sont atteints : bilan supérieur à 1 550 000 euros, chiffre d'affaires supérieur à 3 100 000 euros hors taxes, au moins 50 salariés. À défaut d'être rendue obligatoire, la nomination peut aussi résulter d'une libre décision des associés.

Section IV - Dissolution de la société

Le régime de la dissolution de la société à responsabilité limitée ne déroge pas aux règles du droit commun de la dissolution. Tout au plus peut-on observer que l'article L. 223-3 imposant un maximum de cent associés, le dépassement de ce seuil oblige la société à se dissoudre au terme d'un délai d'un an, sauf à se transformer en une société d'une autre forme dans ce même délai, ou que pendant ledit délai une régularisation du nombre d'associés ait été pratiquée. Elle est également dissoute sur décision des associés quand les capitaux propres [2] de la société deviennent inférieurs à la moitié du capital social [3]. En revanche, la réunion de toutes les parts entre les mains d'un seul associé n'entraîne pas de dissolution : la SARL devient une EURL [4].

Section V - La société unipersonnelle

L' entreprise unipersonnelle à responsabilité limitée est une société à responsabilité limitée composée d'un unique « associé ». Introduite par la loi du 11 juillet 1985, son objectif était de permettre à l'entrepreneur individuel de limiter sa responsabilité sans recourir à des associés de circonstance [5]. Les différentes règles de comblement de passif prévues au moment des procédures de redressement et liquidation judiciaire rendent en partie illusoire cette espérance.

Conséquence de son appellation, la plupart de ses règles empruntent à la SARL. Résultat, seuls nous intéresseront ses particularismes :

– La loi de modernisation de l'économie propose des statuts types ainsi qu'une possibilité de publicité allégée (dispense d'insertion au BODAC).

– Depuis l'ordonnance du 31 juillet 2014, une société à responsabilité limitée peut avoir pour associé unique une autre société unipersonnelle (L. 223-5 abrogé).

---

1. Quelle vraie distinction entre juste motif et cause légitime ? Le juste motif serait un comportement sanctionnable de l'intéressé ayant des conséquences néfastes pour la société, alors que la cause légitime serait un acte emportant des conséquences dommageables pour la société.
2. Capitaux propres ou fonds propres : capital social + les réserves + le report à nouveau (part du bénéfice de l'exercice précédent non affecté).
3. Article L. 223-42.
4. Article L. 223-4.
5. En attendant la nouvelle société unipersonnelle à responsabilité limitée de la Commission européenne : la societas unius personae (proposition avril 2014).

Le gérant peut être l'associé, un tiers ou un collège de gérants. L'associé-gérant doit respecter le formalisme des sociétés en approuvant les comptes, mentionner les conventions qu'il conclut avec la société. Lorsque le gérant est un tiers, l'associé unique bénéficie du même droit d'information que celui prévu dans les SARL. Les règles de révocation sont également identiques.
La réunion de l'assemblée étant impossible, les décisions de l'associé sont portées sur un registre spécial dit « des décisions sociales » tenu au siège de la société.
L'établissement du rapport annuel de gestion n'est plus exigé. [1]
Les comptes approuvés sont déposés au greffe du tribunal.
La cession des parts suit le régime de droit commun de la procédure d'agrément.
La dissolution de l'EURL distingue l'hypothèse de l'associé unique personne physique de celle de l'associé unique personne morale. Ce régime de dissolution ayant été emprunté par la SASU au moment de sa liquidation, il suffit de s'y reporter pour le vérifier [2].
Résiduellement, être l'associé unique d'une entreprise à responsabilité limitée exige de la rigueur [3]. Notamment du fait à trop facilement confondre patrimoine personnel et patrimoine social, ceci impliquant sanctions civiles voire pénales. L'affaiblissement potentiel de la frontière juridique entre ces patrimoines permet du même coup aux créanciers sociaux d'atteindre le patrimoine privé de l'associé. Ce dernier serait alors dans une situation de risques patrimoniaux équivalente à celle du commerçant.

---

1. Sous condition de ne pas dépasser deux des seuils suivants : bilan 1 000 000 €, 20 salariés, CA. HT 2 000 000 €.
2. Liquidation de la SASU : partie 2, chap. 2, § 2, §§4.
3. Revue de sociétés – fév. 2013 – p. 104 – A. Couret.

hapitre 4 Le groupe de sociétés

Section I - Le groupe de sociétés et la loi

§ 1. *La filiale*

§ 2. *La participation*

§ 3. *Les sociétés contrôlées*

§ 4. *Notification et informations*

Section II - Le groupe de société et la pratique

§ 1. *Le groupe d'actionnaires communs*

§ 2. *Le groupe fondé par conventions*

Section III - Le fonctionnement du groupe

§ 1. *La personnalité morale*

§ 2. *Les comptes consolidés*

§ 3. *Droits des associés*

§ 4. *Droit des tiers*

§ 5. *Le commissaire aux comptes*

Historiquement les groupes de sociétés apparaissent à partir de la deuxième moitié du XIXe siècle. Plus que des raisons juridiques [1], se sont surtout des impératifs économiques qui conduisent à leur création.

Les entrepreneurs ont dans un premier temps éprouvé le besoin d'assurer et contrôler la fabrication d'un produit depuis l'acquisition des matières premières jusqu'à sa mise à disposition auprès du consommateur. Une seule société ne pouvait se permettre une telle démesure d'activité. La solution économique rationnelle consiste à créer différents centres de production, stockage et vente, afin de gérer au mieux les coûts et profits. Chacun de ces centres revêtant la forme juridique d'une société. Lorsque ces sociétés sont pourvues d'un lien

1. Octroi par le droit positif de la qualité d'associé à une personne morale.

entre elles [1], le groupe qu'elles forment reçoit l'appellation de concentration verticale. La même époque constate également l'apparition de puissants monopoles construits selon la technique de la concentration horizontale [2].

Au contraire de la concentration verticale ou horizontale, les groupes préfèrent aujourd'hui développer la diversification des risques [3]. Résultat d'une stratégie globale, les différentes composantes du groupe s'intéressent chacune à une activité spécifique, sans lien économique entre elles. Parfois ces groupes peuvent oeuvrer autour d'un thème fédérateur, tel celui du luxe. Dans ce cas précis, les sociétés peuvent choisir d'intervenir dans la viticulture haut de gamme, le prêt à porter, la couture, la bijouterie, la parfumerie, la sellerie...

Le succès rencontré par la technique du groupe de sociétés est une application de l'adage « l'union fait la force ». La force du groupe tient à sa puissance financière, à une meilleure maîtrise des aléas, à la souplesse de gestion de chaque pôle économique et la possibilité de transfert monétaire et technologique entre les sociétés liées. À leur débit, on observera que toutes les mesures prises par le législateur en faveur du maintien de la concurrence et de la liberté du commerce les visent au premier chef.

La caractéristique essentielle du groupe est l'indépendance juridique de chacune des sociétés qui le compose. Elles sont généralement toutes dotées de la personnalité morale et totalement autonomes sur le plan économique [4]. Évoquer la notion de groupe de sociétés ne suffit donc pas. Elle oblige à cerner la nature des liens pouvant unir des sociétés. Dans ce domaine la diversité est grande, celle-ci ne contribuant pas à une visibilité correcte de la réalité et de la structure d'un groupe. Le groupe sera clairement identifiable en présence de sociétés cotées en Bourse et dont l'une détient les droits sociaux des autres. En revanche l'identification se délite quand les liens résultent de la seule présence d'associés ou de dirigeants communs et plus encore quand ils procèdent de rapports contractuels quasi anonymes. Si les premiers des liens cités impliquent généralement des opérations à moyen et long termes, les derniers évoqués concernent le court terme, exceptionnellement au-delà. Selon la nature juridique des relations au sein du groupement, sa construction résultera de l'application de règles directement voulues par le législateur, ou résultera de la pratique au quotidien de règles non écrites.

En principe chaque groupe a sa société « leader ». Quand celle-ci exerce une activité industrielle ou commerciale, elle reçoit le titre de société-mère. Quand elle n'a d'autre activité que la détention de droits sociaux lui conférant le pouvoir de décision économique du groupe, elle prend le nom de holding.

Section I - Le groupe de sociétés et la loi

À l'origine, la loi du 24 juillet 1966 ne connaissait que le concept de filiale et de participation. Cette vision presque primitive du groupe a été largement corrigée avec l'apport de la loi 85-705 du 12 juillet 1985 qui non seulement affine la défi-

1. Quelle que soit la nature du lien (détention de droits sociaux – dirigeants communs – relation contractuelle).
2. Concentration horizontale : plusieurs sociétés liées fabriquent – diffusent un produit identique.
3. Ces groupes prennent le nom de conglomérats.
4. Le 30 mars 2015, l'Assemblée nationale a adopté en première lecture une proposition de loi relative au devoir de vigilance des sociétés mères sur leurs filiales. Le but est de prévenir toutes atteintes occasionnées par un groupe de sociétés aux droits de l'homme, aux libertés fondamentales ...

nition du contrôle, mais l'élargit aussi considérablement. Il reste qu'il manque à notre droit positif un corpus de règles permettant d'appréhender l'ensemble de la notion de groupes de sociétés.

§ 1. *La filiale*

Aux termes de l'article L. 233-1 « *lorsqu'une société possède plus de la moitié du capital d'une autre société, la seconde est considérée comme filiale de la première* ». La loi n'accorde donc la qualité de filiale qu'à la société dont plus de la moitié du capital [1] est entre les mains d'une autre société. Cette exigence est dépassée pour des raisons pratiques. Hormis la création ex-nihilo d'une filiale, l'acquisition de plus de 50 % du capital d'une société peut s'avérer financièrement impossible, voire même inutile, car compte tenu de l'éclatement si souvent constaté du capital il suffit parfois de beaucoup moins que ce seuil pour acquérir la maîtrise de la société convoitée ; d'autant que la détention de ce même seuil n'assure nullement le pouvoir absolu au sein d'une assemblée générale extraordinaire. Ces constations expliquent que la filiale au sens légal du terme ne constitue pas le seul moyen efficace conduisant à la mise en œuvre d'un groupe.

§ 2. *La participation*

L'article L. 233-2 affirme que dans l'hypothèse où une société possède une fraction du capital d'une autre société, fraction comprise entre 10 % et 50 %, elle est considérée comme détenant une participation. Observons qu'une participation au sens de la loi peut potentiellement déboucher sur un contrôle de fait.

Apparemment anodine, la notion de participation a attiré l'attention du législateur lorsqu'elle devient réciproque. Dans ce cas de figure, deux sociétés détiennent chacune une part du capital de l'autre. Cette situation implique quelques inconvénients que la loi a dû réguler dans au moins deux cas. D'une part, dans la limite de la participation réciproque, l'actif d'une société comprenant des droits sociaux de l'autre société, cette dernière voit son actif composé en partie de ses propres titres [2]. Ceci n'est pas acceptable. D'autre part, une augmentation de capital simultanée dans les deux sociétés peut donner lieu à des abus [3].

Conséquence de ces dangers, l'article L. 233-29 dispose « *qu'une société par actions ne peut posséder d'actions d'une autre société, si celle-ci détient une fraction de son capital supérieure à 10 %. À défaut d'accord de régularisation, celle qui détient la fraction la plus faible du capital de l'autre doit aliéner son investissement* ».

Pendant le temps de la régularisation, les actions visées par l'article L. 233-29 sont privées momentanément de droit de vote.

Mais en matière de participation réciproque, la loi du 12 juillet 1985 n'était pas allée assez loin. Elle ne connaissait que les participations directes. Ainsi un autocontrôle aussi néfaste qu'anti-économique pouvait être mise en place entre plusieurs sociétés, chacune contrôlant l'autre. Cette configuration issue d'un capitalisme d'un autre âge a suscité l'article L. 233-31 apport de la loi du 2 août

---

1. Ou des droits de vote.
2. Exemple : la société A détient X % de la société B qui elle-même détient Y % de la société A. La valeur totale de l'actif B comprend la valeur des droits sociaux de A. Mais A calcule aussi la valeur totale de son actif en tenant compte de la valeur des titres de B qu'elle détient. Conséquence, la valeur des titres de B étant calculée en fonction de la valeur de l'actif de B dans lequel figurent des titres A, A voit indirectement figurer ses propres titres dans son actif.
3. Exemple : A apporte 10 000 € à B pour procéder à une augmentation de capital de même montant. Suite à cette opération A augmente son capital de 10 000 € par un apport équivalent de B. Conséquence : la même somme de 10 000 € a permis deux augmentations de capital !

1989. Désormais « lorsque des actions d'une société sont possédées par une ou plusieurs sociétés dont elle détient directement ou indirectement le contrôle, les droits de vote attachés à ces actions ne peuvent être exercés ; il n'en est pas tenu compte pour le calcul du quorum ».

§ 3. *Les sociétés contrôlées*

L'intérêt de la loi du 12 juillet 1985 réside dans la nouvelle rédaction de la définition du contrôle d'une société. Deux articles y contribuent. L'article L. 233-3 distingue le contrôle de droit du contrôle de fait qui ne sera que présumé, l'article L. 233-4 s'intéresse à la notion de contrôle indirect.

Contrôle de droit

la loi met en valeur quatre configurations de contrôle depuis la loi du 26-7-2005 :

Lorsqu'une société détient directement ou indirectement une fraction du capital lui conférant la majorité des droits de vote [1] dans les assemblées générales d'une autre société

Lorsqu'une société dispose seule de la majorité des droits de vote dans une autre société en vertu d'un accord conclu avec d'autres associés de cette société

Lorsqu'une société détermine les décisions dans les assemblées générales d'une autre société grâce aux droits de vote dont elle dispose.

Lorsqu'une société est associée ou actionnaire d'une société et dispose du pouvoir de nommer ou de révoquer la majorité des membres des organes d'administration, de direction ou de surveillance de cette société.

Contrôle de fait

Le dernier alinéa de l'article L. 233-3 ajoute une présomption de contrôle de fait lorsqu'une société dispose dans une autre société, directement ou indirectement, d'une fraction des droits de vote supérieure à 40 % et qu'aucun autre associé ou actionnaire ne détient directement ou indirectement une fraction supérieure à la sienne.

Contrôle indirect

Lorsqu'une société contrôlée B détient une participation même inférieure à 10 % dans une société C, la société A qui la contrôle est considérée comme détenant une participation indirecte dans la société C (L. 233-4). Le passage de la notion de participation indirecte à celle de contrôle indirect nécessite de vérifier les éléments de fait caractérisant, en droit, le contrôle.

§ 4. *Notification et informations*

L'article L. 233-7 issu de la loi du 26 juillet 2005 impose que « *lorsque toute personne physique ou morale agissant seule ou de concert vient à posséder un nombre d'actions représentant plus du vingtième, du dixième, des trois vingtièmes, du cinquième, du quart, du tiers, de la moitié, des deux tiers, des dix-huit vingtièmes ou des dix-neuf vingtièmes du capital ou des droits de vote* » d'une société ayant son siège social sur le territoire et dont les actions sont cotées, cette personne physique ou morale doit en informer la société. À défaut, de fortes sanctions civiles et pénales seront appliquées.

---

1. Ne pas confondre une situation de fait qui confère la majorité des droits de vote dans une assemblée générale avec la notion de détention de la majorité des droits sociaux (ou du capital).

Dans le même esprit, l'article L. 236-6 alinéa 1 exige que le rapport de gestion présenté par les dirigeants aux actionnaires fasse état de toutes les participations intervenues pendant l'exercice, alors que l'article L. 432-1 alinéa 3 du code du travail impose à ces dirigeants d'en informer également le comité d'entreprise.

Section II - Le groupe de société et la pratique

Au-delà des contingences de la loi, la pratique a imaginé d'autres moyens permettant de construire un groupe. Ainsi en est-il des sociétés liées par des actionnaires communs ou par des conventions.

§ 1. *Le groupe d'actionnaires communs*

Lorsque les mêmes personnes possèdent le contrôle de plusieurs sociétés, une unité et une logique de décision peuvent en ressortir. L'avantage d'un tel groupe construit sur un noyau d'associés ou de dirigeants similaires réside dans sa discrétion et le vide juridique relatif dans lequel il évolue. En effet si la loi connaît et s'intéresse aux conditions et conséquences de la détention de droits sociaux conférant le pouvoir à une société sur d'autres, à de rares exceptions près [1] elle ignore ce pouvoir quand il résulte d'une identité d'associés installés dans plusieurs sociétés.
Cette hypothèse de groupe se vérifie le plus souvent en présence d'associés appartenant à une communauté familiale.

§ 2. *Le groupe fondé par conventions*

Le lien unissant des sociétés peut aussi résulter de rapports contractuels. Dans cette circonstance les sociétés s'unissent aux fins de réaliser des opérations économiques ponctuelles ou non. Le cas peut se rencontrer à l'occasion de la soumission à un appel d'offre, dans le domaine de la recherche… etc. La nature juridique des conventions étant quasi infinie, il est rendu impossible de dresser une liste exhaustive des liens contractuels. Tout juste peut-on citer les plus répandus :

– les contrats d'union : ils obligent à un comportement commun ;

– les contrats d'exclusivité : ils obligent certains des cocontractants à distribuer les produits d'un ou d'autres cocontractants ;

– les « joints ventures » : ce sont des contrats de collaboration entre sociétés. Il peut s'agir d'accords d'aide commerciale ou technologique d'une entreprise vers une autre, de deux ou plusieurs sociétés se rapprochant pour créer, développer, exploiter un brevet, de sociétés groupant leurs compétences pour réaliser un projet économique. La diversité est telle, qu'encore une fois il est vain de tenter une description globale des possibilités offertes par ce type de convention ;

– le contrat de franchise : une société loue à d'autres un savoir-faire, un nom, une image, le plus souvent une marque. Ce contrat oblige les entreprises locataires à adopter un comportement identique, définit scrupuleusement, sous peine de sanctions.

---

1. La direction commune de sociétés peut obliger à la constitution d'un comité d'entreprise (art. L. 439-I du code du travail).

Si toutes ces conventions ne font pas preuve d'homogénéité, elles présentent cependant une caractéristique commune intéressante : à l'exception de l'application des règles relatives aux ententes, lorsqu'elles déterminent un groupe aucun texte ne leur est applicable.

Section III - Le fonctionnement du groupe

En référence aux multiples possibilités offertes par le droit pour constituer un groupe, la notion de fonctionnement ne peut être unitaire. Elle varie essentiellement en fonction de l'esprit qui anime le groupe. Est-il égalitaire, coopératif ou de subordination ? En fonction de la réponse, le mode de relation sera différent. Il reste pourtant des éléments de fonctionnement communs à tous les groupes.

§ 1. *La personnalité morale*

Le droit français en adoptant une approche minimaliste de la notion de groupe de sociétés ne pouvait dans ces conditions lui accorder la personnalité morale. En effet, l'acquisition de cette dernière répond en droit à de strictes conditions juridiques. Or il faut bien admettre que le groupe résulte essentiellement de circonstances de faits : circonstances de fait et strictes conditions juridiques étant profondément antinomiques, en l'état, la privation de la personnalité morale paraît cohérente. La solution inverse exigerait de légiférer quant à la définition juridique du groupe.

Conséquence, que ce soit à l'égard des autres sociétés du groupe ou des tiers, le principe qui gouverne les liens de droit entre sociétés unies reste l'affirmation de l'autonomie patrimoniale de chacune d'elles. Au contraire du groupe qu'elles forment, toutes sont dotées de la personnalité morale la plus complète.

Pourtant cette solution du droit privé n'est pas suivie en droit fiscal et comptable. Sans reconnaître la personnalité morale au groupe, le droit fiscal a depuis longtemps fait preuve d'un pragmatisme plein de bons sens. Non seulement il octroie la qualité de filiale dès qu'au moins 5 % du capital d'une société sont détenus par une autre [1], mais aux termes des articles 223-A et suivants du code général des impôts, « *les sociétés mères françaises peuvent se constituer seules redevables de l'impôt sur les sociétés dû sur l'ensemble des résultats du groupe qu'elles forment avec leur filiales françaises détenues à 95 % au moins. La participation peut être directe, indirecte, mixte* ».

Cette disposition permet d'affirmer que le droit fiscal accorde les effets de la personnalité morale au groupe, puisqu'un seul impôt est levé pour l'ensemble des sociétés liées. Remarque identique en droit comptable avec le concept de comptes consolidés, puisque, sous certaines conditions, le groupe a l'obligation de présenter ce qui peut faire figure de bilan unique de toutes les sociétés qui le composent.

§ 2. *Les comptes consolidés*

Si chacune des sociétés du groupe supporte la normale obligation d'établir un bilan annuel, aux termes de l'article L. 233-16 la société « leader » doit publier des comptes consolidés ainsi qu'un rapport de gestion sur le groupe « *dès lors*

---

1. Ou que la participation détenue ait une valeur d'au moins 22,8 millions d'euros dans le cas de groupes bancaires mutualistes (F. Lefevbre, IS-V-800 s.)

qu'elle contrôle de manière exclusive ou conjointe une ou plusieurs entreprises ou qu'elle exerce une influence notable sur celles-ci », sauf exception de l'article L. 233-17-1.

Au-delà de l'obligation de l'article L. 233-16, depuis la loi du 15 mai 2001, l'article L. 225-100 al. 2 oblige le conseil d'administration ou le directoire à présenter à l'assemblée générale ordinaire, les comptes consolidés qui ont été publiés.

La notion de contrôle exclusif (L. 233-16 II) résulte de la détention directe ou indirecte de la majorité des droits de vote dans une autre entreprise, ou de la faculté de pouvoir désigner durant deux exercices successifs la majorité des membres des organes de direction. La même situation est acquise lorsqu'une influence dominante est exercée sur une entreprise en vertu d'un contrat ou de clauses statutaires.

Le contrôle conjoint est un contrôle partagé entre un petit nombre d'associés. Les décisions prises exigent l'accord de tous.

Lorsqu'une société détient une fraction au moins égale au cinquième des droits de vote d'une entreprise, elle est présumée exercer une influence notable sur la conduite des affaires de celle-ci.

On peut schématiser la notion de comptes consolidés en écrivant qu'ils sont la somme de tous les comptes de chaque entreprise du groupe. Mais la comptabilité étant victime de la naturelle imprécision des informations qu'elle traite, il faut accepter que les comptes consolidés sont aussi la somme d'imprécisions. Sans compter que l'interprétation d'un bilan n'engage que ceux qui veulent y croire.

§ 3. *Droits des associés*

Le principe d'indépendance juridique des sociétés du groupe veut que les associés n'ont des droits et obligations qu'à l'encontre de la société dont ils détiennent une part du capital. Ils ne sont jamais les associés du groupe au sens qu'il n'existe pas de capital pour le groupe [1].

Ces restrictions posées, si les associés ne jouissent pas de droits étendus au sein du groupe, la loi leur octroie quelques prérogatives. La première d'entre elles réside dans l'information sur l'état du groupe qui doit leur être communiqué. Qu'il s'agisse des comptes consolidés, du rapport global de gestion, ou des conventions conclues entre sociétés ayant des dirigeants communs, tous ces documents sont obligatoirement fournis aux associés. Au-delà, dans les situations extrêmes, lorsqu'un ou plusieurs associés cèdent un bloc de contrôle d'une société cotée, les actionnaires minoritaires disposent d'un droit de retrait imposé à l'acheteur du bloc de titres [2]. Mais cette dernière règle n'est en rien spécifique aux groupes de sociétés.

La lecture de ces différentes dispositions oblige à conclure qu'il n'existe pas pour le moment en droit français des règles spécifiques à la protection des associés [3] d'une société intégrée dans un groupe. Finalement, l'action en abus de droit [4] est la seule à leur disposition.

1. Il y aurait alors très certainement personnalité morale du groupe CQFD.
2. Article 236-6 du règlement général AMF.
3. Forcément minoritaires.
4. Abus de droit réalisé par les associés majoritaires.

§ 4. *Droit des tiers*

Les sociétés membres du groupe étant autonomes, leurs créanciers ne disposent pas d'actions directes contre la société-mère ou les autres sociétés. Ce dogme accepte cependant des exceptions dans quelques circonstances :
– le comportement de la société-mère avec ses filiales a pu faire croire aux tiers qu'il n'y avait qu'une seule et unique entreprise [1] ;
– en matière de crédit ou de contrat, l'interprétation des lettres d'intention ou de confort émises par une société du groupe pour en aider une autre peut être source de responsabilité ;
– création d'une société filiale dans l'unique intention de soustraire ou dissimuler une partie du patrimoine de la société mère ;
– une société du groupe devient dirigeant de fait d'une autre.
Sous condition d'en apporter la preuve, ces exemples permettent aux créanciers d'agir contre la société fautive appartenant au groupe.

§ 5. *Le commissaire aux comptes*

Organe stratégique de la vie sociale des sociétés de capitaux, cette institution joue également un rôle important en matière de groupe. Lorsqu'une société a pris une participation dans une autre société, il doit en être fait mention dans le rapport du commissaire aux comptes, celui-ci en étant informé par les dirigeants. L'article L. 823-14 du code de commerce l'autorise également à procéder à des investigations tant auprès de la société que des sociétés mères ou filiales au sens de l'article L. 233-1. En cas de comptes consolidés, les commissaires aux comptes (au minimum deux : L. 823-2) peuvent intervenir dans l'ensemble des entreprises comprises dans le périmètre de consolidation.
Ces prérogatives ajoutées à la mission classique du commissaire aux comptes autorisent une protection correcte des associés. Ceci constituant l'essentiel de la fonction de ce remarquable et indispensable organe de contrôle.
À l'évidence le droit a pour le moment renoncé à établir une définition juridique globale du groupe, d'autant que l'unanimité à propos de cette notion n'existe pas entre droit des sociétés, fiscal, social, comptable. Tous ces droits ayant leur propre approche.
Faut-il retenir que le groupe « est constitué par plusieurs sociétés juridiquement autonomes, mais situées les unes par rapport aux autres dans un état de dépendance économique susceptible d'altérer leur autonomie juridique » [2] ? S'agit-il « d'un ensemble de sociétés juridiquement indépendantes les unes des autres mais en fait soumises à une unité de décision économique » [3] ? Que penser de la définition proposée par les statisticiens de l'INSEE pour lesquels un groupe est un ensemble de sociétés dépendant par des relations patrimoniales d'un même centre de décision appelé « tête de groupe » ? La difficulté réside à l'évidence dans la constatation que l'appréciation du groupe appartient plus au domaine du fait économique qu'à celui du droit.

1. Théorie de l'apparence.
2. G. Ripert et R. Roblot, *Traité de droit commercial*, t. 1, 16e édition, n° 1608.2.
3. Y. Guyon, *Droit des affaires*, t. 1, 12e édition, n° 580.

Annexe 1
Textes législatifs

I - Code civil

Article 619

L'usufruit qui n'est pas accordé à des particuliers ne dure que trente ans.

Article 1328

(Loi n° 2000-230 du 14 mars 2000 art. 1 Journal Officiel du 14 mars 2000)
Les actes sous seing privé n'ont de date contre les tiers que du jour où ils ont été enregistrés, du jour de la mort de celui, ou de l'un de ceux qui les ont souscrits, ou du jour où leur substance est constatée dans les actes dressés par des officiers publics, tels que procès-verbaux de scellé ou d'inventaire.

Article 1690

Le cessionnaire n'est saisi à l'égard des tiers que par la signification du transport faite au débiteur.
Néanmoins le cessionnaire peut être également saisi par l'acceptation du transport faite par le débiteur dans un acte authentique.

Article 1832

(Loi n° 85-697 du 11 juillet 1985 art. 1 Journal Officiel du 12 juillet 1985 rectificatif 13 juillet 1985)
La société est instituée par deux ou plusieurs personnes qui conviennent par un contrat d'affecter à une entreprise commune des biens ou leur industrie en vue de partager le bénéfice ou de profiter de l'économie qui pourra en résulter.
Elle peut être instituée, dans les cas prévus par la loi, par l'acte de volonté d'une seule personne.
Les associés s'engagent à contribuer aux pertes.

Article 1832-1

(Loi n° 82-596 du 10 juillet 1982 art. 12 Journal Officiel du 13 juillet 1982)
(Loi n° 85-1372 du 23 décembre 1985 art. 50 Journal Officiel du 26 décembre 1985 en vigueur le 1er juillet 1986)
Même s'ils n'emploient que des biens de communauté pour les apports à une société ou pour l'acquisition de parts sociales, deux époux seuls ou avec d'autres personnes peuvent être associés dans une même société et participer ensemble ou non à la gestion sociale.

Les avantages et libéralités résultant d'un contrat de société entre époux ne peuvent être annulés parce qu'ils constitueraient des donations déguisées, lorsque les conditions en ont été réglées par un acte authentique.

Article 1833

Toute société doit avoir un objet licite et être constituée dans l'intérêt commun des associés.

Article 1834

Les dispositions du présent chapitre sont applicables à toutes les sociétés s'il n'en est autrement disposé par la loi en raison de leur forme ou de leur objet.

Article 1835

Les statuts doivent être établis par écrit. Ils déterminent, outre les apports de chaque associé, la forme, l'objet, l'appellation, le siège social, le capital social, la durée de la société et les modalités de son fonctionnement.

Article 1836

Les statuts ne peuvent être modifiés, à défaut de clause contraire, que par accord unanime des associés.
En aucun cas, les engagements d'un associé ne peuvent être augmentés sans le consentement de celui-ci.

Article 1839

Si les statuts ne contiennent pas toutes les énonciations exigées par la législation ou si une formalité prescrite par celle-ci a été omise ou irrégulièrement accomplie, tout intéressé est recevable à demander en justice que soit ordonnée, sous astreinte, la régularisation de la constitution. Le ministère public est habile à agir aux mêmes fins.
Les mêmes règles sont applicables en cas de modification des statuts.
L'action aux fins de régularisation prévue à l'alinéa premier se prescrit par trois ans à compter de l'immatriculation de la société ou de la publication de l'acte modifiant les statuts.

Article 1843

Les personnes qui ont agi au nom d'une société en formation avant l'immatriculation sont tenues des obligations nées des actes ainsi accomplis, avec solidarité si la société est commerciale, sans solidarité dans les autres cas. La société régulièrement immatriculée peut reprendre les engagements souscrits, qui sont alors réputés avoir été dès l'origine contractés par celle-ci.

Article 1844-1

La part de chaque associé dans les bénéfices et sa contribution aux pertes se déterminent à proportion de sa part dans le capital social et la part de l'associé qui n'a apporté que son industrie est égale à celle de l'associé qui a le moins apporté, le tout sauf clause contraire.

Toutefois, la stipulation attribuant à un associé la totalité du profit procuré par la société ou l'exonérant de la totalité des pertes, celle excluant un associé totalement du profit ou mettant à sa charge la totalité des pertes sont réputées non écrites.

Article 1844-5

(Loi n° 81-1162 du 30 décembre 1981 Journal Officiel du 31 décembre 1981)
(Loi n° 88-15 du 5 janvier 1988 art. 2 Journal Officiel du 6 janvier 1988)
(Loi n° 2001-420 du 15 mai 2001 art. 103 Journal Officiel du 16 mai 2001)
La réunion de toutes les parts sociales en une seule main n'entraîne pas la dissolution de plein droit de la société. Tout intéressé peut demander cette dissolution si la situation n'a pas été régularisée dans le délai d'un an. Le tribunal peut accorder à la société un délai maximal de six mois pour régulariser la situation. Il ne peut prononcer la dissolution si, au jour où il statue sur le fond, cette régularisation a eu lieu.
L'appartenance de l'usufruit de toutes les parts sociales à la même personne est sans conséquence sur l'existence de la société.
En cas de dissolution, celle-ci entraîne la transmission universelle du patrimoine de la société à l'associé unique, sans qu'il y ait lieu à liquidation. Les créanciers peuvent faire opposition à la dissolution dans le délai de trente jours à compter de la publication de celle-ci. Une décision de justice rejette l'opposition ou ordonne soit le remboursement des créances, soit la constitution de garanties si la société en offre et si elles sont jugées suffisantes. La transmission du patrimoine n'est réalisée et il n'y a disparition de la personne morale qu'à l'issue du délai d'opposition ou, le cas échéant, lorsque l'opposition a été rejetée en première instance ou que le remboursement des créances a été effectué ou les garanties constituées.
Les dispositions du troisième alinéa ne sont pas applicables aux sociétés dont l'associé unique est une personne physique.

Article 1844-7

(Loi n° 85-98 du 25 janvier 1985 art. 217 Journal Officiel du 26 janvier 1986 en vigueur le 1er janvier 1986)
(Loi n° 88-15 du 6 janvier 1988 art. 3 Journal Officiel du 6 janvier 1988)
La société prend fin :
1° Par l'expiration du temps pour lequel elle a été constituée, sauf prorogation effectuée conformément à l'article 1844-6.
2° Par la réalisation ou l'extinction de son objet.
3° Par l'annulation du contrat de société.
4° Par la dissolution anticipée décidée par les associés.
5° Par la dissolution anticipée prononcée par le tribunal à la demande d'un associé pour justes motifs, notamment en cas d'inexécution de ses obligations par un associé, ou de mésentente entre associés paralysant le fonctionnement de la société.
6° Par la dissolution anticipée prononcée par le tribunal dans le cas prévu à l'article 1844-5.
7° Par l'effet d'un jugement ordonnant la liquidation judiciaire ou la cession totale des actifs de la société.
8° Pour toute autre cause prévue par les statuts.

Article 1844-10

La nullité de la société ne peut résulter que de la violation des dispositions des articles 1832, 1832-1, alinéa 1er, et 1833, ou de l'une des causes de nullité des contrats en général.
Toute clause statutaire contraire à une disposition impérative du présent titre dont la violation n'est pas sanctionnée par la nullité de la société, est réputée non écrite.
La nullité des actes ou délibérations des organes de la société ne peut résulter que de la violation d'une disposition impérative du présent titre ou de l'une des causes de nullité des contrats en général.

Article 1844-11

L'action en nullité est éteinte lorsque la cause de la nullité a cessé d'exister le jour où le tribunal statue sur le fond en première instance, sauf si cette nullité est fondée sur l'illicéité de l'objet social.

Article 1844-12

En cas de nullité d'une société ou d'actes ou délibérations postérieurs à sa constitution, fondée sur un vice de consentement ou l'incapacité d'un associé, et lorsque la régularisation peut intervenir, toute personne, y ayant intérêt, peut mettre en demeure celui qui est susceptible de l'opérer, soit de régulariser, soit d'agir en nullité dans un délai de six mois à peine de forclusion. Cette mise en demeure est dénoncée à la société.
La société ou un associé peut soumettre au tribunal saisi dans le délai prévu à l'alinéa précédent, toute mesure susceptible de supprimer l'intérêt du demandeur notamment par le rachat de ses droits sociaux. En ce cas, le tribunal peut, soit prononcer la nullité, soit rendre obligatoires les mesures proposées si celles-ci ont été préalablement adoptées par la société aux conditions prévues pour les modifications statutaires. Le vote de l'associé dont le rachat des droits est demandé est sans influence sur la décision de la société.
En cas de contestation, la valeur des droits sociaux à rembourser à l'associé est déterminée conformément aux dispositions de l'article 1843-4.

Article 1844-13

Le tribunal, saisi d'une demande en nullité, peut, même d'office, fixer un délai pour permettre de couvrir les nullités. Il ne peut prononcer la nullité moins de deux mois après la date de l'exploit introductif d'instance.
Si, pour couvrir une nullité, une assemblée doit être convoquée, ou une consultation des associés effectuée, et s'il est justifié d'une convocation régulière de cette assemblée ou de l'envoi aux associés du texte des projets de décision accompagné des documents qui doivent leur être communiqués, le tribunal accorde par jugement le délai nécessaire pour que les associés puissent prendre une décision.

Article 1844-15

Lorsque la nullité de la société est prononcée, elle met fin, sans rétroactivité, à l'exécution du contrat.

À l'égard de la personne morale qui a pu prendre naissance, elle produit les effets d'une dissolution prononcée par justice.

Article 1844-16

Ni la société ni les associés ne peuvent se prévaloir d'une nullité à l'égard des tiers de bonne foi. Cependant la nullité résultant de l'incapacité ou de l'un des vices du consentement est opposable même aux tiers par l'incapable et ses représentants légaux, ou par l'associé dont le consentement a été surpris par erreur, dol ou violence.

Article 1871

Les associés peuvent convenir que la société ne sera point immatriculée. La société est dite alors « société en participation ». Elle n'est pas une personne morale et n'est pas soumise à publicité. Elle peut être prouvée par tous moyens.

Les associés conviennent librement de l'objet, du fonctionnement et des conditions de la société en participation, sous réserve de ne pas déroger aux dispositions impératives des articles 1832, 1832-1, 1833, 1836 (2e alinéa), 1841, 1844 (1er alinéa) et 1844-1 (2e alinéa).

Article 1871-1

À moins qu'une organisation différente n'ait été prévue, les rapports entre associés sont régis, en tant que de raison, soit par les dispositions applicables aux sociétés civiles, si la société a un caractère civil, soit, si elle a un caractère commercial, par celles applicables aux sociétés en nom collectif.

Article 1872

À l'égard des tiers, chaque associé reste propriétaire des biens qu'il met à la disposition de la société.

Sont réputés indivis entre les associés les biens acquis par emploi ou remploi de deniers indivis pendant la durée de la société et ceux qui se trouvaient indivis avant d'être mis à la disposition de la société.

Il en est de même de ceux que les associés auraient convenu de mettre en indivision.

Il peut en outre être convenu que l'un des associés est, à l'égard des tiers, propriétaire de tout ou partie des biens qu'il acquiert en vue de la réalisation de l'objet social.

Article 1873

Les dispositions du présent chapitre sont applicables aux sociétés créées de fait.

II - Code de commerce

Article L. 123-13

Le bilan décrit séparément les éléments actifs et passifs de l'entreprise, et fait apparaître, de façon distincte, les capitaux propres.

Le compte de résultat récapitule les produits et les charges de l'exercice, sans qu'il soit tenu compte de leur date d'encaissement ou de paiement. Il fait apparaître, par différence après déduction des amortissements et des provisions, le bénéfice ou la perte de l'exercice. Les produits et les charges, classés par catégorie, doivent être présentés soit sous forme de tableaux, soit sous forme de liste.
Le montant des engagements de l'entreprise en matière de pension, de compléments de retraite, d'indemnités et d'allocations en raison du départ à la retraite ou avantages similaires des membres ou associés de son personnel et de ses mandataires sociaux est indiqué dans l'annexe. Par ailleurs, les entreprises peuvent décider d'inscrire au bilan, sous forme de provision, le montant correspondant à tout ou partie de ces engagements.
L'annexe complète et commente l'information donnée par le bilan et le compte de résultat.

Article L. 210-6

Les sociétés commerciales jouissent de la personnalité morale à dater de leur immatriculation au registre du commerce et des sociétés. La transformation régulière d'une société n'entraîne pas la création d'une personne morale nouvelle. Il en est de même de la prorogation.
Les personnes qui ont agi au nom d'une société en formation avant qu'elle ait acquis la jouissance de la personnalité morale sont tenues solidairement et indéfiniment responsables des actes ainsi accomplis, à moins que la société, après avoir été régulièrement constituée et immatriculée, ne reprenne les engagements souscrits. Ces engagements sont alors réputés avoir été souscrits dès l'origine par la société.

Article L. 210-7

Il est procédé à l'immatriculation de la société après vérification par le greffier du tribunal compétent de la régularité de sa constitution dans les conditions prévues par les dispositions législatives et réglementaires relatives au registre du commerce et des sociétés.
Si les statuts ne contiennent pas toutes les énonciations exigées par la loi et les règlements ou si une formalité prescrite par ceux-ci pour la constitution de la société a été omise ou irrégulièrement accomplie, tout intéressé est recevable à demander en justice que soit ordonnée, sous astreinte, la régularisation de la constitution. Le ministère public est habilité à agir aux mêmes fins.
Les dispositions des alinéas qui précèdent sont applicables en cas de modification des statuts.
L'action prévue au deuxième alinéa se prescrit par trois ans à compter, soit de l'immatriculation de la société au registre du commerce et des sociétés, soit de l'inscription modificative audit registre et du dépôt, en annexe dudit registre, des actes modifiant les statuts.

Article L. 221-1

Les associés en nom collectif ont tous la qualité de commerçant et répondent indéfiniment et solidairement des dettes sociales.
Les créanciers de la société ne peuvent poursuivre le paiement des dettes sociales contre un associé, qu'après avoir vainement mis en demeure la société par acte extrajudiciaire.

Article L. 221-2

La société en nom collectif est désignée par une dénomination sociale, à laquelle peut être incorporé le nom d'un ou plusieurs associés et qui doit être précédée ou suivie immédiatement des mots « société en nom collectif ».

Article L. 221-3

Tous les associés sont gérants, sauf stipulation contraire des statuts qui peuvent désigner un ou plusieurs gérants, associés ou non, ou en prévoir la désignation par un acte ultérieur.

Si une personne morale est gérant, ses dirigeants sont soumis aux mêmes conditions et obligations et encourent les mêmes responsabilités civile et pénale que s'ils étaient gérants en leur nom propre, sans préjudice de la responsabilité solidaire de la personne morale qu'ils dirigent.

Article L. 221-6

Les décisions qui excèdent les pouvoirs reconnus aux gérants sont prises à l'unanimité des associés. Toutefois les statuts peuvent prévoir que certaines décisions sont prises à une majorité qu'ils fixent.

Les statuts peuvent également prévoir que les décisions sont prises par voie de consultation écrite, si la réunion d'une assemblée n'est pas demandée par l'un des associés.

Article L. 221-9

Les associés peuvent nommer un ou plusieurs commissaires aux comptes dans les formes prévues à l'article L. 221-6.

Sont tenues de désigner un commissaire aux comptes au moins les sociétés qui dépassent, à la clôture de l'exercice social, des chiffres fixés par décret en Conseil d'État pour deux des critères suivants : le total de leur bilan, le montant hors taxes de leur chiffre d'affaires ou le nombre moyen de leurs salariés au cours d'un exercice.

Même si ces seuils ne sont pas atteints, la nomination d'un commissaire aux comptes peut être demandée en justice par un associé.

Article L. 221-12

Si tous les associés sont gérants ou si un ou plusieurs gérants choisis parmi les associés sont désignés dans les statuts, la révocation de l'un d'eux de ses fonctions ne peut être décidée qu'à l'unanimité des autres associés. Elle entraîne la dissolution de la société, à moins que sa continuation ne soit prévue par les statuts ou que les autres associés ne la décident à l'unanimité. Le gérant révoqué peut alors décider de se retirer de la société en demandant le remboursement de ses droits sociaux, dont la valeur est déterminée conformément à l'article 1843-4 du code civil. Toute clause contraire à l'article 1843-4 dudit code est réputée non écrite.

Si un ou plusieurs associés sont gérants et ne sont pas désignés par les statuts, chacun d'eux peut être révoqué de ses fonctions, dans les conditions prévues par les statuts ou, à défaut, par une décision des autres associés, gérants ou non, prise à l'unanimité.

Le gérant non associé peut être révoqué dans les conditions prévues par les statuts ou, à défaut, par une décision des associés prise à la majorité.
Si la révocation est décidée sans juste motif, elle peut donner lieu à dommages-intérêts.

Article L. 221-15

La société prend fin par le décès de l'un des associés, sous réserve des dispositions du présent article.
S'il a été stipulé qu'en cas de mort de l'un des associés, la société continuerait avec son héritier ou seulement avec les associés survivants, ces dispositions sont suivies, sauf à prévoir que pour devenir associé, l'héritier devra être agréé par la société.
Il en est de même s'il a été stipulé que la société continuerait, soit avec le conjoint survivant, soit avec un ou plusieurs des héritiers, soit avec toute autre personne désignée par les statuts ou, si ceux-ci l'autorisent, par dispositions testamentaires.
Lorsque la société continue avec les associés survivants, l'héritier est seulement créancier de la société et n'a droit qu'à la valeur des droits sociaux de son auteur. L'héritier a pareillement droit à cette valeur s'il a été stipulé que, pour devenir associé il devrait être agréé par la société et si cet agrément lui a été refusé.
Lorsque la société continue dans les conditions prévues au troisième alinéa ci-dessus, les bénéficiaires de la stipulation sont redevables à la succession de la valeur des droits sociaux qui leur sont attribués.
Dans tous les cas prévus au présent article, la valeur des droits sociaux est déterminée au jour du décès conformément à l'article 1843-4 du code civil.
En cas de continuation et si l'un ou plusieurs des héritiers de l'associé sont mineurs non émancipés, ceux-ci ne répondent des dettes sociales qu'à concurrence des forces de la succession de leur auteur. En outre, la société doit être transformée, dans le délai d'un an, à compter du décès, en société en commandite dont le mineur devient commanditaire. À défaut, elle est dissoute.

Article L. 223-7

(Loi n° 2001-420 du 15 mai 2001 art. 124 I Journal Officiel du 16 mai 2001)
Les parts sociales doivent être souscrites en totalité par les associés. Elles doivent être intégralement libérées lorsqu'elles représentent des apports en nature. Les parts représentant des apports en numéraire doivent être libérées d'au moins un cinquième de leur montant. La libération du surplus intervient en une ou plusieurs fois sur décision du gérant, dans un délai qui ne peut excéder cinq ans à compter de l'immatriculation de la société au registre du commerce et des sociétés. Toutefois, le capital social doit être intégralement libéré avant toute souscription de nouvelles parts sociales à libérer en numéraire, à peine de nullité de l'opération.
Al. 2 Le cas échéant, les statuts déterminent les modalités selon lesquelles peuvent être souscrites des parts sociales en industrie.
La répartition des parts sociales est mentionnée dans les statuts.
Les fonds provenant de la libération des parts sociales sont déposés dans les conditions et délais déterminés par décret en Conseil d'État.

Article L. 223-9

(Ordonnance n° 2000-916 du 19 septembre 2000 art. 4 et annexe II Journal Officiel du 22 septembre 2000 en vigueur le 1er janvier 2002)

Les statuts doivent contenir l'évaluation de chaque apport en nature. Il y est procédé au vu d'un rapport annexé aux statuts et établi sous sa responsabilité par un commissaire aux apports désigné à l'unanimité des futurs associés ou à défaut par une décision de justice à la demande du futur associé le plus diligent.

Toutefois, les futurs associés peuvent décider à l'unanimité que le recours à un commissaire aux apports ne sera pas obligatoire, lorsque la valeur d'aucun apport en nature n'excède 30 000 euros et si la valeur totale de l'ensemble des apports en nature non soumis à l'évaluation d'un commissaire aux apports n'excède pas la moitié du capital.

Lorsque la société est constituée par une seule personne, le commissaire aux apports est désigné par l'associé unique. Toutefois le recours à un commissaire aux apports n'est pas obligatoire si les conditions prévues à l'alinéa précédent sont réunies.

Lorsqu'il n'y a pas eu de commissaire aux apports ou lorsque la valeur retenue est différente de celle proposée par le commissaire aux apports, les associés sont solidairement responsables pendant cinq ans, à l'égard des tiers, de la valeur attribuée aux apports en nature lors de la constitution de la société.

Article L. 224-2

(Ordonnance n° 2000-916 du 19 septembre 2000 art. 4 et annexe II Journal Officiel du 22 septembre 2000 en vigueur le 1er janvier 2002)

Le capital social doit être de 37 000 euros au moins.

La réduction du capital social à un montant inférieur ne peut être décidée que sous la condition suspensive d'une augmentation de capital destinée à amener celui-ci à un montant au moins égal au montant prévu à l'alinéa précédent, à moins que la société ne se transforme en société d'une autre forme. En cas d'inobservation des dispositions du présent alinéa, tout intéressé peut demander en justice la dissolution de la société. Cette dissolution ne peut être prononcée si, au jour où le tribunal statue sur le fond, la régularisation a eu lieu.

Par dérogation au premier alinéa, le capital des sociétés de rédacteurs de presse est de 300 euros au moins lorsqu'elles sont constituées sous la forme de société anonyme.

Article L. 225-1

La société anonyme est la société dont le capital est divisé en actions et qui est constituée entre des associés qui ne supportent les pertes qu'à concurrence de leurs apports. Le nombre des associés ne peut être inférieur à sept.

Article L. 225-3

Le capital doit être intégralement souscrit.

Les actions de numéraire sont libérées, lors de la souscription, de la moitié au moins de leur valeur nominale. La libération du surplus intervient en une ou plusieurs fois sur décision du conseil d'administration ou du directoire selon le cas, dans un délai qui ne peut excéder cinq ans à compter de l'immatriculation de la société au registre du commerce et des sociétés.

Les actions d'apport sont intégralement libérées dès leur émission.
Les actions ne peuvent représenter des apports en industrie.

Article L. 225-6

Les souscriptions et les versements sont constatés par un certificat du dépositaire établi, au moment du dépôt des fonds, sur présentation des bulletins de souscription.

Article L. 225-7

Après la délivrance du certificat du dépositaire, les fondateurs convoquent les souscripteurs en assemblée générale constitutive dans les formes et délais prévus par décret en Conseil d'État.
Cette assemblée constate que le capital est entièrement souscrit et que les actions sont libérées du montant exigible. Elle se prononce sur l'adoption des statuts qui ne peuvent être modifiés qu'à l'unanimité de tous les souscripteurs, nomme les premiers administrateurs ou membres du conseil de surveillance, désigne un ou plusieurs commissaires aux comptes. Le procès-verbal de la séance de l'assemblée constate, s'il y a lieu, l'acceptation de leurs fonctions par les administrateurs ou membres du conseil de surveillance et par les commissaires aux comptes.

Article L. 225-8

En cas d'apports en nature comme au cas de stipulation d'avantages particuliers au profit de personnes associées ou non, un ou plusieurs commissaires aux apports sont désignés par décision de justice, à la demande des fondateurs ou de l'un d'entre eux. Ils sont soumis aux incompatibilités prévues à l'article L. 225-224.
Les commissaires apprécient, sous leur responsabilité, la valeur des apports en nature et les avantages particuliers. Le rapport déposé au greffe, avec le projet de statuts, est tenu à la disposition des souscripteurs, dans les conditions déterminées par décret en Conseil d'État.
L'assemblée générale constitutive statue sur l'évaluation des apports en nature et l'octroi d'avantages particuliers. Elle ne peut les réduire qu'à l'unanimité de tous les souscripteurs.
À défaut d'approbation expresse des apporteurs et des bénéficiaires d'avantages particuliers, mentionnée au procès-verbal, la société n'est pas constituée.

Article L. 225-11

Le retrait des fonds provenant des souscriptions en numéraire ne peut être effectué par le mandataire de la société avant l'immatriculation de celle-ci au registre du commerce et des sociétés.
Si la société n'est pas constituée dans le délai de six mois à compter du dépôt du projet de statuts au greffe, tout souscripteur peut demander en justice la nomination d'un mandataire chargé de retirer les fonds pour les restituer aux souscripteurs, sous déduction des frais de répartition.
Si le ou les fondateurs décident ultérieurement de constituer la société, il doit être procédé à nouveau au dépôt des fonds et à la déclaration prévus aux articles L. 225-5 et L. 225-6.

Article L. 225-17

(Loi n° 2001-420 du 15 mai 2001 art. 104 1° et art. 105 Journal Officiel du 16 mai 2001)

La société anonyme est administrée par un conseil d'administration composé de trois membres au moins. Les statuts fixent le nombre maximum des membres du conseil, qui ne peut dépasser dix-huit.

Toutefois, en cas de décès ou de démission du président du conseil d'administration et si le conseil n'a pu le remplacer par un de ses membres, il peut nommer, sous réserve des dispositions de l'article L. 225-24, un administrateur supplémentaire qui est appelé aux fonctions de président.

Article L. 225-18

(Loi n° 2001-420 du 15 mai 2001 art. 105 Journal Officiel du 16 mai 2001)

Les administrateurs sont nommés par l'assemblée générale constitutive ou par l'assemblée générale ordinaire. Dans le cas prévu à l'article L. 225-16, ils sont désignés dans les statuts. La durée de leurs fonctions est déterminée par les statuts sans pouvoir excéder six ans en cas de nomination par les assemblées générales et trois ans en cas de nomination dans les statuts. Toutefois, en cas de fusion ou de scission, la nomination peut être faite par l'assemblée générale extraordinaire.

Les administrateurs sont rééligibles, sauf stipulation contraire des statuts. Ils peuvent être révoqués à tout moment par l'assemblée générale ordinaire.

Toute nomination intervenue en violation des dispositions précédentes est nulle, à l'exception de celles auxquelles il peut être procédé dans les conditions prévues à l'article L. 225-24.

Article L. 225-22

(Loi n° 2001-420 du 15 mai 2001 art. 105 Journal Officiel du 16 mai 2001)

(Loi n° 2001-1168 du 11 décembre 2001 art. 33 II Journal Officiel du 12 décembre 2001)

Un salarié de la société ne peut être nommé administrateur que si son contrat de travail correspond à un emploi effectif. Il ne perd pas le bénéfice de ce contrat de travail. Toute nomination intervenue en violation des dispositions du présent alinéa est nulle. Cette nullité n'entraîne pas celle des délibérations auxquelles a pris part l'administrateur irrégulièrement nommé.

Le nombre des administrateurs liés à la société par un contrat de travail ne peut dépasser le tiers des administrateurs en fonction.

Toutefois, les administrateurs élus par les salariés, les administrateurs représentant les salariés actionnaires ou le fonds commun de placement d'entreprise en application de l'article L. 225-23 et, dans les sociétés anonymes à participation ouvrière, les représentants de la société coopérative de main d'œuvre ne sont pas comptés pour la détermination du nombre des administrateurs liés à la société par un contrat de travail mentionné à l'alinéa précédent.

En cas de fusion ou de scission, le contrat de travail peut avoir été conclu avec l'une des sociétés fusionnées ou avec la société scindée.

Article L. 225-23

(Loi n° 2001-152 du 19 février 2001 art. 24 1° et art. 25 I Journal Officiel du 20 février 2001)

(Loi n° 2001-420 du 15 mai 2001 art. 105 Journal Officiel du 16 mai 2001)

(Loi n° 2002-73 du 17 janvier 2002 art. 217 1° et 2° Journal Officiel du 18 janvier 2002)

Lorsque le rapport présenté par le conseil d'administration lors de l'assemblée générale en application de l'article L. 225-102 établit que les actions détenues par le personnel de la société ainsi que par le personnel de sociétés qui lui sont liées au sens de l'article L. 225-180 représentent plus de 3 % du capital social de la société, un ou plusieurs administrateurs doivent être nommés par l'assemblée générale des actionnaires sur proposition des actionnaires visés à l'article L. 225-102 dans des conditions fixées par décret. Ces administrateurs doivent être nommés parmi les salariés actionnaires ou, le cas échéant, parmi les salariés membres du conseil de surveillance d'un fonds commun de placement d'entreprise détenant des actions de la société. Ces administrateurs ne sont pas pris en compte pour la détermination du nombre minimal et du nombre maximal d'administrateurs prévus à l'article L. 225-17.

Si l'assemblée générale extraordinaire ne s'est pas réunie dans un délai de dix-huit mois à compter de la présentation du rapport, tout salarié actionnaire peut demander au président du tribunal statuant en référé d'enjoindre sous astreinte au conseil d'administration de convoquer une assemblée générale extraordinaire et de soumettre à celle-ci les projets de résolutions tendant à modifier les statuts dans le sens prévu à l'alinéa précédent et au dernier alinéa du présent article.

Lorsqu'il est fait droit à la demande, l'astreinte et les frais de procédure sont à la charge des administrateurs.

Les sociétés dont le conseil d'administration comprend un ou plusieurs administrateurs nommés parmi les membres du conseil de surveillance des fonds communs de placement d'entreprise représentant les salariés, ou un ou plusieurs salariés élus en application des dispositions de l'article L. 225-27, ne sont pas tenues aux obligations prévues au premier alinéa.

Lorsque l'assemblée générale extraordinaire est convoquée en application du premier alinéa, elle se prononce également sur un projet de résolution prévoyant l'élection d'un ou plusieurs administrateurs par le personnel de la société et des filiales directes ou indirectes dont le siège social est fixé en France. Le cas échéant, ces représentants sont désignés dans les conditions prévues à l'article L. 225-27.

Article L. 225-35

(Loi n° 2001-420 du 15 mai 2001 art. 105 et art. 106 1° Journal Officiel du 16 mai 2001)

Le conseil d'administration détermine les orientations de l'activité de la société et veille à leur mise en œuvre. Sous réserve des pouvoirs expressément attribués aux assemblées d'actionnaires et dans la limite de l'objet social, il se saisit de toute question intéressant la bonne marche de la société et règle par ses délibérations les affaires qui la concernent.

Dans les rapports avec les tiers, la société est engagée même par les actes du conseil d'administration qui ne relèvent pas de l'objet social, à moins qu'elle ne prouve que le tiers savait que l'acte dépassait cet objet ou qu'il ne pouvait l'ignorer compte tenu des circonstances, étant exclu que la seule publication des statuts suffise à constituer cette preuve.

Le conseil d'administration procède aux contrôles et vérifications qu'il juge opportuns. Chaque administrateur reçoit toutes les informations nécessaires à l'accomplissement de sa mission et peut se faire communiquer tous les documents qu'il estime utiles.
Les cautions, avals et garanties donnés par des sociétés autres que celles exploitant des établissements bancaires ou financiers font l'objet d'une autorisation du conseil dans les conditions déterminées par décret en Conseil d'État. Ce décret détermine également les conditions dans lesquelles le dépassement de cette autorisation peut être opposé aux tiers.

Article L. 225-38

(Loi n° 2001-420 du 15 mai 2001 art. 105 et art. 111 1° Journal Officiel du 16 mai 2001)
Toute convention intervenant directement ou par personne interposée entre la société et son directeur général, l'un de ses directeurs généraux délégués, l'un de ses administrateurs, l'un de ses actionnaires disposant d'une fraction des droits de vote supérieure à 10 % ou, s'il s'agit d'une société actionnaire, la société la contrôlant au sens de l'article L. 233-3, doit être soumise à l'autorisation préalable du conseil d'administration.
Il en est de même des conventions auxquelles une des personnes visées à l'alinéa précédent est indirectement intéressée.
Sont également soumises à autorisation préalable les conventions intervenant entre la société et une entreprise, si le directeur général, l'un des directeurs généraux délégués ou l'un des administrateurs de la société est propriétaire, associé indéfiniment responsable, gérant, administrateur, membre du conseil de surveillance ou, de façon générale, dirigeant de cette entreprise.

Article L. 225-40

(Loi n° 2001-420 du 15 mai 2001 art. 105 et art. 111 8° Journal Officiel du 16 mai 2001)
L'intéressé est tenu d'informer le conseil, dès qu'il a connaissance d'une convention à laquelle l'article L. 225-38 est applicable. Il ne peut prendre part au vote sur l'autorisation sollicitée.
Le président du conseil d'administration donne avis aux commissaires aux comptes de toutes les conventions autorisées et soumet celles-ci à l'approbation de l'assemblée générale.
Les commissaires aux comptes présentent, sur ces conventions, un rapport spécial à l'assemblée, qui statue sur ce rapport.
L'intéressé ne peut pas prendre part au vote et ses actions ne sont pas prises en compte pour le calcul du quorum et de la majorité.

Article L. 225-43

(Loi n° 2001-420 du 15 mai 2001 art. 105 et art. 111 11° Journal Officiel du 16 mai 2001)
À peine de nullité du contrat, il est interdit aux administrateurs autres que les personnes morales de contracter, sous quelque forme que ce soit, des emprunts auprès de la société, de se faire consentir par elle un découvert, en compte courant ou autrement, ainsi que de faire cautionner ou avaliser par elle leurs engagements envers les tiers.

Toutefois, si la société exploite un établissement bancaire ou financier, cette interdiction ne s'applique pas aux opérations courantes de ce commerce conclues à des conditions normales.
La même interdiction s'applique au directeur général, aux directeurs généraux délégués et aux représentants permanents des personnes morales administrateurs. Elle s'applique également aux conjoint, ascendants et descendants des personnes visées au présent article ainsi qu'à toute personne interposée.
L'interdiction ne s'applique pas aux prêts qui sont consentis par la société en application des dispositions de l'article L. 313-1 du code de la construction et de l'habitation aux administrateurs élus par les salariés.

Article L. 225-45

(Loi n° 2001-420 du 15 mai 2001 art. 105 et art. 117 I Journal Officiel du 16 mai 2001)
L'assemblée générale peut allouer aux administrateurs en rémunération de leur activité, à titre de jetons de présence, une somme fixe annuelle que cette assemblée détermine sans être liée par des dispositions statutaires ou des décisions antérieures. Le montant de celle-ci est porté aux charges d'exploitation. Sa répartition entre les administrateurs est déterminée par le conseil d'administration.

Article L. 225-46

(Loi n° 2001-420 du 15 mai 2001 art. 105 Journal Officiel du 16 mai 2001)
Il peut être alloué, par le conseil d'administration, des rémunérations exceptionnelles pour les missions ou mandats confiés à des administrateurs. Dans ce cas, ces rémunérations, portées aux charges d'exploitation sont soumises aux dispositions des articles L. 225-38 à L. 225-42.

Article L. 225-47

(Loi n° 2001-420 du 15 mai 2001 art. 105 Journal Officiel du 16 mai 2001)
Le conseil d'administration élit parmi ses membres un président qui est, à peine de nullité de la nomination, une personne physique. Il détermine sa rémunération.
Le président est nommé pour une durée qui ne peut excéder celle de son mandat d'administrateur. Il est rééligible.
Le conseil d'administration peut le révoquer à tout moment. Toute disposition contraire est réputée non écrite.

Article L. 225-51-1

(inséré par Loi n° 2001-420 du 15 mai 2001 art. 105 et art. 106 4° Journal Officiel du 16 mai 2001)
La direction générale de la société est assumée, sous sa responsabilité, soit par le président du conseil d'administration, soit par une autre personne physique nommée par le conseil d'administration et portant le titre de directeur général.
Dans les conditions définies par les statuts, le conseil d'administration choisit entre les deux modalités d'exercice de la direction générale visées au premier alinéa. Les actionnaires et les tiers sont informés de ce choix dans des conditions définies par décret en Conseil d'État.

Lorsque la direction générale de la société est assumée par le président du conseil d'administration, les dispositions de la présente sous-section relatives au directeur général lui sont applicables.

Article L. 225-77

(Loi n° 2001-420 du 15 mai 2001 art. 110 5° Journal Officiel du 16 mai 2001)

Une personne physique ne peut exercer simultanément plus de cinq mandats de membre de conseil de surveillance de sociétés anonymes ayant leur siège social sur le territoire français.

Par dérogation aux dispositions ci-dessus, ne sont pas pris en compte les mandats de membre du conseil de surveillance dans les sociétés qui sont contrôlées, au sens de l'article L. 233-16, par la société dans laquelle est exercé un mandat au titre du premier alinéa, dès lors que les titres des sociétés contrôlées ne sont pas admis aux négociations sur un marché réglementé.

Toute personne physique qui se trouve en infraction avec les dispositions du présent article doit se démettre de l'un de ses mandats dans les trois mois de sa nomination, ou du mandat en cause dans les trois mois de l'événement ayant entraîné la disparition de l'une des conditions fixées à l'alinéa précédent. À l'expiration de ce délai, elle est réputée s'être démise, selon le cas, soit de son nouveau mandat, soit du mandat ne répondant plus aux conditions fixées à l'alinéa précédent, et doit restituer les rémunérations perçues, sans que soit, de ce fait, remise en cause la validité des délibérations auxquelles elle a pris part.

Article L. 225-85

Les membres du conseil de surveillance ne peuvent recevoir de la société aucune rémunération, permanente ou non, autre que celles qui sont prévues aux articles L. 225-81, L. 225-83 et L. 225-84 et, le cas échéant, celles dues au titre d'un contrat de travail correspondant à un emploi effectif.

Le nombre des membres du conseil de surveillance liés à la société par un contrat de travail ne peut dépasser le tiers des membres en fonctions. Toutefois, les membres du conseil de surveillance élus conformément aux articles L. 225-79 et L. 225-80 et ceux nommés conformément aux dispositions de l'article L. 225-71 ne sont pas comptés pour la détermination de ce nombre.

Toute clause statutaire contraire est réputée non écrite et toute décision contraire est nulle.

Article L. 225-86

(Loi n° 2001-420 du 15 mai 2001 art. 111 2° Journal Officiel du 16 mai 2001)

Toute convention intervenant directement ou par personne interposée entre la société et l'un des membres du directoire ou du conseil de surveillance, un actionnaire disposant d'une fraction des droits de vote supérieure à 10 % ou, s'il s'agit d'une société actionnaire, la société la contrôlant au sens de l'article L. 233-3 doit être soumise à l'autorisation préalable du conseil de surveillance.

Il en est de même des conventions auxquelles une des personnes visées à l'alinéa précédent est indirectement intéressée.

Sont également soumises à autorisation préalable les conventions intervenant entre la société et une entreprise, si l'un des membres du directoire ou du conseil de surveillance de la société est propriétaire, associé indéfiniment responsable, gérant, administrateur, membre du conseil de surveillance ou, de façon générale, dirigeant de cette entreprise.

Article L. 225-96

L'assemblée générale extraordinaire est seule habilitée à modifier les statuts dans toutes leurs dispositions. Toute clause contraire est réputée non écrite. Elle ne peut, toutefois, augmenter les engagements des actionnaires, sous réserve des opérations résultant d'un regroupement d'actions régulièrement effectué.
Elle ne délibère valablement que si les actionnaires présents ou représentés possèdent au moins, sur première convocation, le quart des actions ayant le droit de vote et, sur deuxième convocation, le cinquième des actions ayant le droit de vote. À défaut de ce dernier quorum, la deuxième assemblée peut être prorogée à une date postérieure de deux mois au plus à celle à laquelle elle avait été convoquée.
Dans les sociétés ne faisant pas d'offre au public, les statuts peuvent prévoir des quorums plus élevés.
Elle statue à la majorité des deux tiers des voix dont disposent les actionnaires présents ou représentés.

Article L. 225-98

L'assemblée générale ordinaire prend toutes les décisions autres que celles visées aux articles L. 225-96 et L. 225-97.
Elle ne délibère valablement sur première convocation que si les actionnaires présents ou représentés possèdent au moins le cinquième des actions ayant le droit de vote. Sur deuxième convocation, aucun quorum n'est requis.
Dans les sociétés ne faisant pas appel public à l'épargne, les statuts peuvent prévoir des quorums plus élevés.
Elle statue à la majorité des voix dont disposent les actionnaires présents ou représentés.

Article L. 225-103

(Loi n° 2001-420 du 15 mai 2001 art. 114 2° Journal Officiel du 16 mai 2001)
I. L'assemblée générale est convoquée par le conseil d'administration ou le directoire, selon le cas.
II. À défaut, l'assemblée générale peut être également convoquée :
1° Par les commissaires aux comptes.
2° Par un mandataire, désigné en justice, à la demande, soit de tout intéressé en cas d'urgence, soit d'un ou plusieurs actionnaires réunissant au moins 5 % du capital social, soit d'une association d'actionnaires répondant aux conditions fixées à l'article L. 225-120.
3° Par les liquidateurs.
4° Par les actionnaires majoritaires en capital ou en droits de vote après une offre publique d'achat ou d'échange ou après une cession d'un bloc de contrôle.
III. Dans les sociétés soumises aux articles L. 225-57 à L. 225-93, l'assemblée générale peut être convoquée par le conseil de surveillance.
IV. Les dispositions qui précèdent sont applicables aux assemblées spéciales. Les actionnaires agissant en désignation d'un mandataire de justice doivent réunir au moins le dixième des actions de la catégorie intéressée.

V. Sauf clause contraire des statuts, les assemblées d'actionnaires sont réunies au siège social ou en tout autre lieu du même département.

Article L. 225-105

L'ordre du jour des assemblées est arrêté par l'auteur de la convocation.
Toutefois, un ou plusieurs actionnaires représentant au moins 5 % du capital ou une association d'actionnaires répondant aux conditions fixées à l'article L. 225-120 ont la faculté de requérir l'inscription à l'ordre du jour de projets de résolution. Ces projets de résolution sont inscrits à l'ordre du jour de l'assemblée dans les conditions déterminées par décret en Conseil d'État. Celui-ci peut réduire le pourcentage exigé par le présent alinéa, lorsque le capital social excède un montant fixé par ledit décret.
L'assemblée ne peut délibérer sur une question qui n'est pas inscrite à l'ordre du jour. Néanmoins, elle peut, en toutes circonstances, révoquer un ou plusieurs administrateurs ou membres du conseil de surveillance et procéder à leur remplacement.
L'ordre du jour de l'assemblée ne peut être modifié sur deuxième convocation.

Article L. 235-1

La nullité d'une société ou d'un acte modifiant les statuts ne peut résulter que d'une disposition expresse du présent livre ou des lois qui régissent la nullité des contrats. En ce qui concerne les sociétés à responsabilité limitée et les sociétés par actions, la nullité de la société ne peut résulter ni d'un vice de consentement ni de l'incapacité, à moins que celle-ci n'atteigne tous les associés fondateurs. La nullité de la société ne peut non plus résulter des clauses prohibées par l'article 1844-1 du code civil.
La nullité d'actes ou délibérations autres que ceux prévus à l'alinéa précédent ne peut résulter que de la violation d'une disposition impérative du présent livre ou des lois qui régissent les contrats.

Article L. 235-2

Dans les sociétés en nom collectif et en commandite simple, l'accomplissement des formalités de publicité est requis à peine de nullité de la société, de l'acte ou de la délibération, selon les cas, sans que les associés et la société puissent se prévaloir, à l'égard des tiers, de cette cause de nullité. Toutefois, le tribunal a la faculté de ne pas prononcer la nullité encourue, si aucune fraude n'est constatée.

Article L. 235-4

Le tribunal de commerce, saisi d'une action en nullité, peut, même d'office, fixer un délai pour permettre de couvrir les nullités. Il ne peut prononcer la nullité moins de deux mois après la date de l'exploit introductif d'instance.
Si, pour couvrir une nullité, une assemblée doit être convoquée ou une consultation des associés effectuée, et s'il est justifié d'une convocation régulière de cette assemblée ou de l'envoi aux associés du texte des projets de décision accompagné des documents qui doivent leur être communiqués, le tribunal accorde par jugement le délai nécessaire pour que les associés puissent prendre une décision.

Article L. 235-9

Les actions en nullité de la société ou d'actes et délibérations postérieurs à sa constitution se prescrivent par trois ans à compter du jour où la nullité est encourue, sous réserve de la forclusion prévue à l'article L. 235-6.
Toutefois, l'action en nullité d'une fusion ou d'une scission de sociétés se prescrit par six mois à compter de la date de la dernière inscription au registre du commerce et des sociétés rendue nécessaire par l'opération.

Article L. 235-12

Ni la société ni les associés ne peuvent se prévaloir d'une nullité à l'égard des tiers de bonne foi. Cependant, la nullité résultant de l'incapacité ou d'un vice du consentement est opposable même aux tiers, par l'incapable et ses représentants légaux, ou par l'associé dont le consentement a été surpris par erreur, dol ou violence.

Article L. 236-12

Lorsque la fusion est réalisée par voie de création d'une société nouvelle, celle-ci peut être constituée sans autres apports que ceux des sociétés qui fusionnent.
Dans tous les cas, le projet de statuts de la société nouvelle est approuvé par l'assemblée générale extraordinaire de chacune des sociétés qui disparaissent. Il n'y a pas lieu à approbation de l'opération par l'assemblée générale de la société nouvelle.

Article L. 236-13

Le projet de fusion est soumis aux assemblées d'obligataires des sociétés absorbées, à moins que le remboursement des titres sur simple demande de leur part ne soit offert audits obligataires. L'offre de remboursement est soumise à publicité, dont les modalités sont fixées par décret en Conseil d'État.
Lorsqu'il y a lieu à remboursement sur simple demande, la société absorbante devient débitrice des obligataires de la société absorbée.
Tout obligataire qui n'a pas demandé le remboursement dans le délai fixé par décret en Conseil d'État conserve sa qualité dans la société absorbante aux conditions fixées par le contrat de fusion.

Article L. 237-1

Sous réserve des dispositions du présent chapitre, la liquidation des sociétés est régie par les dispositions contenues dans les statuts.

Annexe 2 Jurisprudence

Soc. 14 novembre 1989
La participation aux pertes n'est pas un élément susceptible de faire obstacle à l'existence d'un contrat de travail, s'il est constaté que l'intéressé était en réalité rémunéré à la tâche.
Com. 15 novembre 1983
Doit être cassé un arrêt qui refuse de restituer à une société la qualification d'association, retient que, dans ses statuts, cette société s'était attribuée un caractère lucratif, tout en constatant que cette société était dépourvue de tout caractère lucratif.
Com. 11 décembre 1984
Une société non immatriculée, n'ayant donc pas acquis la personnalité morale ne peut être mise en redressement judiciaire ou en liquidation. Est dès lors justifiée la décision qui prononce la liquidation des biens d'une personne physique qui s'est comportée comme le fondateur et a fait des actes de commerce à l'occasion de la création de cette société.
Com. 6 juin 1990
La cession de parts d'une société, même si elle porte sur la totalité de ces parts, ne peut pas être assimilée à la cession du fonds de commerce constituant l'actif de la société.
Com. 4 mai 1981
Seules les personnes qui ont accompli des actes au nom d'une société commerciale en formation sont tenues solidairement et indéfiniment de tels actes et non celles qui ont participé à cette formation.
Orléans, 22 février 1978
En cas de *reprise des engagements* par la société, il n'y a pas de *solidarité* entre la personne qui a engagé la société en formation et la personne morale immatriculée par la suite, mais substitution d'un débiteur à un autre.
Paris, 24 février 1977
La reprise par la société des engagements des fondateurs ne concerne pas les délits civils de ceux-ci (débauchage et concurrence déloyale).
Paris, 5 décembre 1983
L'interdiction des *clauses léonines* (cf. 1844 code civil) s'applique aussi bien aux clauses prévues dans les statuts qu'à celles se trouvant dans un acte postérieur.
Com. 24 octobre 1989
Les associés ne peuvent pas décider, même unanimement, qu'il n'y a pas lieu de procéder à la liquidation et au partage d'une société dissoute, non plus qu'à la désignation d'un liquidateur, seul habilité à représenter la société jusqu'à la clôture de la liquidation.
Cass. Com. 20 juin 1989
Si l'article L. 235-1 al. 1 prévoit la nullité des SARL et SA pour vice du consentement et incapacité, l'exigence que tous les associés en soient atteints ne

semble applicable, dans la rédaction de l'article, qu'à l'incapacité (voir l'emploi du pronom « celle-ci »). Pourtant, la jurisprudence de la Cour de cassation a étendue cette condition aux vices du consentement (Cass. Com. Bull. civ. IV).

Civ. I, 25 avril 1990

C'est à bon droit « que les juges retiennent que la mésentente entre les associés d'une société civile, dont l'un d'entre eux est seul responsable, ne peut constituer pour celui-ci un juste motif l'autorisant à demander la dissolution anticipée de la société ».

Annexe 3
Cas pratiques

Mme A apporte à la société B un immeuble qui ne lui appartient pas. Immatriculée, que peut faire la société ?

M. B associé d'une société souhaite se voir attribuer 50 % des bénéfices. Les deux autres associés refusent, prétendant qu'il n'apporte que son industrie. Qu'en pensez-vous ?

M. G, fondateur d'une société en formation achète une voiture au nom de celle-ci. Une fois immatriculée, cette dernière ne reprend pas le contrat. Que peut faire le vendeur, sachant que M. G ne bénéficie d'aucun mandat l'autorisant à acheter la voiture ?

M. D, fondateur d'une société commerciale a conclu un bail au nom de la société. Or, M. D s'avère être insolvable.

Toutefois, les deux autres fondateurs disposent de revenus importants. Le bailleur peut-il, en l'absence de reprise du contrat par la société, poursuivre ces derniers ?

La SNC Paul et Jean doit 1 000 € à M. Z, mais elle est insolvable. M. Z sait que seul M. Paul est solvable. Qui doit-il poursuivre afin d'être payé et sur quel(s) fondement(s) ?

M. X, associé d'une SNC souhaite céder ses parts sociales à M. Y. Un associé s'y oppose. La cession peut-elle quand même avoir lieu ?

M. B associé d'une SNC décède. Dans le silence des statuts, quel est le sort de la société ?

Le conseil d'administration de la SA. Sari ne s'est pas réuni depuis trois mois. Le directeur général demande au président de convoquer le conseil sur un ordre du jour déterminé. Le président peut-il s'y opposer ?

Le conseil d'administration de la SA. Latour a conclu des contrats ne relevant pas de l'objet social avec la société Dupuis. Cette dernière ignorant ce dépassement, la SA est-elle engagée par les contrats ? Le conseil a-t-il outrepassé ses pouvoirs ?

Le directeur général de la SA Paul souhaite demander un prêt à la société. Quelle(s) est (sont) le(s) condition(s) à remplir ? À quel(s) organe(s) doit-il s'adresser afin d'obtenir l'autorisation de passer cet acte ?

Le directeur général d'une SA fabriquant des chaussures souhaite vendre aux conditions de vente habituelles un stock de baskets à l'un des associés. Qui doit-il en informer ?

La SA Latour a 10 actionnaires disposant chacun de 10 % du capital. Au moment de l'assemblée générale ordinaire seuls quatre associés sont présents et deux votent l'ensemble des résolutions. Celles-ci sont-elles valablement adoptées ?

Depuis plusieurs années M. A, actionnaire majoritaire de la SA Vicor, vote une mise en réserve systématique des bénéfices. Que peuvent démontrer les actionnaires minoritaires afin de s'opposer à cette décision ?

Les associés mécontents du président du conseil d'administration souhaite le révoquer. Comment peuvent-ils procéder ?

Le commissaire aux comptes de la SA W s'aperçoit que le directeur général utilise des biens de la société à des fins personnelles. Que doit-il faire ?

Les sept futurs associés fondateurs d'une société anonyme souhaitant faire une offre au public s'interrogent quant à la procédure à suivre afin de procéder à son immatriculation.

M. Victor est commissaire aux comptes d'une SA depuis trois semaines. Un associé qui le soupçonne d'incompétence, souhaite demander devant l'assemblée générale sa révocation. Qu'en pensez-vous ?

Annexe 4
Questions

– Qu'est-ce que l'*affectio societatis* ?

– Définissez : l'apport en numéraire, l'apport en nature et l'apport en industrie.

– La société est-elle un contrat ?

– Définition du bénéfice.

– Qu'est-ce qu'une clause léonine ?

– Différence entre :

• capital social et actif social

• souscription et libération des apports

– Définissez : les fondateurs de la société, le siège social et le juste motif de dissolution.

– Conditions de la reprise par la société immatriculée des actes conclu par les fondateurs pendant la période de sa formation.

– Quels sont les cas de dissolution communs aux sociétés ?

– Différences entre dissolution et liquidation.

– Principe gouvernant le régime de la nullité des sociétés.

– Intérêt de la notion de personnalité morale.

– Quand cette dernière est-elle acquise ?

– Définissez :

• le boni de liquidation,

• la prorogation de la société,

• la clôture de la liquidation,

• le liquidateur.

– La personnalité morale et la période de liquidation.

– Effet de la dissolution sur les pouvoirs des dirigeants.

– Pendant les opérations de liquidation, de nouveaux contrats peuvent-ils être conclu ?

– Pendant cette même période, est-il possible de poursuivre l'exploitation d'anciens contrats ? Après la clôture de la liquidation ?

– Différences entre :

• l'obligation et la contribution aux dettes sociales,

• responsabilité quant à l'obligation aux dettes dans la société civile et la SNC.

– Modes de dissolution propres aux SNC et sociétés civiles.

– Pouvoirs du gérant dans la société civile et la SNC.

– La SNC est-elle engagée par les actes du gérant pris en dehors de l'objet social ?

– Modalités de cessions de parts dans la SNC.

– Conditions de révocation du gérant de SARL.

– Modalités des cessions de parts de SARL.

– Le gérant de SARL et le contrat de travail.

– Définissez : le gérant majoritaire et le gérant minoritaire.

– Conditions de nomination d'un commissaire aux comptes dans une SARL.

– Responsabilité des associés.

– Quels sont les pouvoirs du :

• conseil d'administration,

• président du conseil d'administration,

• du conseil de surveillance,

• du directoire,

• du directeur général.

– Quelles sont les modalités de révocation :

• des administrateurs,

• des membres du conseil de surveillance,

• des membres du directoire.

– À quelles conditions un salarié peut-il devenir administrateur ?

– Différences entre le directeur général et le directeur général unique.

– Différences entre dirigeant de droit et de fait.

– Qu'est-ce que le rapport spécial du commissaire aux comptes ?

– Le commissaire aux comptes peut-il se faire assister dans l'exercice de sa mission ? Représenter ? Substituer ?

– Conditions de nomination et de révocation du commissaire aux comptes.

– Qu'est-ce que la récusation du commissaire aux comptes ?

– Définissez l'obligation de moyen et de résultat du commissaire aux comptes.

– Quelles responsabilités supporte le commissaire aux comptes ?

– Qu'est-ce que le rapport général du commissaire aux comptes ?

– Dans le cadre des articles L. 225-38, qu'est-ce que l'intérêt direct ? Indirect ? L'interposition ?

– Quels sont les organes habilités à purger de leur nullité les conventions conclues entre un dirigeant et la société qu'il dirige dans :

• la SARL ?

• la SA ?

– Qu'est-ce qu'une convention courante conclue à des conditions normales ?

– Qu'est-ce qu'une convention interdite ?

– Quels sont les éléments originaux de la société européenne ?

Index

A

B

C

D

S

T

U

Table des matières

PAPIER À BASE DE FIBRES RECYCLÉES

FOUCHER
s'engage pour l'environnement
en réduisant l'empreinte carbone
de ses livres.
Celle de cet exemplaire est de :
1,2 Kg éq. CO_2
Rendez-vous sur
www.editions-foucher-durable.fr

COMPOSITION : MEP
ÉDITIONS FOUCHER – MALAKOFF - AOÛT 2015- 01 - MV/EP

Normandie Roto Impression s.a.s., 61250 Lonrai - N° d'imprimeur : 1503530 - Imprimé en France

IMPRIM'VERT